杭州电子科技大学数字社会研究中心对本系列丛书的出版给予了资助，特此致谢！

本专著为教育部人文社会科学研究青年项目"基于网络大数据的高等教育信任状况与影响因素调查研究"（项目号：20YJC840033）的研究成果。

| 数字社会与文化研究系列丛书 |

数字教育的社会学分析

徐 琳◎著

ZHEJIANG UNIVERSITY PRESS
浙江大学出版社
·杭州·

图书在版编目(CIP)数据

数字教育的社会学分析 / 徐琳著. --杭州：浙江
大学出版社，2024.6
（数字社会与文化研究系列丛书 / 徐旭初主编）
ISBN 978-7-308-25032-0

Ⅰ.①数… Ⅱ.①徐… Ⅲ.①数字技术－应用－教育
社会学－研究 Ⅳ.①G40-052

中国国家版本馆 CIP 数据核字(2024)第 103507 号

数字教育的社会学分析
SHUZI JIAOYU DE SHEHUIXUE FENXI

徐　琳　著

责任编辑	闻晓虹	
责任校对	赵　珏	
封面设计	雷建军	
出版发行	浙江大学出版社	
	（杭州市天目山路 148 号　邮政编码 310007）	
	（网址：http://www.zjupress.com）	
排　　版	浙江大千时代文化传媒有限公司	
印　　刷	浙江新华数码印务有限公司	
开　　本	787mm×1092mm　1/16	
印　　张	13	
字　　数	303 千	
版 印 次	2024 年 6 月第 1 版　2024 年 6 月第 1 次印刷	
书　　号	ISBN 978-7-308-25032-0	
定　　价	65.00 元	

序

随着新技术革命的快速演进,以人工智能、大数据、云计算为代表的数字技术正在引领人类进入一个全新的数智时代。这些技术不仅仅带来了工业与商业领域的变革,还正日益渗透到人类生活的每个角落,广泛而深刻地重塑着人类社会的每个层面。在教育领域,数字技术正成为改革的先锋力量,推动着教育模式的深刻变化。特别是 ChatGPT 的横空出世,迅猛"侵入"教育领域,引发对教育理念、教育体系和学校教育层面的巨大冲击。数字技术与教育教学的深度融合发展,并引致教育教学的深刻甚至本质性变化,已然成为当今教育的现实情形、未来教育的必然趋势。

教育是知识传递和社会发展的关键枢纽。当前,借助数字技术大力发展数字教育已成为全球共识。我国的数字教育得到了党和政府的高度重视。中共中央、国务院印发的《中国教育现代化 2035》,中共中央办公厅、国务院办公厅印发的《加快推进教育现代化实施方案(2018—2022 年)》,教育部发布的《教育信息化 2.0 行动计划》等文件,都在大力推动教育的信息化,全面推进数字教育的发展。党的二十大报告明确指出,要"推进教育数字化,建设全民终身学习的学习型社会、学习型大国"。2022 年 1 月,国务院印发了《"十四五"数字经济发展规划》,提出深入推进智慧教育。全国教育工作会议提出了实施国家教育数字化战略行动。在国家政策的鼓励和支持下,我国的数字教育近年来得到了长足的发展。

数字教育的发展不仅改变了传统的学习方式,为人们提供了更加便捷、高效的学习途径,而且成为教育系统变革、教育环节重构和教育形态重塑的至关重要的赋能力量。教育媒介、教育主体、教育环境、教育实践等都在数字技术影响下发生了深刻的结构性变化。数字技术有助于教育者、学习者和教育组织等教育行动者能动性的发挥,但这种能动性的发挥受到教育制度环境和具体教育情境的制约;因此,优质的数字教育必须考虑教育行动者的嵌入能动性问题。然而,数字教育的普及和发展也带来了一系列社会问题,如教育公平、教育资源分配、隐私问题等。因此,对数字教育进行社会学分析显得尤为重要。

当前,由 ChatGPT 产生的巨大冲击正在影响和引导人类未来教育的基本范式转型,即从"有目标的教育"转向"有意义的学习"。伴随这一转变,ChatGPT 将重塑教育的底层逻辑,包括脑科学的逻辑、人机协同智商的新智慧观和知识观的演变逻辑,尤其是促进教育活动中主体角色的迅速转变,其变化不仅体现在不同教育角色所承担的任务和使命上,更体现在以教师、对话机器人、学习者为核心的三大主体的关系重构与角色转型中。

可以认为,作为着眼于未来的事业,教育将是受生成式人工智能影响最大的领域之一,这与 ChatGPT 等的发展将最典型地反映未来已来的信息文明发展态势密切相关。

应该指出,在人工智能时代背景下,应在"人工智能＋教育"场域中回归关于育人本质的探讨。一方面,应促进教学实践的转变,推动教育数字化转型。使用人工智能工具学习和执行创造性任务,与人工智能共同协作,将会成为未来教育的发展趋势,因此,未来教育的重心和重点应放在人工智能时代的适应性学习。另一方面,教育的本质是育人,教育者要更加关注人性、人格及人的尊严,让人的生命的在场性得到充分体现,彰显人的主体性价值。在人机互动中,人的创造力、责任感和社会性变得愈发重要,应创建和提供多种模式的教学活动,让学习者更多地以探索、体验和实践的形式去理解和应用知识,激发其跨学科多元思维能力、批判性思维与创新性思维能力,培养学习者的沟通协作能力与合作精神。此外,在日益技术化的教学实践中,要深刻认识人机协同智商,在新技术平台上重塑教育坐标;要增加实践性课程,强调"human-in-the-loop"的学习活动;要多设计"脚手架"而不是"沙袋",支撑个性化和效率;要回应谁的知识更重要的问题;要创造更多样的学习方式,而不是学得更多。

《数字教育的社会学分析》是一本关于数字化时代教育变革的重要著作。此书通过广泛的文献回顾、案例研究以及实地调研,借助社会学和社会创新的视角,深入分析了数字教育在社会发展中的角色和影响及其给教育系统带来的诸多突变和渐变,为我们提供了全新的思考方式和研究视野。作者在书中首先分析了数字化浪潮和数字社会的到来对数字教育的影响,构建了以数字社会创新为基本视角的数字教育创新研究框架,采用教育社会学理论对数字教育进行了分析,并阐述了数字技术的渗透、嵌入给教育诸要素带来的影响和变化。其次,书中还探讨了教育主体在数字教育中的能动性及其所处的教育制度环境、社会文化制度、自身属性等方面给数字教育创新实践带来的制约。再次,书中还特别讨论了新型数字教育平台和具体的数字教育实践。最后,作者对数字教育取得的成果进行评价并对未来发展趋势进行了展望,提出了一些新的思考和建议。

此书是为对教育行业和数字技术感兴趣的教师、学者、政策制定者以及其他广泛的受众准备的。它不仅为教育工作者和研究者提供了有价值的参考和建议,也为广大读者提供了对数字化时代教育变革的深入思考和理解。此书的问世,无疑也是我们数字社会研究中心的重要成果。我相信它必将激发你的思维,并为你开启一扇崭新的视窗,展现出数字教育未来的无限可能性。

徐旭初

杭州电子科技大学法学院教授、数字社会研究中心主任

目　录

绪 论

随着数字化时代浪潮的到来,教育领域无以回避地被卷入其中。数字教育不仅成为各国抢占数字高地的重要布局,也成为撼动传统教育的重要创新力量。下面将从数字教育的研究背景出发,梳理数字教育研究需要回答的社会学问题,对数字教育的研究对象与相关概念进行界定,并提出本书的研究视角、研究方法和整体框架。

第一节 研究缘起与问题提出

一、研究缘起

随着信息技术的快速发展(如图 0-1 所示),尤其是在过去的几十年中,由互联网、云计算、人工智能等数字技术推动的数字化时代浪潮席卷了人类生活的方方面面,给人类社会带来了深刻的变革。数字技术以各种各样的形式与方式渗透我们的日常生活。电视、智能手机、计算机、平板电脑、电子书阅读器、便携式娱乐设备、数字多媒体播放器、智能音箱等数字设备伴随我们左右;文本、图像、视频、动画、音频、多媒体等数字媒体向我们传递着各种各样的信息;我们每天通过数字设备(如电脑、手机等)随时与亲朋好友、工作伙伴、陌生网友进行沟通;甚至我们的身份关系、身体状态、日常对话、行踪、照片、家庭视频通过数字采集设备或主动或被动地被数字化储存在数字世界。

○信息技术每10~15年会上一个大台阶

图 0-1 信息技术的快速发展

数字技术不仅关系着个体的生存和发展，也给社会带来了深刻的变革。习近平主席在给 2022 年世界互联网大会乌镇峰会的贺信中指出，"当今时代，数字技术作为世界科技革命和产业变革的先导力量，日益融入经济社会发展各领域全过程，深刻改变着生产方式、生活方式和社会治理方式"（新华社，2022）。党的二十大报告明确强调了"推进教育数字化，建设全民终身学习的学习型社会、学习型大国"的战略构想，数字技术成为驱动人类社会思维方式、组织架构和运作模式发生根本性变革、全方位重塑的引领力量，为我们创新路径、重塑形态、推动发展提供了新的重大机遇（怀进鹏，2023）。经济合作与发展组织（OECD）发布的《2015 年 OECD 数字经济展望》（"OECD Digital Economy Outlook 2015"）、《2017 年 OECD 数字经济展望》（"OECD Digital Economy Outlook 2017"）和《2020 年 OECD 数字经济展望》（"OECD Digital Economy Outlook 2020"），全面且动态地呈现了数字技术的发展如何全方位影响包括教育在内的各大领域。数字技术驱动的创新成为社会发展的重要推力，也给教育带来了深刻的影响。数字化的日益普及和不断扩张对教育领域的渗透不仅改变了传统学校的运作模式，而且为教育系统的变革和重构提供了新的改革路径，也为教育创新发展带来了前所未有的机遇和挑战。

"得教育者得天下"，数字教育的发展关系到国家未来的竞争优势，对全球格局会产生深远的影响。数字教育之于国家战略的重要性不仅在于数字技能的培养和提高，更重要的在于附着在数字技术中的价值观念和意识形态所带来的思想观念的变化。在此背景下，世界各国对数字教育的发展给予了前所未有的关注，都试图在数字社会中让教育走在前列，以便在未来的国际竞争中立于不败之地。为此，世界各国纷纷出台国家数字发展战略，尤其是在推动教育领域的数字化变革方面出台了一系列政策，为抢占未来发展的先机提前布局（王素等，2019）。2000 年 12 月，美国教育部发布国家教育技术计划《数字化学习：为所有学生提供触手可及的世界课堂》（"E-Learning：Putting a World-Class Education at the Fingertips of All Children"），提出国家教育技术战略和教育技术目标，让所有的学生和教师都能高效使用信息技术，提高信息素养和技能，运用数字技术改变教学和学习。2008 年，英国教育与通信技术局（British Educational and Communications Technology Agency）发布了《利用技术：新一代学习（2008—2014 年）》（"Harnessing Technology：Next Generation Learning 2008 - 2014"），对技术在教育中的应用进行规划，提供政策上的支持，促进教育高质、公平、高效地发展。日本文部科学省于 2011 年发布《教育信息化愿景》（『教育の情報化ビジョン』），提出培养学生的数字技能是教育的当务之急，要弥补各地区之间的互联网连接差距，在学校范围内建立超高速无线局域网环境，为每个学生都配备一个信息终端。2014 年 12 月，新加坡政府发布了"智慧国家"（Smart Nation）计划，旨在增强数字包容性，确保所有公民都有机会接触到数字技术，并帮助所有公民习得数字技能，以及知道如何安全自信地使用数字技术。2015 年 7 月，印度政府在"数字印度"（Digital India）倡议中强调培养大众的数字素养，并提出将印度转变为一个具有数字能力的社会和知识经济体的愿景。2015 年 12 月，澳大利亚政府发布《国家创新与科学议程》（"National Innovation and Science Agenda"）报告，在"人才和技能"这一关键支柱领域中指出，要帮助澳大利亚的学生"拥抱数字时代"，并制订了提高国民数字素养与 STEM① 素养的计划。2016 年 3 月,德国联邦经济和能源部发布《数字化战略 2025》("Digital Strategy 2025"),提出将数字教育引入生活的各个阶段,并树立了在 2025 年将德国建设成为"教育领域数字基础设施的领导者之一"的目标。2016 年 10 月,德国联邦教育和研究部提出了《数字知识社会教育攻势》("Bildungsoffensive für die digitale Wissensgesellschaft")的教育战略,全面推动德国教育格局的数字化转型。2017 年,英国政府发布的《数字战略》("Digital Strategy")提出,要让每个人都能获得他们需要的数字技能。2019 年 4 月,英国教育部发布教育科技战略《认识技术在教育中的潜力》("Realising the Potential of Technology in Education"),提出一系列行动计划,推动教育数字化转型和发展教育科技。除了以国家为主体制定的数字教育发展战略以外,欧盟委员会(European Commission)从欧洲一体化角度出发,在数字教育领域发挥了重要的协调、支持和辅助的作用(胡佳怡,2020)。2010 年 3 月,欧盟发布《欧洲 2020:智能、可持续和包容性增长战略》("Europe 2020:A Strategy for Smart,Sustainable,and Inclusive Growth"),提出要有效利用数字社会的经济和社会效益,为欧洲公民提供优质的教育服务,推动欧盟各国教育体系的交流合作,以释放欧洲的创新能力,提高欧洲整体教育质量,促进教育成果、教育机构的质量和产出。在 2017 年 11 月的哥德堡峰会上,欧盟提出了欧洲教育区的愿景,并宣布了专门的数字教育行动计划。2018 年 1 月欧盟通过了首个《数字教育行动计划》("Digital Education Action Plan"),旨在培养公民的数字能力,提升数字技能,促进数字技术在教育领域的应用。

我国在数字教育领域也提出了国家发展规划。2010 年 7 月,中共中央、国务院发布《国家中长期教育改革和发展规划纲要(2010—2020 年)》,将教育信息化纳入国家信息化发展的整体战略,提出到 2020 年基本建成覆盖城乡各级各类学校的数字化教育服务体系。2012 年 3 月,我国教育部发布《教育信息化十年发展规划(2011—2020 年)》,提出实施"中国数字教育 2020"行动计划,在优质资源共享、学校信息化、教育管理信息化、可持续发展能力与信息化基础能力等五个方面,实施一批重点项目,取得实质性重要进展。2015 年 5 月,习近平主席在致国际教育信息化大会的贺信中提出,要"构建网络化、数字化、个性化、终身化的教育体系,建设'人人皆学、处处能学、时时可学'的学习型社会"(新华网,2015)。2018 年 7 月,我国教育部发布《教育信息化 2.0 行动计划》,提出推进新时代教育信息化发展,培育创新驱动发展新引擎。2019 年 2 月,中共中央、国务院印发《中国教育现代化 2035》和《加快推进教育现代化实施方案(2018—2022 年)》,提出加快信息化时代的教育变革,建成服务全民终身学习的现代教育体系,推动面向人人的终身学习。在数字教育相关发展规划的指导下,我国密集出台政策,大力推进教育信息化,从资源、平台、产品、技术、服务、标准等层面,在基础教育、职业教育、高等教育、成人教育、老年教育等领域,支持鼓励数字教育课程、产品、平台的开发,全面推进数字教育发展。2019 年 9 月,教育部等十一部门联合印发《关于促进在线教育健康发展的指导意见》,指出鼓励社

---

① STEM 是科学(Science)、技术(Technology)、工程(Engineering)和数学(Mathematics)四门学科英文的缩写。

会力量举办在线教育机构,推动线上线下教育融通,加强在线教育人才培养。

从 2016 年开始,数字教育领域开始在人工智能方向展开国家间的竞赛。2016 年 10月,美国发布《规划未来,迎接人工智能时代》("Preparing for the Future of Artificial Intelligence")和《国家人工智能研究与发展战略计划》("The National Artificial Intelligence Research and Development Strategic Plan"),提出要利用人工智能促进所有社会成员的终身学习和新技能的获取。同年 12 月,美国总统行政办公室(Executive Office of the President)发布《人工智能、自动化与经济》("Artificial Intelligence, Automation and the Economy"),提出在教育领域进行人工智能驱动战略转型。2018 年 4 月,英国发布《产业战略:人工智能领域协议》("Industrial Strategy:Artificial Intelligence Sector Deal"),提出为支持英国在人工智能方面的发展,将投资 4.06 亿英镑用于技能发展,尤其是在数学、数字化和技术方面的教育,并宣布了重大技术教育改革,提高教师与学生的数字技能。2019 年 6 月,日本政府出台《人工智能战略 2019》(『戦略 2019』),设定人才、产业竞争力、技术体系、国际化等四大战略目标,提出培养能够熟练应用人工智能技术的人才,建成世界上最能培养和吸引人工智能人才的国家。

我国在人工智能领域也制定了相应的战略规划。2017 年 7 月,我国国务院印发《新一代人工智能发展规划》,提出实施全民智能教育项目,提出要培育高水平人工智能创新人才和团队,加大高端人工智能人才引进力度,建设人工智能学科,智能教育成为"人工智能＋教育"的重要创新战略发展方向。通过智能技术加快推动人才培养模式、教学方法改革,构建包括智能学习、交互式学习的新型教育体系。2019 年 5 月 16 日,教育部部长陈宝生在国际人工智能与教育大会上,以"中国的人工智能教育"为题,探索面向智能时代的中国教育,为人工智能和智能教育提供普及、融合、变革和创新之路。

2020 年新冠疫情肆虐全球,线下教育受到严重阻碍,数字教育的作用更加凸显,数字教育的发展愈加迫切。受疫情的影响,各国都加快了数字教育的发展。2020 年 9 月,宽带促进可持续发展委员会、国际电信联盟、联合国教科文组织、联合国儿童基金会联合发布《教育的数字化转型:连接学校,赋能学生》("The Digital Transformation of Education:Connecting Schools,Empowering Learners"),对教育的数字化问题进行了分析。2020 年 9 月,欧盟委员会发布《数字教育行动计划(2021—2027 年)》("Digital Education Action Plan 2021-2027"),提出了"促进高性能的数字教育生态系统的发展"和"提高数字技能和能力以实现数字化转型"两大战略事项。2021 年 3 月,欧盟发布了《2030 年数字指南针:欧洲数字十年之路》("2030 Digital Compass:The European Way for the Digital Decade")纲要文件,计划到 2030 年,至少应有 80% 的成年人具备基本的数字技能,在欧盟工作的信息技术专业人员应达到 2000 万人。2021 年 7 月,我国工业和信息化部、教育部等十部门印发《5G 应用"扬帆"行动计划(2021—2023 年)》,明确了"5G＋智慧教育"的重点应用领域,提出"加大 5G 在智慧课堂、全息教学、校园安防、教育管理、学生综合评价等场景的推广"。同时,教育部等六部门发布《关于推进教育新型基础设施建设构建高质量教育支撑体系的指导意见》,指出了"教育新型基础设施是以新发展理念为引领,以信息化为主导,面向教育高质量发展需要,聚焦信息网络、平台体系、数字资源、智慧校园、创新应用、可信安全等方面的新型基础设施体系",也提出通过迭代升级、更新完善和持续建设,实现长期、全面的发展。2021年8月,我国教育部批复同意上海成为教育数字化转型试点区。2021年11月,中央网络安全和信息化委员会印发《提升全民数字素养与技能行动纲要》,从供给侧、需求侧和环境侧协同发力,发展全民的数字素养与技能。

　　除了自上而下的政策引导,数字技术本身的发展从底层撼动着教育的变革,推动数字教育的发展。尤其在2022年12月,ChatGPT的横空出世引发了人工智能在教育领域应用的新一轮狂潮,加快了数字教育朝着智能教育方向发展的步伐。不少教育组织和个人已经开始积极拥抱这一场技术变革,并在实践中大力推广使用。在ChatGPT发布16天后,网络上就出现了与ChatGPT共同署名的学术论文《护理教育中的开放人工智能平台:学术进步的工具还是滥用?》("Open Artificial Intelligence Platforms in Nursing Education:Tools for Academic Progress or Abuse?")。在ChatGPT发布短短的5天之内,注册用户就超过百万,仅过了两个月的时间,ChatGPT的用户数量就突破了1亿。在ChatGPT发布一个月后,Study.com网站对ChatGPT使用情况进行调查,发现十分之九的学生知道ChatGPT,并分别有89%、48%、53%、22%的学生将其用于完成作业、测验、写论文和撰写论文大纲。[①] 如果说数字教育的信息化、数字化给教育带来的是大风大浪,那么以ChatGPT为代表的智能化给教育带来的无疑是一场海啸。在ChatGPT用户不断攀升的同时,提供资源、生成协作、教学辅助、答疑解惑等教育功能被教育者、学习者和研究者不断挖掘,并取得了令人振奋的成果。2023年3月,ChatGPT升级为4.0版本(GPT-4),其多模态数据处理和生成能力也不断提升。与传统办公软件的整合、与互联网的实时交互以及外挂功能插件的开放,使ChatGPT拥有更广泛的教育应用场景以及更多的想象空间。无疑,ChatGPT的出世及其迅猛嵌入教育场域正颠覆性地带来深刻的挑战和机遇。

　　在各国政府与世界性组织的倡导和技术推动下,数字教育迎来了蓬勃的发展。格兰德调研报告显示,2018年全球数字教育规模约1.8亿美元,预计到2028年全球数字教育规模将达到772.3亿美元。[②] 麦肯锡调查显示,从2011年到2021年,慕课覆盖的学习者数量从30万增加到2.2亿。2012年至2019年,传统大学参与混合和远程教学的学生人数增加了36%,新冠疫情加速了这一增长,在2020年,参与混合和远程教学的学生人数增加了92%(Diaz-Infante et al.,2022)。2022年8月中国互联网络信息中心(2022)发布的《中国互联网络发展状况统计报告》显示,我国的在线教育用户规模达3.77亿。在我国,累计上线慕课数量超过4.75万门,注册用户达3.64亿,选课人次达7.55亿,数量和应用规模均居世界第一。国家中小学网络云平台有力支撑新冠疫情期间"停课不停

---

① 详见 Study.com. Productive Teaching Tool or Innovative Cheating? [EB/OL]. [2023-04-29]. https://study.com/resources/perceptions-of-chatgpt-in-schools.

② 详见 Grand View Research. Digital education market size, share & trends analysis report (2021-2028)[EB/OL]. [2023-03-15]. https://www.grandvwresearch.com/industry-analysis/digital-educati on-market-report.

学"工作,云平台浏览次数达35.38亿(中国网信网,2022)。该平台受到很多国家学习者的欢迎,超过1300万国际用户注册,覆盖了166个国家和地区(怀进鹏,2023)。

基于数字教育的迅猛发展及其带来的深刻的社会变革,本书将在已有理论和实践成果的基础上,广泛吸收教育学、社会学、心理学、公共管理、教育技术等诸多领域的研究成果,对数字教育进行深入剖析,为中国数字教育的发展、教育制度法规的制定、教育教学改革、个体和家庭的数字教育选择提供参考。

二、问题提出

纵观近年来对于数字教育的研究,我们发现,研究者们更多地从教育学角度出发,关注数字教育的"应然",而从社会学角度出发探索数字教育"实然"的则相对较少。此外,我国对于数字教育方面的研究更多还停留在数字教育资源的建设方面。在中国知网数据库中以"数字教育"为主题关键词进行搜索①,共搜索到6406篇文献,采用可视化分析对全部检索结果进行分析,主题分布如图0-2所示。目前对于数字教育的研究最主要的主题分布排在前十位的分别是数字教育资源、数字时代、教育信息化、数字图书馆、数字出版、数字化转型、数字素养、数字媒体、数字校园、数字教材,而对数字教育的结构、互动及社会影响等方面关注不够。因此,本书尝试从社会学的角度对数字教育进行分析。

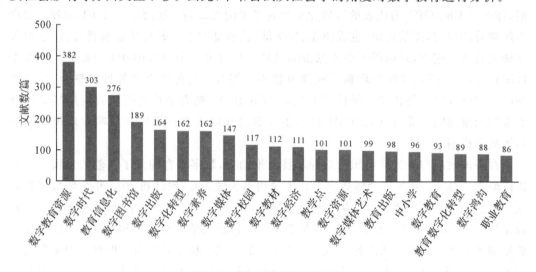

图0-2 "数字教育"主题分布

在社会学视域中,我们研究数字教育,需要回答:何为数字教育?数字教育是在何种社会背景下出现的?数字教育给教育系统及其运行带来何种变革?受到哪些社会条件的制约?如何研判数字教育的未来发展趋势?更具体地说,数字教育包含哪些教育形态和教育实践?如何认识各种形态的数字教育带来的丰富实践?如何认识数字教育对于教育系统乃至整个社会系统带来的意义和价值?数字教育对教育制度、教育过程、教育

---

① 搜索日期为2023年11月25日。

评价、教育信任、教育机会和教育公平会产生何种影响？教育的各个要素在其中会发生怎样的互构、博弈、重塑？数字教育如何改变教育生产、教育服务、教学过程、教学管理以及教育行动者的思维模式？教育行动者是如何利用这些带来教育变革的数字资源的？在这些变革中，教育结构在促进和限制数字教育方面发挥了什么作用？数字技术如何扩大学习者的受教育机会并提高教育行动者的能动性水平和福祉水平？数字教育如何为弱势群体和边缘群体创造教育公平？……本书将力图回答这些数字教育所涉及的社会学问题。

第二节 研究对象与相关概念

一、研究对象

传统教育社会学的研究对象是"学校系统中的行为、活动、组织和制度之间的结构关系及其互动过程"，其教育场域主要发生在学校，重点是研究学校组织的性质、目的、结构、组成以及学校与社会的关系（马和民，2009）。

数字教育是教育的数字化转型，是数字技术在教育中的嵌入。它不仅是一种教育现象，也是一种社会事实，更是一种由新时代、新技术、新需求带来的新型教育实践活动。因此，数字教育社会学的研究对象是数字化背景下的数字教育实践活动，其研究重点是教育要素在数字技术嵌入下结构关系和互动过程发生的变化及其引致的影响。

教育要素是"构成教育活动的成分和决定教育发展的内在条件"（顾明远，1998），具有很强的时代性特征（刘三女牙等，2021）。对于教育要素的概括，在学界并没有统一的标准。对教育要素的相关图书和论文进行梳理后发现，关于教育要素的种类主要有三要素说（陈桂生，2000；任平和孙文云，2016；任仕君等，2013；沈俊强，2006；王道俊和郭文安，2009；王然等，2013；向华和杨爱花，2016；杨晓平，2016；张国霖，2007；郑金洲，2001；朱德全和易连云，2017）、四要素说（傅维利和刘伟，2007；柳海民，2015；马前，2008；孙喜亭等，1987；王越和杨成，2020；叶澜，1991；赵儒彬，2005）、五要素说（李德显和李海芳，2013；李海芳和李德显，2014；骆风，2005；张人杰，2003）和六要素说（柳海民，2015）四大类，每种类别下面的要素也存在一定的差别。

综合这些观点，我们可以发现，在所有的教育要素中，较为一致的观点是教育要素包含了两个教育主体——教育者和受教育者或学习者。从广义上来说，所有对人们在思想、品德、知识、技能等方面起到影响作用的人都可以称为"教育者"（杨晓平，2016；朱德全和易连云，2017），不仅包括教师和父母，还包括在生活中遇到的所有彼此有过影响的朋友、熟人、陌生人等。从狭义上来说，"教育者"是指在教育活动中，有意识、有目的地对他人生理、心理、思想、知识技能等方面施加影响的人，特指在教育活动中履行教育教学职责的专业人员（朱德全和易连云，2017）。广义的"教育者"并不一定具备教育的意识和目的，因此本书讨论的"教育者"指的是狭义的教育者。对于另一个教育主体，即教育活动的对象,主要有两种称法,一种称为"受教育者",一种称为"学习者"。"受教育者"更多地体现了主体的被动地位,而"学习者"则更强调主体的能动性。在数字教育中,越来越强调教育活动的对象的主体能动性,因此,本书使用"学习者"这个概念。在传统的教育中,学习者主要指儿童和青少年。随着社会的发展,终身教育(lifelong education)和全民教育(education for all)在世界范围内推广和实行,学习者已经扩展到处于生命形成初期(胎教)到濒临死亡的任意人生阶段的所有人群。在本书中,也同时采用"教师"和"学生"的称法。此外,在数字教育中,除了教育者和学习者之外,教育组织由于数字技术的赋能,也成为一个不可或缺的数字教育创新者。在传统的学校组织之外,很多新型的数字教育组织涌现出来,提供各种新的教育服务,并利用数字技术为教育系统内部的要素之间及教育系统的内部资源与外部资源之间建立新的链接,创造新的价值。在本书中,笔者认为教育者、学习者和教育组织都是数字教育的教育主体。

对于教育者与学习者在教育活动中相互作用所依赖的媒介,一些研究者将其称为"教育影响"、"教育中介"或"教育媒介",这些概念也往往包含了教育目的、教育内容、教育方法、教育手段、教育组织形式和教育环境等内容。本书采用"教育媒介"的概念,包含了教育内容和教育手段。教育内容包括所传授的知识、技能等。教育手段是教育者将教育内容作用于学习者的各种形式与条件的总和,包括教学工具和教学方法两部分内容。教学工具不仅包含了活动场所、设施、教具等,还包括承载教育内容的教育媒体等。

教育主体与教育媒介都是在微观环境下的教育要素,而教育是嵌入在社会环境中的,因此,在宏观上,教育要素还应包括教育所处的环境(即教育环境)和教育对社会的影响(即教育影响)。

综上所述,在本书中,我们将数字教育中的教育要素分为教育主体、教育媒介、教育环境、教育影响四个要素。数字技术在教育中的嵌入,使得教育要素的自身形态、功能等都发生了改变,同时,教育要素之间相互作用的方式也发生了变化。教育要素之间的相互作用如图 0-3 所示。

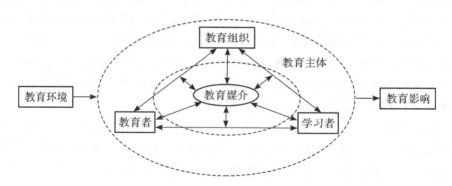

图 0-3 数字教育实践活动的教育要素

正如布迪厄所指出的,教育实践是非确定的和流动的,但并非纯粹随机的或者全然偶然的。同时,时间活动也并非全然的非主观性的,行动者在各种客观环境中往往会利用各种各样的资源,运用各种策略主动地采取行动(侯钧生,2017)。在数字教育中,教育行动者的实践活动并非随机的,而是在数字社会环境中利用各种资源,尤其是数字资源,运用各种策略主动地采取行动,这种能动性带来了教育的变革与创新。在数字教育的实践活动中,我们必须解决如何认识和解释数字教育实践的问题,并且要理解数字教育实践与数字技术和社会相互嵌入的问题。

二、相关概念

在信息技术与教育融合的过程中,出现了很多与数字教育相关的术语。英文文献较常使用的是电子教育(e-education)、基于网络的教育(network-based education)、在线教育(online education)、赛博教育(cyber education)、虚拟教育(virtual education)、数字教育(digital education)等。通过对各国与数字教育相关的政策进行研究发现,德国较常使用"数字教育"概念。我国在早期使用"电化教育",目前较多使用"教育信息化""互联网+教育""智慧教育""数字教育"等。我们将对目前最常使用的几个概念进行界定。

1. 数字技术

在对数字教育相关概念进行界定之前,我们需要先对"数字技术"这个先行概念进行界定。数字技术是指改进了的信息通信技术或系统,既包括数字硬件等物理部分,也包括网络连接、访问和操作等逻辑部分,还包括数据、产品、平台和基础设施等结果部分(郭海和杨主恩,2021)。Yoo 等(2010)将数字技术分为设备、网络、服务和内容四个层次。其中,设备层包括计算机硬件等物理部分和对计算机的控制以及与其他层次连接的逻辑部分。网络层包括光纤电缆、无线电波等物理部分和媒体访问等逻辑部分。服务层包括访问、创建、存储和操作内容等应用程序功能。内容层包含各种形式的数据,如文本、声音、影像等。

我们根据数字技术在教育中发挥的功能将教育中的数字技术分为基础设施层、数据中台、教育应用层和数字资源层。基础设施层是指支持数字教育的底层硬件设施,主要包括计算机硬件、服务器终端、智能终端、手机终端、光纤电缆、信号基站、无线网络、多媒体硬件设备等。数据中台是给数字教育提供数据服务的机制,主要包括大数据平台、数据体系、数据服务等。教育应用层是面向教育用户的各种教育应用与服务,主要包括教学应用、科研应用、管理应用等。数字资源层是指在电子设备与网络中储存的各种形式的教育资源,包括文本、音频、视频等。

2. 教育信息化

教育信息化的概念是在 20 世纪 90 年代伴随着美国信息高速公路的兴建而提出的。不同的研究者给出了不同的定义。祝智庭(2001)将教育信息化看作是在教育领域全面深入运用现代化信息技术来促进教育改革和教育发展的过程,其基本特点是数字化、网络化、智能化和多媒化。秦如祥(2004)认为教育信息化是将信息作为教育系统的一种基本构成要素,培育和发展以智能化教育工具为代表的新的教育能力,在教育的各个领域广泛地利用信息技术,并使之促进教育事业发展,实现教育现代化的历史过程。杨晓宏和梁丽(2005)认为教育信息化,是指在国家及教育部门的统一规划和组织下,在教育系

统的各个领域全面深入地应用现代信息技术,加速实现教育现代化的过程。胡英君
(2019)认为,教育信息化是在国家及教育部门的统一规划和组织下,在教育领域(教育管
理、教育教学、教育科研、教育服务)全面深入地运用信息技术来促进教育改革和发展,加
速实现教育现代化的过程。其技术特点是数字化、网络化、智能化和多媒体化,基本特征
是开放、共享、交互、协作。上述概念从不同的角度对教育信息化进行了界定,都强调教
育信息化是一个动态的不断发展的过程,突出了教育信息化的原始动力和直接目的——
现代信息技术的教育应用,体现了信息资源在教育信息化过程中的核心地位等。

3. "互联网+教育"

"互联网+教育"是 2015 年李克强总理在《政府工作报告》中提出"互联网+"行动计
划之后伴随产生的概念。"互联网+教育"是"互联网+"与教育领域的结合,它不是简单
地将线下已有的教育模式、教育内容、教学工具、教学方法、知识体系等利用互联网的手
段复制到线上,而是在认识教育本质的基础上,利用互联网平台、互联网渠道、互联网思
维等,改变以教学权威为中心的传统教育模式,转向以学习者为中心的新型教育模式。
在此基础上,"互联网+教育"以互联网为基础设施和创新要素,对旧的教育组织模式、服
务模式、教学方法、知识体系、教育治理格局等进行重塑(刘革平等,2018),最终的目标是
构建互联网时代的新型教育生态体系。研究者认为,"互联网+教育"跨越了学校和班级
的界限,面向学习者个体提供了优质、灵活、个性化的新型教育服务(陈丽等,2017),满足
了新时代对创新型人才培养的需求,既能够实现传统教育所关注的教育规模,又能够实
现优质教育所关注的个性化服务,既可以实现教育公平,又可以实现与学习者能力相匹
配的高质量服务(余胜泉和王阿习,2016)。

4. 智慧教育

智慧教育源于 2008 年 IBM 提出的"智慧地球"战略,该战略构建了让所有的东西都
可以被感知化、互联化和智慧化的愿景(祝智庭和贺斌,2012)。"智慧地球"在教育领域
的渗透催生了"智慧教育"的概念。有研究者认为"智慧教育是依托计算机和教育网,全
面深入地利用以物联网、云计算等为代表的新兴技术,重点建设教育信息化基础设施,开
发利用教育资源,促进技术创新、知识创新,实现创新成果的共享,提高教育教学质量和
效益,全面构建网络化、数字化、个性化、智能化、国际化的现代教育体系"(苏泽庭,
2015)。研究者普遍认为,智慧教育是教育信息化发展的高级阶段(张茂聪和鲁婷,
2020),在技术应用、发展目标、课程建设、学习资源、学习方式、教学方式、科研方式、管理
模式、评价指标等方面与传统数字教育存在诸多不同,在总体上呈现出智能化、融合化、
泛在化、个性化与开放协同的特征与发展趋势(胡英君,2019)。

5. 数字教育

数字教育是指"利用计算机技术、网络技术、通信技术以及科学规范的管理对学习、
教学、科研、管理和生活服务有关的所有信息资源进行整合、集成和全面数字化的模式,
以构成统一的用户管理、统一的资源管理和统一的权限控制"(胡英君,2019)。数字教育
是教育信息化过程的数字跃迁(祝智庭和胡姣,2022a),包括教育手段的数字化、教学资

源的数字化、教学管理的数字化。欧盟在《数字教育行动计划（2021—2027 年）》中指出，数字教育涵盖两个相互关联的方面：一是运用不断增长的数字技术开展教与学；二是培养学习者数字能力的发展。这意味着不仅要使用技术改善和扩展教育与培训，而且要让所有学习者具备数字能力，使其在数字技术主导的世界中更好地生活、工作、学习和发展（European Commission，2021）。

从上述几个概念来看，教育信息化是一个动态发展的过程，而"互联网＋教育"、智慧教育、数字教育都是对教育信息化过程中所涌现的诸多新型教育形态及其演变的不同描述，只是其关注视角及强调重点有所差异。不难看出，数字教育的概念比"互联网＋教育"和智慧教育所涵盖的范围更加广泛。因此，本书所研究的数字教育是教育信息化的高级阶段，其中基本包含了"互联网＋教育"和智慧教育。

第三节　研究视角与研究方法

一、研究视角

本书从社会数字创新的视角来分析数字教育的实践活动。本书的基本观点是，数字教育实践活动，或者说数字技术给教育带来的变革，从本质上来说是一种数字社会创新（digital social innovation，简称 DSI），教育行动者也是数字社会创新者。

数字社会创新是最近快速兴起并受到持续和广泛关注的概念，是采用数字解决方案应对社会问题新挑战的一个活动，指的是"创新者、用户和社区利用数字技术共同创造知识和解决方案以满足广泛的社会需求的社会协作创新"（司晓，2021）。这种创新是技术创新和社会创新的融合，不仅有益于社会，而且增强了社会的行动能力（司晓，2021）。

Qureshi 等（2021）指出，数字社会创新涉及在开发和实施创新产品、服务、流程和商业模式时使用数字技术，旨在改善社会弱势群体的福祉和提升其能动性，或解决与边缘化、不平等和社会排斥相关的社会问题。他们还提出了一个数字社会创新过程的研究框架，如图 0-4 所示。

在该研究框架中，参与数字社会创新的组织带来了变革的能动性，这种能动性来源于它们带来外部知识和资源的能力、反身性及它们的信息技术专业知识。但这种能动性需要嵌入社会情境，受到社会结构、非正式制度和地方规范的制约。因此，这些组织需要运用其嵌入能动性了解当地的正式和非正式制度，利用当地知识和资源驾驭不平等的社会结构。嵌入能动性能够帮助行动者了解自己的能力（能动性）和社会嵌入性所施加的约束，识别出产生重大社会影响的问题和机遇。数字社会创新侧重于创造社会价值和社会影响，以实现可持续发展目标。

在该模型中，数字社会创新的构建采用三种重要的技术路径：社会优先（social-first）、技术化（technoficing）和拼凑（bricolage）。社会优先是指优先考虑解决社会问题

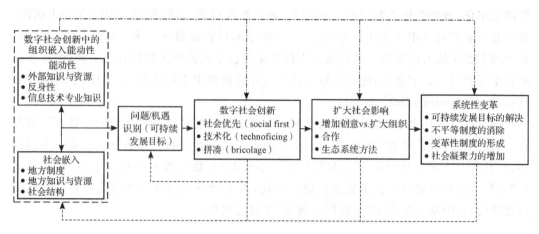

图 0-4 数字社会创新过程研究框架

来源：Qureshi I, et al. Digital social innovation：An overview and research framework［J］.
Information Systems Journal，2021,31：647-674.

而非技术问题,重点在于构建社会平台,大规模、可持续和快速地解决重大社会挑战或复杂棘手的社会问题。任何可持续发展目标的实现都需要考虑社会背景和社会结构及其导致的社会和数字排斥问题。技术化是指使用足够好且适合的技术有目的地追求社会目标。在采用技术化的过程中,不一定需要采用和推广先进的技术。在进行嵌入式参与的过程中,往往实施简单的技术就能有助于目标的实现。"拼凑"是法国人类学家列维-斯特劳斯(Lévi-Strauss)在 20 世纪 60 年代提出的概念,是指对现有的要素进行重新解构与组合,创造出新的认识规则与方法(张捷和王海燕,2020),从而解决复杂而棘手的社会问题。拼凑是一种重要的思维模式,根据拼凑元素的不同可分为制度拼凑、资源拼凑、组织拼凑、文化拼凑等。数字社会创新主要在资源有限和社会规范受限的环境中实施,因此利用现有的资源并进行创新性的重新组合,可以创造新的可能性。

数字社会创新通过增加创意、扩大组织、合作、生态系统等方法来扩大社会影响,从而达到系统性的变革,如可持续发展目标的解决、不平等制度的消除、变革性制度的形成、社会凝聚力的增加等。

数字教育创新是数字社会创新在教育场域的应用。这种创新实践是一种破坏性创新,会对传统的学校教育体系和管理制度提出挑战,最终的目标是构建开放的教育服务体系,以满足知识经济时代人们对教育的新需求(王辞晓等,2020)。数字教育创新通常具有以下数字社会创新的共有特征：①以数字技术为驱动。从某种意义而言,数字技术是一种"元技术",并在此基础上衍生出以数字技术为核心的"技术簇"。"元技术"及其衍生出的"技术簇"是促进社会和教育发展的"催化剂"和"活性剂",在教育连接和社会连接中释放出无限的动能。②以数据资源为核心。数据资源,包括数字化教育资源,作为数字教育创新中的"非人类"行动者,可以根据需要与教育场域的其他行动者建立不同的关联方式,呈现不同的功能,成为知识生产、价值传递、教育服务、管理评价的重要资源。"数据"这种"非人类"的行动者在数字教育创新实践中日益显现出其关键作用,人类与非人类行动者对数字教育创新活动的影响已纠缠在一起,难解难分。③以跨界融合为形态。数字技术打破了传统教育稳固的要素边界及与其他领域之间的边界,加强了教育与社会其他领域的联系,教育方式更为丰富,也极大拓展了教育主体、时间、地点等的边界范围,使得数字教育创新的新模式和新业态具有了显著的开放性、跨界性和融合性,进而产生多元、立体的生态效应。④以生态构建为支撑。教育系统及行动者是数字教育创新中的主体担当和必要内容。教育系统是由不同的但相互依赖的行动者组成的一个教育生态系统,在这个教育生态系统中,行动者出于其利益诉求、生态位和数字技术的渗透、应用,通过共生界面形成各种相对合理的数字化共生模式,从而达致共同进化、协同发展。在很大程度上,数字教育创新的成功与否并不在于数字工具拥有什么特性,而在于行动者的目标和能力如何与技术特性所提供的内在潜力相关联。

在 Qureshi 等(2021)提出的数字社会创新研究框架中,主要是从组织的角度考虑数字社会创新问题。拉图尔(Bruno Latour)提出的行动者—网络理论(actor-network theory)认为,“创新”是一个持续不断的过程,在这个过程中,行动者可以在系统网络中促进意见交流、相互提供帮助、创造彼此的兴趣、吸引赞助和支持(Perrotta et al.,2015)。在拉图尔的理论中,行动者指能够给系统网络带来任何变化的事物,既包括人类(human),也包括观念、技术、生物、组织、思想等非人类(non-human)的事物。依此理论,在数字教育的场域中,行动者既包括教育者、学习者、教育组织和其他的利益相关者,也包括教育内容和教育手段等教育媒介、数字基础设施与资源、数字技能与素养等“非人类”行动者。

此外,数字教育创新也因教育生态的特有性状而呈现出显著有别于其他领域的创新特征:①当数字技术嵌入教育实践中,尽管数字创新具有创构性,但其底层基础逻辑依然主要是教育活动逻辑,而非数字技术逻辑,任何无视这一点的数字创新将遭到失败。②数字教育创新最终的产品是“人”,对人的教育效果具有迟滞性、变异性和多维性,以短期、静态、单一、高效的数字化指标来衡量教育的成功与否往往会扼杀人的创造力和宝贵的优秀品质,使人成为数字的附庸。③与商业领域相比,教育领域的变革是极其缓慢的,正如乔布斯在 2011 年提出的疑问:“为什么计算机改变了几乎所有领域,却唯独对学校教育的影响小得令人吃惊?”尽管近几年数字技术对教育领域的影响有所加大,尤其是ChatGPT 的出现给教育领域带来了巨大的搅动,但与商业领域相比,教育领域的变革依然显得缓慢。

在数字技术的冲击下,教育媒介、数字技能与素养以及数字基础设施与资源的运用促进了教育者、学习者和教育组织等教育主体能动性的增加。但这种能动性的发挥则受到教育主体所处的政治制度、经济水平、社会文化、教育制度、地方性法规、社会关系等环境的制约。雅斯贝斯(Karl Jaspers)认为,教育是人对人的主体间灵肉交流的活动(特别是老一代对年轻一代),这种交流活动包括传授知识内容、领悟生命内涵、规范意志行为,并通过文化传递功能,将文化遗产传递给年轻一代,使其自由地生产,并启迪其自由天性(李德显和李海芳,2013)。也即,教育是人类文明(包括科技与文化)的传承。而传承哪些知识与技能、如何传承、由谁来传承的问题则受到教育所处环境的制约。

此外,参与数字教育创新的创新者需要嵌入具体的教育情境才能更好地发挥带来变化的能动性。重视数字技术应用在教育场域的社会嵌入性,不但要重视数字设备、数字服务平台等技术性工具在教育领域的开发和应用,更要根据教育主体的能力,匹配不同教育主体的实际需求,重视教育主体对新技术的使用感受以及对服务提供者的满意度,并针对不同的教育主体需求做出相应的调整。数字教育需要考虑教育主体的利益问题,并考虑到在教育主体所处的制度与文化背景下的技术组织现实及教育主体的数字素养所带来的制约。

数字教育创新的实践机制主要可以概括为:作为认知机制,基于推动人类社会发展的情感认知和个体自我发展的需求认知促进数字教育的蓬勃发展;作为行动机制,互动性参与贯穿了整个数字教育实践的过程;作为功能机制,不断融合了数字技术的教育场域通过拼凑、编排等多重整合实践维持教育秩序的平衡。

1. 发展需求:数字教育创新的认知机制

人本主义心理学家马斯洛(Abraham Maslow)提出的需要层次理论将人的需求自下而上分为七个等级。一是生理需求,是人类赖以生存必不可少的需求,如饥、渴、性等。二是安全需求,是人类对于稳定、安全、免受侵害的需求。三是爱与归属的需求,是人类希望与他人建立情感联结,被群体接纳的需求。四是尊重的需求,包括自尊和受他人尊重的需求。五是认知需求,是人类想要探索世界、解决问题的需求。六是审美的需求,是人类追求和欣赏美好事物的需求。七是自我实现的需求,是人类不断挑战自我,提升自我,发挥潜能,实现自我的需求。后面的三个需求都是高等级的需求,也是促进人类社会发展的强劲动力。数字教育为个体不断完善自我、发挥潜能提供了多样化的学习资源和多元化的学习途径。学习者可以通过互联网直接搜索学习资源,也可以通过社交网络和学习社群相互交流,还可以通过人机对话(如 ChatGPT)获取更加结构化的信息,甚至摇身一变,成为知识的创造者和解惑者,并通过互联网进行自我展示与交流。

2. 互动参与:数字教育创新的行动机制

在数字教育的场域中,教育行动者之间的互动是数字教育实践开展的基础。联通主义学习理论认为,学习是一个联结的过程,它是网络结构中的关系和节点的建立和重构的过程(陈丽和纪河,2017)。数字技术嵌入教育,技术赋权加强了师生之间、生生之间、家校之间、学生和学习内容之间、教育组织与师生之间的联结。同时,数字技术撬动了传统互动模式,基于数字化的、跨时空的互动逐渐取代了传统的、实时的物理互动。在数字教育中,教育主体的能动性主要来自数字技术的赋能。教育主体的能动性增强,教育组织可结合自身的优势和市场需求提供多样化的教育服务;教育者可根据自身的兴趣和优势传授知识与技能;学习者可以根据自己的偏好选择喜欢的教师,根据自身的兴趣来获取学习的内容。此外,学习者也可根据兴趣或共同的学习内容组成学习共同体,进行实时或异步的交互。

3. 整合实践:数字教育创新的功能机制

在数字教育中,各种教育资源与教育方式的多重整合实现教育的功能。数字教育创新的整合包括空间整合、资源整合、制度拼凑等。空间整合打破了时空的限制,使得教育资源跨越空间无差别化地传送到各个角落,可以将城市里的优质教育资源提供给教育资源匮乏的乡村和边远山区,使乡村和边远山区的学生也能够享受到同等的优质教育资源,例如新疆阿克苏"万里同课"智慧教育课堂(石天星,2016)。资源整合是将微粒化与原子化的教育要素通过互联网重新进行联结。教育要素的微粒化和原子化主要体现在知识的碎片化、教育者的脱嵌和学习者的个性化上。数字教育创新将碎片化的知识进行重新整合,转化为个性化教育的素材,通过数字教育平台将原子化的教育者与学习者重新进行匹配,建立新的联结。制度拼凑是指多种不同制度在解构的基础上相互嵌入,对不同主体利益和制度偏好的调和(张捷和王海燕,2020)。在数字教育创新实践中,利用数字技术将不同制度进行拼凑,以填补制度缺失。例如在 GenLink 的案例①中,就利用数字教育平台同时解决了农村教育质量差与城市老年人社会问题(Parthiban et al.,2020)。

　　数字教育创新通过扩大教育主体(详见第三至六章)、增加创意(详见第七章)将教育从学校、家庭扩展到社区和工作场所。通过学校、政府、企业、社会组织、教育者、学习者、家长及其他利益者的相互合作,共同构建良好数字教育生态系统(详见第六章),从而实现可持续发展,推动弱势群体的教育,消除教育不平等,提升社会凝聚力和信任水平(详见第八章)。

　　总的来说,对于数字教育创新,其主旨是在教育生产、教育服务、教学过程、教学管理中使用数字技术,以寻求赋能教育主体,满足其发展需求,改善教学环境和教学效果,解决教育资源不足和教育不均衡问题。针对教育场域的特殊性,本书在数字社会创新研究框架的基础上构建了数字教育创新的研究框架(如图 0-5 所示)。

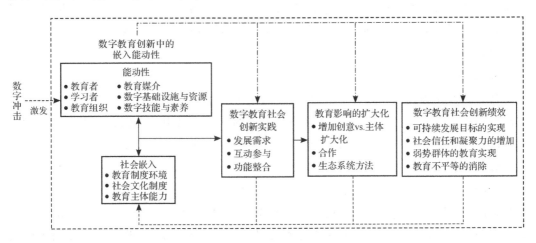

图 0-5　数字教育创新过程

_____

① 具体案例见第六章第三节。

二、研究方法

1. 文献研究法

本书借鉴数字社会创新的理论视角,以教育社会学的内容为主要的分析框架,通过对教育学、社会学、心理学、管理学、教育技术的相关理论及数字教育的相关政策和文献进行深入细致的研究,把握数字教育的学术动态和发展趋势,目的是准确深刻地理解数字教育的内涵,为数字教育的社会学诠释打下坚实的基础。

2. 参与式观察

作为一名高校的教育工作者和一位两个孩子的妈妈,近年来目睹并体验了数字教育的蓬勃发展。在工作中,笔者亲身经历了学校的数字化组织变革;在新冠疫情期间被迫卷入大规模在线教学,同时也体验了很多共享的教学资源和开放的讲座与培训;在政策的鼓励和对教育热情的鼓舞下,参加翻转课堂、线上线下混合教学的培训与实践,在教学中融入数字教育的尝试,并成功申请了浙江省一流线上线下的混合课程。在生活中,为了给孩子更好的教育,笔者深入调查并比较了大量数字教育的产品,并体验了很多数字教育的产品和课程。同时,为了提高自身各方面的素养,笔者也接触并使用了许多数字教育的资源与产品。本书的一部分内容来自在这些亲身体验中积累的大量素材和感受。

3. 访谈法

在本书的撰写过程中,笔者围绕在数字教育下教育主体的能动性和嵌入性,分别对教育组织的管理者、教育者与学习者进行了访谈,以了解教育主体使用数字教育的动机及其在数字教育的使用过程中的赋能和受到的制约。访谈对象包括教育组织的管理者、在学校中使用数字教育产品的教育者、使用数字教育产品的中小学生和大学生、在职场中进行自我提升的学习者、退休后不断充实自我的老年学习者、为孩子选择数字教育产品的家长等。

4. 案例分析

数字教育作为技术在教育中的嵌入,发展出了大量新型的教育形态。本书通过对这些教育形态的分析,探讨其在教育场域中所引发的变革。书中的案例有的来自笔者的调查,有的来自研究报告,有的来自网络新闻报道,有的来自网民的自述。

5. 问卷调查

书中部分数据来自问卷调查。这些问卷调查既包含了笔者在网络上发放的关于数字教育使用、数字教育教学满意度的相关问卷调查,也包含了其他研究者进行的与数字教育有关的问卷调查。这些问卷调查样本容量从几百人到几万人,样本来源涵盖不同国家和不同地区的人群,为本书提供了丰富的数据来源。

三、本书框架

全书从数字教育的理论基础与研究框架、数字教育的嵌入能动性与创新实践、数字教育创新成果评价与发展趋势三大模块进行研究和论述。

第一模块为数字教育的理论基础与研究框架,包含绪论和第一、二章的内容。该模块框定本书的研究理论框架,对相关的教育社会学理论进行梳理,对数字技术引发教育要素的变革进行阐述,在本书中起提纲挈领的作用。

绪论介绍数字教育的研究背景、研究对象、相关概念、研究视角、研究方法和本书框架,明晰本书的研究逻辑。具体阐述数字化浪潮和数字社会的到来对数字教育的影响;各个国家制定的数字教育发展战略;对研究对象进行界定,确定将数字教育实践活动作为研究的重点;构建以数字社会创新为视角的数字教育创新研究框架。

第一章"教育社会学视域中的数字教育",对教育社会学的三大主要理论——教育功能论、教育冲突论、教育互动论——进行检视,并运用这些理论视角分析数字教育的功能、数字教育中的控制与抵制及其再生产、数字教育中的互动。

第二章"数字技术与教育变革",具体阐述教育的各个要素在数字技术的影响下发生的变化,具体包括数字技术与教育环境、数字技术与教育媒介、数字技术与教育主体、数字技术与教育影响、ChatGPT与教育变革五个方面,涉及教育要素自身及结构的变化。

第二模块为数字教育的嵌入能动性与创新实践。该部分是本书的主体,包含第三至七章的内容。第三至六章分别从教育者、学习者、教育组织这三个教育主体出发,分析其在数字教育中的能动性及其所处的教育制度环境、社会文化制度及其自身属性给数字教育创新实践带来的制约。第七章阐述数字教育创新的教育实践活动。

第三章"数字教育中的教育者",从数字教育创新中教育者的主体扩大化和嵌入能动性、教师专业发展、所面临的挑战、数字使用、ChatGPT对教育者的影响等方面分析数字教育创新实践给教育者带来的数字赋能、面临的制约与风险。在数字教育中,教育者的教育职能更加丰富,资格认定门槛降低,数字技术在教育赋能、专业支持方面给教育者带来了巨大的支持,然而,教育者的数字素养限制了这种赋能的效果。在数字教育中,教师面临权威弱化、数字技术、能力要求、课堂管理、时间压力和评价压力的挑战。教育者的数字采纳情况参差不齐,且存在地区差异,并受到感知易用性、感知有用性、绩效期望等因素的影响。

第四章"数字教育中的学习者",从数字教育创新的角度分析学习者的主体扩大化和嵌入能动性,根据学习者的年龄、心理与社会化发展阶段将学习者分为婴幼儿、中小学生、大学生、在职学习者与老年学习者这五个主要的学习群体,详细分析每个群体的特点、针对该群体设计的数字教育的特点、该群体的数字教育使用情况、数字教育对该群体的影响。

第五章"数字教育中的学校组织",阐述学校组织的特点、数字化校园建设与学校数字化所面临的挑战。学校作为传统的教育组织,在数字技术的冲击下开始数字化进程,主要表现在教学、科研和行政的数字化管理,学校在数字化过程中受到数字技术所带来的挑战,如有限的互操作性、资本的数字挤压和学生的数据隐私等问题。

第六章"新型数字教育平台",分析传统学校组织以外的资源丰富、形态多样的数字教育平台,并以主导的主体为分类依据,具体分析政府部门主导的数字教育平台、社会组织主导的数字教育平台、学校主导的数字教育平台、企业主导的数字教育平台、家长主导的数字教育组织等数字教育平台的特点、组织功能及其典型案例,分析其在数字教育中的能动性及其所处的教育结构带来的制约。

第七章"数字教育的教学实践",分析在数字教育创新中的教学实践活动。根据数字教育的教学类型,分析融合了数字技术的线下教学,包括录播教学、直播教学、慕课教学、人工智能教育在内的线上教学,以及融合了线上线下优势的混合教学三类数字教育教学实践的结构、互动与课堂控制。

第三模块为数字教育创新成果评价与发展趋势,包含第八、九章的内容。该部分涉及对数字教育取得的创新成果的评价,并对未来的数字教育进行前景展望。

第八章"数字教育创新成果评价",分析数字教育创新给教育和社会带来的影响和取得的成果,包括教育可持续发展目标的实现、学习共同体与教育服务联合体带来社会凝聚力的加强、包括教育信任在内的社会信任的提升、对弱势群体的教育包容性、数字教育给教育公平带来的影响。

第九章"数字教育的前景展望",对数字教育的未来前景和发展趋势进行展望,并提出在数字教育未来发展中应注意的问题,以期作为数字教育发展的未来指引。

第一章 教育社会学视域中的数字教育

教育社会学的理论主要有教育功能论、教育冲突论、教育互动论三大流派。本章将对这三大流派的理论进行简单的介绍,并运用这些理论对数字教育进行简要分析。

第一节 教育功能论

功能主义(functionism)理论是由法国社会学家孔德(Auguste Comte)创立的、最早的社会学学说体系(刘慧珍,1988)。该理论在 20 世纪 50 年代与 60 年代前半期成为美国教育社会学主导性理论。

一、教育功能论的基本观点

功能主义认为社会是一个有机体,存在着结构与功能的关系。其主要的代表人物有孔德、斯宾塞(Herbert Spencer)、涂尔干(Émile Durkheim)、杜威(John Dewey)、华德(Lester F. Ward)、帕森斯(Talcott Parsons)、默顿(Robert K. Merton)等。

功能主义认为,社会由许多不同的部分构成的、相对稳定、相对持久的结构组成,社会结构中的每个部分都对社会整体生存发挥各自的功能。帕森斯将社会分为文化系统、社会系统和人格系统,认为这三者之间存在"控制层级"(hierarchy of control)的关系,其中文化系统控制社会系统,社会系统控制人格系统。孔德指出,教育系统作为联系和组成社会的中心要素,其任务是协调社会各部分的关系(钱民辉,2014)。首先,教育的主要功能是促进个体的社会化发展,促使每个社会成员构建共同的价值观念,遵守共同的行为规范,从而达到社会和谐。涂尔干(1973)指出:"教育是年长的一代对尚未为社会生活做好准备的一代所施加的影响。教育的目的就是在儿童身上唤起和培养一定数量的身体、知识和道德状况,以便适应整个政治社会的要求,以及他将来注定所处的特定环境的要求。"帕森斯认为,任何一个社会的稳定和秩序都有赖于某些道德和价值观念的共识与共享(马和民和高旭平,1998)。在教育中应有共同要素,即共同观念、情感和习俗,这种共同要素代表民族精神,是社会理想的基础。"社会只有在其成员中间存在足够的同质性时,才能继续存在下去;教育要使这种同质性世代相传,并且得以加强。"(涂尔干,2009)杜威(2009)在《民主主义与教育》中指出,教育在达到分享社会意识的过程中起调节作用,并认为有效的社会化方式是非正式的社会参与。帕森斯将社会化功能归纳为两个方面:个人的承诺和能力的发展。个人的承诺包括对履行社会"广泛价值"的承诺和对扮演社会结构中某些特定角色的承诺。能力的发展包括两种:完成特定社会角色所需要的能力与技巧和完成角色期待的能力。教育维持社会的原有文化,根据社会结构输送社会所需要的人才,维持社会的运转(马和民和高旭平,1998)。其次,教育还具有传播知识技术与选拔人才的功能。华德在1883年出版的《动态社会学》中强调教育的导进功能,认为教育是人们获得知识、推动社会进步的重要因素(董泽芳,1990)。通过知识和技术的传播,教育可以把人培养成相应的角色并把他分配到社会结构的适当位置,以维持社会的运转和社会结构的稳定。涂尔干(2009)强调,由于职业组成的独特环境及其对特定能力与专门知识的需求,教育应多样化与专业化。斯宾塞(2016)指出,教育给学生的知识不是为了修饰,而应注重其实用性。他依据人类的五种基本活动,将知识的重要性进行了排序,他认为应教给学生关于自我保护、谋生手段、父母责任、公民责任、休闲艺术等方面的知识。在教育的这两个功能中,相近价值观形成的同质性塑造出社会成员间的和谐关系,而需求的互补性使彼此相互依存。此外,美国社会学家默顿(2001)指出,教育除了正功能还有反功能,教育制度的不合理、对特定群体的限制会造成该群体的自我实现预言,从而限制该群体的发展和社会化过程。

涂尔干(2009)认为,学校是最有利于儿童学习的社会机构,是社会发展的结果。社会越发达,对教育的需要越迫切。国家应该干预教育,对教师资格进行评判。杜威(2009)认为,学校是一个特殊环境,为了让青少年更好地发展,学校应提供一个纯化的活动环境。该环境应具备基本的、能引起青少年反应的各种特征,同时排除现存环境中无价值的特征,以免影响青少年的心理习惯。在此环境中,要建立一个循序渐进的程序,引导青少年利用先前掌握的要素来了解更加复杂的事物。学校环境应使社会环境的各个要素保持平衡,使每个人都不受社会团体的限制,有机会接触更广阔的环境。帕森斯似乎并不赞成杜威这种纯化学校环境的观点,他指出,任何社会体系都有对内与对外、手段和目的两组功能,并提出AGIL分析模型(如表1-1所示)。他认为,要实现既定的目标,一个体系需要与外部的其他体系相适应和协调,适应外部环境是实现目标的手段。同时,为了有效运转,一个体系还需要内部的要素相互协调和整合,以实现其对内的功能。对于教育而言,首先必须保持与政治、经济、文化、社会等外部体系相适应,它对于社会的功能才能最终得以体现。同时它又必须维持体系内部的结构关系如教师、学生、教育行政人员、家长等,以达到内部的协调整合,这样教育培养人、塑造人,以社会化为主的对内功能才能充分发挥(钱扑,2001)。

表1-1　AGIL分析模型

功能	手段性功能	目的性功能
对外功能	适应(A:adaption)	目标达成(G:goal attainment)
对内功能	模式维持(L:latence)	整合(I:integration)

二、教育的社会功能变迁

教育是内嵌在社会中的,不同社会发展阶段对于教育的需求也不同。

在农业社会,科学技术含量较低、不同身份的人有明显的等级差异,生活变化十分缓慢。作为经济主体的农业与手工业劳动均为手工劳动,技术含量低,只需要在劳动现场进行示范和矫正,学习者掌握要领后自己进行反复练习即可掌握,因此在家庭内部即可完成技术和经验的传递,无须进行专门的劳动力培养和训练。由于生活变化缓慢,人们通过获取祖辈积累下来的经验往往就足以应对终身遇到的挑战。教育在社会中"承担现存的不平等关系以及相应的整个社会关系的再生产职能"(吴康宁,1998)。社会统治阶层将教育对象主要限定在本阶层,学习内容主要用于巩固该阶层的统治地位,因此,在农业社会,教育的主要目标是培养能够管理国家的政治精英并教化庶民,使庶民认同统治阶层的文化,并接受他们的控制。

到了工业社会,科学技术含量日益增多,人们的流动性增加,生活开始加速变化。由于科学技术的不断进步,不断更新换代的各种机器的劳动也越来越多地代替了生产者的手工劳动。劳动者必须掌握使用机器的技能,这在家庭内部是无法完成的,需要通过教育对劳动力专门进行培养和训练,以使生产者具备基本的文化素养以进行文明生产。在大规模工业化生产的背景下,为适应流水线生产,教育的社会目标不仅要培养能够进行社会管理的精英,还要以标准化的方式,快速、高效地培养具备一定基础知识和技能的熟练技术工人。教育体现出标准化、专业化、同步化和集中化的特征。教育目标强调提高学生的读写能力,关注知识的掌握和外在可测量、可观察的行为。

在信息社会,信息出现爆炸式增长,知识的更新换代速度变快,使得学习者在学校里获得的知识与技能很快就被新的知识与技能所取代。因此,教育不再以培养百科全书式的知识拥有者为目标,而是更强调培养获取信息、分辨信息的自主学习能力。此时,读写能力变得不再至关重要,而信息素养成为基本能力要求。教育的主要目标是培养具有高信息素养、能够迅速获取新知识和运用新技能的知识劳动者。

在数字社会,以移动互联、人工智能、大数据、物联网、区块链等新一代信息技术为代表的第四次工业革命,对教育提出了新的要求。以往人们从事的低端的、重复性的工作逐步被人工智能所取代,例如 ChatGPT 的出现能够帮助学生迅速获取新知识。因此,能够被迅速掌握的低端技能和获取新知识的能力变得不再重要,而人工智能无法取代的个性化和创新型的人才成为社会新的需求。瓦格纳(Wagner)认为,21 世纪的学习包括以下内容:批判性思维和解决问题;跨网络协作;敏捷和适应性;主动性和企业家精神;有效的口头和书面沟通;访问和分析信息;好奇心和想象力(Nielsen et al.,2015)。研究发现,越来越多的雇主要求员工具备创造力、想法产生、演讲、领导力、团队建设和自信心等一系列能力。一项对人力资源主管的调查显示,雇主希望员工具备沟通技巧,并认为创造力对未来至关重要(Green & Hannon,2007)。在欧洲的数字教育议程中,不再强调学科领域知识的传播和获取,而是强调在新的极端竞争的经济环境中,发展能够迎接变化和挑战的、可转移的知识和技能(Pitzalis & De Feo,2019)。教育的主要目标是培养有别于机器的、个性化的创新型人才。教育的目标更强调"人性"的特征,注重人的创造力、提出问题和解决问题的能力、主动探索新知的能力、沟通能力等。表 1-2 对不同社会发展阶段的特点及其对教育功能的需求进行了总结。

表 1-2　不同社会发展阶段的特点及其对教育功能的需求

社会类型	特点	社会需求	教育形式	教育职能
农业社会	技术含量低 生活节奏慢	维持固有的社会关系和形态	手把手教	培养政治精英、教化庶民
工业社会	技术含量高 生活节奏快	大量能使用机器的产业工人	知识讲授	培养熟练的产业工人
信息社会	信息更新快 生活节奏快	能够快速获取新信息的信息化人才	学习能力培养	培养高信息素养的劳动者
数字社会	信息互联化	具备沟通技巧的创新型人才	个性化服务	培养个性化的创新者

三、数字教育的功能

数字教育作为教育的一种形式，与政治、经济、文化等社会结构之间存在相互联系、相互依赖、相互制约的互动关系。对于个体而言，数字教育具有社会化的功能。以下将从数字教育的政治功能、经济功能、文化功能和社会化功能这几个方面来分析数字教育的作用和影响。

1. 数字教育的政治功能

数字教育的政治功能主要体现在以下四个方面：

一是通过对数字化人才的培养确保国家和地区在竞争中取得优势。本书在绪论第一节中阐述了不同国家和地区在数字教育方面的战略规划与配套政策，在此不再赘述。

二是通过制定数字教育的相关政策与评价体系，构建共同价值观念，获得政治话语权。例如，欧盟提出的欧洲数字教育发展战略通过数字战略规划的构建，塑造了欧洲公民的共同价值观。丁瑞常(2019)在对经济合作与发展组织参与全球教育治理的权力与机制进行分析时发现，经济合作与发展组织形成了三种互不排斥的全球教育治理机制——基于教育观念建构的认知式治理、基于教育指标研发的数字式治理和基于教育政策评议的规范式治理，从而获取全球教育治理的权力与合法地位。

三是通过数字教育的广泛传播促进政治知识与政治观念的传播。数字教育，尤其是以电子游戏为载体的数字教育，往往暗含着一些与政治有关的知识与观念。例如，一些学校采用游戏《我的世界》(*Minecraft*)来建造虚拟化世界，培养学生的历史、地理、合作和数字素养。而在建造世界的过程中，暗含着帝国殖民者思维(López López et al., 2019)。同样，在一些被称为"严肃游戏"的电子游戏中，如联合国《粮食部队》(*Food Force*)游戏，要求玩家指导在印度洋中一个遭受饥荒的岛屿上的家庭进行活动，在那里他们必须在支付药费和允许孩子上学之间做出选择。该游戏传达了这样一种政治观念：贫困家庭要改善其生活状况几乎是不可能的。游戏通过将玩家置于他们认为自己了解的情况中，使之能够发现世界的局限性，而无须通过获取政治信息的传统方式来得出结论。电子游戏也被用于影响公众的政治态度，如为了模拟预算等复杂政治过程而设计的游戏,可通过向公众传达政府在制定预算决策时所面临的限制,从而对他们的政治态度(如对政府的信任)产生影响。这种影响被发现确实有效,如 Barthel(2013)通过实证研究发现,玩了电子游戏《总统的一天》(President for a Day)的年轻人对政治的参与度更大。

四是通过数字素养的提升提高学生的政治素养。在开放互联网中,错误信息流通的机会大幅扩大,使得不准确信息更加普遍地暴露在公众的视野中,信息的真伪也更难以被发现(Kahne & Bowyer,2017)。研究发现,人们往往将搜索结果的顺序解读为网站可信度的信号。如果一个网站在搜索结果中排名靠前,人们通常认为它更可靠(Hargittai et al.,2010)。即使当研究人员操纵搜索结果,使最相关的结果显示在页面的底部,人们仍然倾向于选择最上面的几个结果。人们的政治态度容易被数字排序所操纵。而数字媒体素养水平较高的个人更有可能正确判断基于证据的信息,更少受到虚假信息的影响(Kahne & Bowyer,2017)。Kahne 和 Bowyer(2017)认为,公民教育必须培养学生"分析和评估信息以了解和研究紧迫的公民和政治问题"的能力。他们主张,评估信息的可靠性,利用多种来源进行研究,并分析从社交网络收集的信息,可以帮助学生提高其政治素养。这一观点得到了 McGrew 等(2018)研究者的证实。

2. 数字教育的经济功能

教育对于经济的促进作用毋庸置疑。教育,尤其是数字教育,为生产力和经济的发展提供了巨大的动力。

首先,数字教育提升人们的专业数字技能,提高劳动者的数字素养,支持数字经济的发展。中国信息通信研究院 2021 年发布的《中国数字经济发展白皮书》显示,2020 年我国数字经济规模达 39.2 万亿元,占 GDP 比重的 38.6%。数字经济的四大部分——数字产业化、产业数字化、数字化治理、数据价值化——均需要高数字素养人才给予支撑。数字教育为学习者获得专业数字技能提供了大量的学习机会和途径,如数据鲸(Datawhale)①组织大家免费学习 Python、机器学习、数据分析、计算机视觉、自然语言处理、数据挖掘、ChatGPT 等课程。数字技术课程的学习为学习者进入具有更高经济收入的数字技术行业提供了更大的可能。②

其次,数字教育提升了人们的专业素养,增加了他们的跨学科知识,提高了劳动者的生产力水平。Malakhov(2019)认为,教育(尤其是高等教育)被视为一种经济行为,人们往往将教育看成是投资,通过支付学费学习来获得证书或学位,从而在社会上获得更好的职业和教育方式。数字教育的无门槛进入,使得人们的教育投资更加方便。

最后,数字教育的发展也促进了社会经济的发展。在政策鼓励和市场需求的推动

---

① 数据鲸是一个专注于数据科学与人工智能领域的开源组织,汇集了众多领域院校和知名企业的优秀学习者,聚合了一群有开源精神和探索精神的团队成员,定期组织开源学习活动,帮助学习者一起成长。

② 国家统计局公布的 2021 年全国就业人员平均工资显示,从事信息传输、软件和信息技术服务的就业人员,在规模以上企业、私营单位、非私营单位就业,其年平均工资分别为 197353 元、114618 元、201506 元,均远高于其他行业的从业人员。

下,大量的金融投资和商业组织(如谷歌、百度、腾讯、可汗学院等)进入了数字教育领域。自2016年起,我国线上教育的市场和用户规模逐年扩大,呈高速增长态势。2016—2019年市场规模(增速)分别为1872亿元(28.21%)、2329亿元(24.41%)、2855亿元(22.58%)、3468亿元(21.47%)(网经社,2021)。2020年我国在线教育市场规模约为4328亿元,同比2019年的3468亿元增加24.79%,用户规模达3.42亿(中国互联网络信息中心,2021)。2021年知识付费市场规模超过675亿元,用户规模达4.77亿人(艾媒未来教育研究中心,2022)。对数字教育的投资促进了个人财富的提升。2020年3月,胡润研究院联合国际教育平台胡润百学发布《2020胡润百学·全球教育企业家榜》(如表1-3所示),来自7个国家10个城市的15家教育企业,财富总和3850亿元,平均财富203亿元。其中,从事在线教育的跟谁学[①]创始人兼CEO陈向东排名第三。

表1-3　2020胡润百学·全球教育企业家榜

排名	姓名	财富(亿元)	公司	年龄	居住国	居住城市	主业
1	鲁忠芳、李永新母子	910	中公教育	78,44	中国	北京	公职类考试培训
2	张邦鑫	620	好未来	39	中国	北京	家教辅导
3	陈向东	320	跟谁学	49	中国	北京	家教辅导
4	伯提·霍特	280	英孚教育	78	瑞士	卢塞恩	语言培训
5	王振东	230	中公教育	44	中国	北京	公职类考试培训
6	俞敏洪	200	新东方	58	中国	北京	语言培训
7	兰詹·派	150	曼尼帕尔教育和医疗	44	印度	班加罗尔	大学
7	吴俊保	150	新华教育	54	中国	合肥	职业培训
9	桑尼·瓦尔基	140	宝石教育	62	阿拉伯联合酋长国	迪拜	基础教育
10	李光宇、李花父女	110	宇华教育	57,33	中国	郑州	基础教育
11	比尤·拉文德兰	100	智学	40	印度	班加罗尔	基础教育
11	刘亚超	100	好未来	38	中国	北京	家教辅导
13	张平顺	90	教元集团	69	韩国	首尔	家教辅导
14	苏亚特·甘赛尔	80	近东大学	67	塞浦路斯	尼科西亚	大学

---

① 跟谁学创建于2014年6月,隶属北京百家互联科技有限公司,是一家互联网教育科技公司。2015年11月,被评为"福布斯2015中国成长最快科技公司"。跟我学主要采用"直播＋辅导"的大班教学,提供的课程服务涵盖小学、初中、高中、大学、成人英语、思维训练、瑜伽、家庭教育、国学、从业考证等几十个品类,旨在为学生和家长提供个性化、互动化、智能化的在线学习体验。

续表

排名	姓名	财富 (亿元)	公司	年龄	居住国	居住城市	主业
14	吴伟	80	东方教育	52	中国	合肥	职业培训
14	肖国庆	80	东方教育	52	中国	合肥	职业培训
17	福武总一郎	70	倍乐生	74	新西兰	奥克兰	语言培训
17	谢可滔	70	中教控股	56	中国	香港	大学、职业培训
17	于果	70	中教控股	58	中国	香港	大学、职业培训

来源:胡润研究院.胡润研究院发布《2020 胡润百学·全球教育企业家榜》.(2020-03-26)[2021-03-25].https://www.hurun.net/zh-CN/Info/Detail? num=85713DB41483.

数字教育促进了智慧经济的发展。Malakhov(2019)指出,教育存在于经济体系中,因此,没有智慧教育,智慧经济也不可能存在。教育解决方案向网络空间的移动,打开了通往大数据及其资产的大门,这些资产已经在向那些知道如何使用它的组织提供。智慧教育是智慧经济的一个组成部分,智慧经济依赖于智慧教育保持当前的发展方向。

3.数字教育的文化功能

数字教育的文化功能主要表现在以下几个方面:

一是数字教育促进文化的保护与传承。在现代化的冲击下,很多传统的民间艺术和非物质文化遗产面临着失传的风险。数字技术将这些文化复原成可共享、可再生的数字形态,保存在数字空间,有助于文化的保护。此外,数字教育由于不受地理位置的限制,可以瞬间将知识从一个地方传送至另一个地方,而知识中所蕴含的文化也被传递到世界的各个角落。武汉大学阮桂君开发的慕课"方言与中国文化"从方言与文化的关系入手,讲述了汉语方言的形成历史和背后的文化内涵,鼓励学生示范自己的地方方言,并学习其他方言(何伏刚等,2019)。一些没有形成文字的方言通过数字教育的平台得以保存,并在学生的相互学习中获得传播。教育数字资源的建设和开发能够保留当地经济社会文化的特色、优势与传统。如山东庆云县依托 Classin 设置的"庆云专区",根据本地教材版本设置资源,有近 200 种(张晓航,2021)。此外,一些已经被解体和受到重创的文化在数字教育中也得到了恢复。如美国俄勒冈州的印第安部落——克拉马斯(Klamath)在美国对原住民的殖民运动中受到了重创,在美洲原住民自决运动之后,一直努力恢复其文化身份,而数字技术在其文化身份的恢复工作中发挥了重要的教育作用。克拉马斯人通过建立网站向分散在世界各地的成员传达"语言、传统、道德和价值观"[①](Young,2018)。

二是数字教育促进了文化的交流与融合。数字教育提供了多元文化理解与情感联结,加深了远程的跨文化学习体验。我国为共建"一带一路"国家工科大学生提供了在线

---

① 克拉马斯人建立的网站(https://klamathtribes.org/)展示了该部落的历史、语言、文化,并为注册的克拉马斯部落成员提供社区、教育等服务,从而提升部落成员的文化认同与归属感。

学习计算机微专业项目,与全球不同背景的学习者建立联系。通过该项目,学习者接触到越来越多的文化差异、专业差异和个体差异,增加了对中国的了解和喜爱,加深了对多元文化的理解。参与该项目的学生不仅获得了计算机专业的知识,而且爱上了中国的文化,并希望自己能够成为自己国家与中国的友好使者,希望两国世代友好、合作共赢(陈会民等,2022)。还有研究发现,在语言学习中使用数字社交工具构建移动兴趣社区能够提升学生的本土文化意识,使学生对文化差异保持更加开放的态度(Wu & Miller,2021)。

三是数字教育促进了文化的创新与发展。数字技术在很大程度上决定了时代、社会和社会文化时间标记的"文化核心"。在虚拟现实的影响下,几个世纪以来形成的民族传统生活观正在发生变化(Lubkov et al.,2020)。例如很多传统的民间艺术和非物质文化遗产,都是通过血缘传承和师徒传承,在中国的民间甚至有"教会徒弟饿死师傅"的说法。数字教育通过数字媒体的传播,改变了传统艺术与文化的传承方式。2022年6月,在我国的"非遗购物节"上,腾讯社会研究中心与腾讯微信联合举办"数字时代的非遗"——微信·非遗传承人数字技能专题培训,并邀请了非遗传承人代表和微信官方讲师进行分享和授课解惑,将微信开店、直播带货、微信视频号和小程序运营等方面的技术融合到非遗传承中,推动了非遗文化的创新与发展。

4. 数字教育的社会化功能

在数字教育中,学习者可以与全世界的专家学者以及志同道合的朋友进行交流,自主学习,探索自然的奥秘和社会的发展规律。数字虚拟空间为青少年提供了角色学习的场所,让他们有机会在更广阔的空间进行"角色预演",而不仅仅局限于家庭和学校的小圈子。传统社会化中青少年作为受化者处于被动接受地位的状况得到了根本性扭转,青少年不再是正规教育生产线的标准化批量产品,他们有了更多的机会去选择个性化的成长轨迹,传统的家庭和学校教育很难再完全掌控青少年的社会化轨迹(李强和刘强,2014)。

在数字化背景下,社会化过程由传统的自上而下的代际传递向横向的代内传递和自下而上的代际传递(反向社会化)方向发展。学习者在数字教育实践中激发同伴学习效应,实现代内文化反授。同时,青少年学生在教育互动中对教师、家长进行数字介入反哺、数字技能反哺和数字素养反哺,引导其接受、掌握并运用智能时代的技术样态,促进其数字素养的提升(段俊吉,2023)。尤其对于老年人,家庭内的祖代数字反哺和数字教育的参与都促进了老年人的再社会化过程(韩敏和孙可欣,2022)。

第二节 教育冲突论

20世纪60年代末,冲突论的兴起对功能主义的观点提出了挑战。其中包括两个基本的分支学派——新韦伯主义(Neo-Weberism)和新马克思主义(Neo-Marxism)。

一、教育冲突论的基本观点

冲突论认为，个人或群体的利益竞争会导致社会和其各部分之间存在一种张力，群体和个人之间对权力的争夺会促进组织结构和功能以及等级制度的确立（巴兰坦和海默克，2011）。这一学派的共同理论特征是以社会冲突为基本线索来考察教育现象。

新韦伯主义是在马克斯·韦伯（Max Weber）的冲突理论基础上发展而来的。主要代表人物有美国的兰德尔·柯林斯（Randall Collins）、迈克尔·杨（Michael Young）等。韦伯认为，教育系统受到社会权利关系和群体利益冲突的影响，对教育制度基本问题的讨论，其背后潜藏着"专家"类型的人与旧式"有教养者"类型的人之间的斗争（韦伯，2005）。学校的主要活动是教学生接受特殊的身份文化（柯林斯，2009）。社会中统治群体的利益冲突影响着教育系统。在学校中，存在着"局内人"和"局外人"（巴兰坦和海默克，2011）。迈克尔·杨指出，教育内容的选择、确定与组织的过程，乃是教育知识的成层过程，学校教育过程则是教育知识的分配过程（吴康宁，1998）。柯林斯通过实证研究发现，学校教育的发展并不完全是适应经济与技术变化的结果，学校教育的主要作用也并非对学生进行未来从事职业所需技能的训练。学校教育发展的动力在于不同身份团体（status group）之间的冲突，各个身份团体都在争夺优势。教育被社会支配团体所控制，因此，"教育的作用可能就是促进组织的控制"（柯林斯，2009）。在被英才文化控制的组织中，雇佣者通过教育来选择已经接受了主导身份文化的人。教育从中扮演的角色是让学生"接受特殊的身份文化（status culture）"（柯林斯，2009），使未来进入管理阶层的人具备精英文化，使将来不能进入管理阶层的低层次雇员保持对精英文化的价值观与生活方式的尊重。学校根据学生所取得的学业成就，将学生区分为高成就者与低成就者，并将学生标定在"成就轴"的不同位置，对学生未来的职业角色进行塑造、分化和筛选，文凭成为这种社会选拔的显性标志物。韦伯曾描述："教育学历作为获取高地位职位的先决条件变得越来越肆虐。"柯林斯拓展了"学历主义"，即较具优势的个体为了提高地位而使用的增加高职位要求的方法（巴兰坦和海默克，2011）。

新马克思主义分为再生产理论（theory of reproduction）和抵制理论（theory of resistance）。这两种理论均认为，那些统治资本主义系统的人都要为其自身目的来塑造个体。他们思考的是文化形式如何通过家庭和学校进行传承（巴兰坦和海默克，2011）。

再生产理论分为社会再生产理论（theory of social reproduction）与文化再生产理论（theory of cultural reproduction）。社会再生产理论的代表人物是美国的鲍尔斯（Samuel Bowles）与金提斯（Herbert Gintis）。文化再生产理论以法国的布迪厄（Pierre Bourdieu）与伯恩斯坦（Basil Bernstein）为代表。鲍尔斯与金提斯指出，教育平等并不能带来社会平等，而是会通过"符应原则"（the correspondence principle）对不平等的社会关系进行再生产（吴康宁，1998）。布迪厄则认为，社会阶级关系的再生产是通过文化进行传递的。学校通过"文化专断"（cultural arbitraries）和"符号暴力"（symbolic violence）来强化统治阶级的文化，削弱其他阶级的文化，并通过"霸权课程"（hegemonical curriculum）进行"文化资本"（cultural capital）的分配，从而实现阶级关系的再生产（吴康宁,1998)。伯恩斯坦(2016)的符码理论指出,语言符号会影响使用者的生活态度和行为。学校采用的制度化、抽象化的"纵向话语"会将惯用地方化、片段化"横向话语"的平民阶层界定为"能力较差的"学生群体,使得精英阶层保持其霸权地位。

抵制理论产生于20世纪70年代后期,其主要代表人物是美国的阿普尔(Micheal W. Apple)和英国的威利斯(Paul Willis)。抵制理论认为,学校是不同阶级文化之间争夺权力的场所。在学校中不仅存在社会结构和意识形态的矛盾冲突,而且还存在处于非主流文化的学生的集体性抵制(吴康宁,1998)。阿普尔从关系学的角度对教育做什么和教育在其中怎样运作进行了分析。他认为教育在社会的经济领域充当了再生产不平等的重要工具,其中,经济资本和文化资本均起到重要的作用。知识、价值观、规范等通过阶级、性别、种族等传递给不同的学生,学校通过文化保存和分配来创造和再造意识形态,从而保持统治集团对社会的控制。而价值观念与学校主流文化相冲突的学生会对学校的控制制度发出挑战,甚至进行抵制(巴兰坦和海默克,2011)。威利斯(2013)在他的著作《学做工:工人阶级子弟为何继承父业》(*Learning to Labour: How Working Class Kids Get Working Class Jobs*)中,对劳工阶级社区的学校文化进行了研究,发现来自劳工阶级的学生,只是部分接受学校的课程,甚至通过逃学、强化自身身份标签等方式公开反抗、拒绝学校传递给他们的文化。学校成为不同文化之间发生冲突和进行斗争的场所。

二、数字教育中的再生产

有研究者认为,数字教育有再现社会不平等的风险,因为只有最有能力和最有条件的学生才会成功。因此,数字教育只会是离线社会结构的延伸(Halkic & Arnold, 2019)。Emanuel(2013)调查了34779名美国宾夕法尼亚大学开设的32个在线教育服务课程(https://www.coursera.org/penn)的参与者,结果发现,他们的教育水平远远高于其所在国家中一般人口的教育水平。在被调查的学生中,83%已经获得了两年或四年的大专学位,其中,44.2%的学生具备学士学位以上的教育。此外,教育水平高的人相比弱势群体更倾向于使用数字教育服务。在一些国家,参与慕课的学生近80%来自最富有、受教育程度最高的6%的人口。

研究还发现,社会经济地位较高的家庭,对数字教育投资的重视程度更高(刘骥,2020),给孩子更多的机会接触数字教育(Leaton Gray, 2017),对孩子的数字技术使用有更多引导(龚伯韬,2022),对孩子在编程、技术和游戏方面的兴趣会产生积极的影响(Davies et al., 2017)。

三、数字教育中的控制与抵制

1. 意识形态与话语争夺

随着数字教育在全球的蔓延,全球化的数字教育与当地的语言、文化、社会融合会产生冲突。占据主流的数字教育课程所包含的价值观念和规范与地方性的价值观念发生交锋,从而数字教育成为意识形态与话语权斗争的场所。如经济合作与发展组织通过制定规则,对什么是"好的""正确的""有意义的"教育知识进行了界定。这种新的教育话语是由认知共同体(epistemic communities)①所产生的,该认知共同体通过连接地方、国家和全球层面的专家网络来翻译和传播知识。经济合作与发展组织借助其自身的制度资源,采用新的话语体系引导全球各个国家和地区摆脱原有的民族叙事,遵循其倡导的价值判断以确保其正统的地位,进而实现全球教育治理(丁瑞常,2019)。这种新的"软"治理通过取代以前官僚控制系统的网络发挥作用。其结果是在既定的教育话语中产生新的文化霸权(Pitzalis & De Feo,2019)。

处于数字技术优势的群体通过塑造公众意识,来延续权力精英的利益(Young,2018)。如美国凭借其强大的技术优势和教育优势,通过数字教育在全球推行其文化价值观。一位法国智库负责人证实了这个观点:"我们不得不学习美国人的理念和分析方法。……他们掌控着我们并不希望存在的评判标准,然后取得一项又一项我们难以达到的成就。我们却只能选择尾随其后。从某种意义上说,这就是一种知识霸权。"(Davies et al.,2017)

这种知识的霸权受到了地方的抵制。由于数字技术的发展,互联网成为信息传播的主要媒介,地方知识(provincialism intellectual)也可以将自己的教育资源和文化产品在互联网上公之于众。因此,这种地方主义知识的影响力也在日益增强,而权威人士使用的标准也被网络传播的信息和个人关系所取代(Moreno-Morilla et al.,2021)。

2. 学历文凭与认证挑战

数字教育提供了新的、多样化的学历认证,对传统学校发放的文凭提出了挑战。

开放大学通过质量良好的在线教育,达到与普通高校同等的教育成效。如具有50年远程学历教育史的英国开放大学通过了英国高等教育质量保障署的质量评估,且在2018年满意度调查中,英国开放大学的学生满意度排在英国高校的前15%,深受雇主好评(王辞晓等,2020)。

慕课课程不仅提供大学学分认证和转化,而且还提供学位项目,能够为达到培养要求的在线学习者授予学位,对传统的高等教育市场产生了巨大冲击。一个慕课学位项目通常包含10门以上的专业课程,学习内容、学分要求与高校的传统学位项目基本一致,学习者可以根据实际情况进行自定步调的学习(王宇和汪琼,2019)。例如,麻省理工学院(MIT)的微硕士项目(Micro Master)所包含的系列课程具有与MIT校内课程同样的学习要求,且培养质量已得到众多企业的认可。相较于慕课学习证书,慕课微学位项目证书的认可程度更高,对学习者的吸引力也更大。在获得若干慕课微学位后,学习者还可以对接高校中的实际学位项目(王辞晓等,2020)。慕课作为一种破坏性创新(disruptive innovations),开辟了一个新兴的教育市场,将原来费用昂贵、过程复杂的教育产品变得便宜和简单(袁莉等,2014)。在这个过程中,低成本的、新兴院校、普通院校的运营模式将渗透到更高层次的市场(如开设研究生课程等),并有机会成为新兴市场的领导者(王辞晓等,2020)。

---

① 认知共同体是由专业人员形成的网络,他们在特定领域具有公认的专业知识和能力,并对该领域的相关知识有权威的主张(Haas,1992)。

一些企业也加入学历证书授予的行列。如 2020 年谷歌在全球推出 IT 支持、项目经历和用户体验设计三个职业微认证，只要在 6 个月内完成指定课程并拿下证书，就可以获得谷歌的工作，该证书也同样被其他的大公司所认可。

尽管在数字教育的主流话语体系中，要打通传统学分与线上课程的学分，实现彼此的相互认证，但是在数字教育文凭的推广过程中也受到传统力量的抵制。2013 年，加州立法机构要求教育工作者承认慕课学分，却遭到了教师的反对（Baggaley，2014）。在现实生活中，数字教育的学历文凭常常会遇到不被认可的情况，从而影响学习者的可持续动机，最终导致学习的中止。对难民的数字教育调查发现，在他们的学习过程中，会遇到在线学习的课程没有被纳入线下学校的综合课程，学习的课程有可能无法获得完全认可的学位学分，这降低了数字教育的课程对难民的价值（Halkic & Arnold，2019）。

3. 设备控制与教学抵制

与传统教育相比，在数字教育中，对设备的控制与教学抵制涉及的人员更加广泛，出现的频率更高，社会影响更大。

考虑到儿童身心发展的需要、数字设备对课堂教学的影响及对社交网站安全性的担忧，教育管理部门和学校均对学校中的数字设备使用进行了规定。2018 年，我国教育部等八部门印发《综合防控儿童青少年近视实施方案》，明确提出，严禁学生将个人手机、平板电脑等电子产品带入课堂，带入学校的要进行统一保管，保障和引导未成年人安全、合理使用网络。在国外，大多数学校屏蔽了 Facebook（全球排名第一的社交网站）、MySpace（全球第二大的社交网站）、Bebo（英国的社交网站）、YouTube（全球最大的视频网站）等。

在课堂上，手机、平板电脑和其他电子设备在教室里同样不受欢迎（Green & Hannon，2007）。为了维护教室作为学习的空间，教师会寻求最大限度地控制学生对数字设备的使用，以维持他们在课堂中的权威。而学生则努力保护他们的电子设备使用免受教师和行政管理人员的影响。在数字教育的实践中，移动设备在课堂上的使用模糊了个人社交与学习之间的界限。教师的努力往往无法得到移动设备的技术支持，而且会受到学生的技术熟练程度的挑战。Dinsmore（2019）调查分析了某公立高中的教师与学生在课堂使用移动设备时，权力关系的竞争、协商和抵抗的过程。研究发现，尽管教师和学生对科技对日常学校生活的影响持有截然不同的看法，但双方都采取限制语境流动性（contextual mobility）和坚持分离的文化逻辑区分了教育场域和社交场域，并最终达成了共识。在课堂上，教师采取限制和差异化的策略，来维护教育的边界。限制策略通过在学生和他们的手机之间设置物理距离来区分教育场域和社交场域。例如，一些教师要求学生在进入课堂时把手机放在小隔间。最极端的情况是，一些教师在上课期间没收了学生公开使用的手机，并一直保留到下课。差异化策略是通过区分移动设备的教育用途和社交用途。在课堂上，教师批准学生使用移动设备的教育用途，包括查找信息、访问资料、进行课堂调查和互动，而移动设备的社交用途则不被批准。在指导学生使用数字技术时，教师采取的做法是阻止所有未经批准的技术使用。差异化策略的一种做法是进行屏幕监控,教师会在教室里走动,积极地观察学生在移动设备上做什么。另一种差异化策略是部分适应,即教师允许学生参与有限的社交应用。例如,一些教师让学生休息两分钟"查看手机",因为他们知道学生会用这两分钟回复短信或上社交媒体。通过将"适应"描述为规则的例外,教师们保持了技术在教育和社交用途之间的区别。而学生则采取适应性抵制策略,在避免与学校和教师发生冲突的基础上,最大限度地使用科技来实现情境流动性。学生会通过使用两个以上的手机来规避上交手机带来的问题;采用VPN应用来绕过学校的防火墙,突破学校网络对访问社交媒体网站的限制;上课时假装认真听讲,把手机藏在下面盲打发消息;上课时借由去洗手间的机会使用手机;当课堂上需要使用手机的教育用途时,学生会以隐藏社交APP或减少社交APP使用的方式来回应教师的课堂规则。

在线上教学中,对教学设备的控制和抵制则表现在对教学软件和课堂活动的控制上。2022年出现一些学生侵入网课的线上教室,开麦唱歌、播放音乐和视频、频繁共享屏幕、在屏幕上乱涂乱画、发违禁图片、打字辱骂教师等,导致课堂秩序被打乱,甚至被中断。这种行为被称为"网课爆破"或"网课入侵"。学生将"网课爆破"或"网课入侵"作为一种"娱乐"方式,对教学进行抵制,并由此发展成为一条黑色产业链(赵丽梅,2022),同时学生借由未成年人的身份规避了该行为所需承担的刑事责任。教师则通过提高自身的数字技能,对干扰课堂的人进行禁言或踢除来夺回对教学的控制权。

数字技术也成为学生抵制教学评价的有效工具。学生会利用互联网完成家庭作业,通过搜索引擎直接找到答案,并复制粘贴到上交的作业中(Green & Hannon,2007)。也有学生采用作业生成软件来完成作业,以此来规避教师为防止学生抄袭进行的作业查重。例如,2020年3月9日,我国的大学生共同上了一堂疫情防控的网课,并被要求写观后感。很多大学生利用防疫大课堂观后感生成器生成了观后感。在短短的5天时间里,共有507338位同学,生成了1868839次观后感(JnuWolf,2020)。而ChatGPT的出现对于学生利用人工智能完成作业更是如虎添翼。2023年1月,Study.com网站对超过1000名学生进行了调查,发现89%的学生使用ChatGPT来帮助完成家庭作业,53%的学生用ChatGPT撰写论文。纽约和西雅图学区最近已禁止在其设备和网络中使用ChatGPT,香港大学等高校也在采取类似措施。面对学生把作业、论文"外包"的现状,教师采用重新设计课程考核方式,增加纸笔测试,更多地采用口试、小组合作和手写文章作为评价方式。

随着一些考试从线下考试转变为在线考试,作弊变得更加猖獗,评估变得更有挑战性:"学生可以用谷歌搜索答案或在计算器上做……他们还可以在考试期间分享答案的照片。即使让所有学生在考试时打开前置摄像头,学生仍然可以让应用程序在后台运行。在线考核时常常缺乏一个好的系统在考试期间监督学生,学生们找到了绕过考试监考的方法,在考试期间互相发送答案,在网上查找答案,并向其他家庭成员寻求帮助。在线考试的目标是评估学生对课堂上所教概念的理解,这一目标被削弱了。"(Ravi et al.,2021)为防止学生作弊,一些考试(如研究生面试)采用双机位,以防止周围有人提示,还有些考试借助技术手段禁止学生在考试期间切换屏幕,并在考试期间随机打开摄像头进行认证,以确认考生的身份及其周围的环境。

对设备的控制和抵制不仅表现在学校里,在家庭里同样出现父母对数字设备的控制和子女借助自身的数字素养对使用数字设备权利的争夺。家长对孩子的数字设备管理主要采用限制策略,限定孩子使用设备的时间和用途。一些数字设备提供了家长模式、学生模式、青少年模式和学习模式,以便家长能够更好地监控和管理孩子的设备使用,限制软件使用的类型和时间,防止青少年过度使用电子设备和接触不良信息。孩子则会通过偷看、猜测、破解家长设置的密码,临时安装和删除软件,隐藏应用,删除网页浏览记录等方式来规避家长的监控。

第三节　教育互动论

功能主义和冲突理论都从宏观的层面对教育进行研究,在 20 世纪 60 年代至 70 年代兴起的互动论则从微观层面来分析教育,主要关注行动者之间是如何进行互动的,包括师生之间的互动、学生群体之间的互动以及教师和学校管理者之间的互动。

一、教育互动论的基本观点

教育互动论认为,社会是由互动着的个体构成的,互动是社会现象的基础。即对于各种社会现象的解释,我们只能通过人与人之间的互动来寻求答案。互动论者非常重视在日常生活情景中,面对面式的互动在创造社会结构和社会制度方面所起的作用。在互动论中主要有四个理论分支:符号互动论、拟剧互动论、互动主义结构论和互动主义现象学。符号互动论强调自我概念和情景定义。拟剧互动论关注自我的呈现、互动的策略性以及宏观背景对互动的影响。互动主义结构论关注教育知识的组织、传递和评价过程的差异和变化。互动主义现象学则强调分类学以及知识的建构性(徐瑞和刘慧珍,2010)。

符号互动论主要源自社会心理学家米德(George Herbert Mead)的观点。米德认为,符号(尤其是语言)互动是自我发展的基础。英国学者哈格里夫斯(David Hargreaves)将米德的理论应用到教育领域,将其运用于师生关系的研究。在教育社会学领域,符号互动论主要用于分析课堂中的人际关系。哈格里夫斯在其《人际关系与教育》一书中采用了"自我""有知觉的人""角色"等核心概念。哈格里夫斯认为,自我具有反身性的特征,一个人通过与他人的互动来获得自我评价。在课堂中,这种自我认识与评价来自同学与教师对他的看法。在与他人互动时,我们承认他人有目标、有他们自己解释世界的方式以及某些自由,并因此来建构他自己的反应行动和他人的概念。在教育场域中,教师、学生、校长、父母、同学、同事等形成了一个"角色丛",在这个"角色丛"中,成员之间彼此均有所期待。在教学过程和交往过程中,教师和学生会从自我概念出发,对其他人的角色产生一定的期待,对互动的情景进行定义,并按照各自的期待和定义进行角色扮演。在互动过程中,教师与学生会通过"相互试探""讨价还价""重新协商"对自己的概念进行调整,形成新的角色期待和情景定义(徐瑞和刘慧珍,2010)。

　　拟剧互动论主要受涂尔干和戈夫曼（Erving Goffman）的影响，以伍兹（Peter Woods）为代表，注重分析个体间秩序性的互动和际遇。其分析的基本内容包括自我呈现、互动策略、印象管理、人际交往仪式的意义，以及对于互动情境的界定和区分等（徐瑞和刘慧珍，2010）。伍兹认为，师生之间是一种典型的冲突型互动模式，学生与教师有着截然不同的个人目的。师生双方在互动过程中会运用各种策略，经历不断的冲突、斗争和协商，以达到各自的目的。"确认、解释、推断和选择等行动的持续性维持了一种动力，在具有冲突本质的人际关系中，这种动力使人与人之间的相互作用成为最重要的因素，因为人人都试图为自己获得最大利益。因此，在学校，人们可以看到，整天都存在着一次又一次协商。"（布莱克莱吉和亨特，1989）。伍兹发现，在中学里存在两种学生亚文化：亲学校文化和反学校文化。伍兹根据学生采用何种方式接受或拒绝学校的目标，以及学校为学生提供的实现其所要求目标的手段不同，将学生的适应模式分为八种：奉迎、依从、仪式、机遇、逃避、开拓、不妥协和叛逆。

　　互动主义结构论受涂尔干结构主义理论的影响，以巴兹尔·伯恩斯坦为主要代表人物。伯恩斯坦认为，"一个社会如何选择、分类、分配、传递和评价它认为具有公共性的知识，反映了权力的分配和社会控制的原则"（扬，2002）。伯恩斯坦（2009）区分了两种不同的语言编码：精致型编码和限制型编码。精致型编码倾向于表达普遍性意义，很少受特定的或局部的结构限制。而限制型编码的语言则较多地受局部社会、语言结构和当前情境的限制。伯恩斯坦认为，在学校中使用的官方语言及在中上层阶级的家庭沟通中使用的语言都倾向于精致型编码，而在下层劳工阶级家庭的沟通中倾向于使用限制型编码语言。因此，在学校中，中上层阶级子女的语言编码类型与学校教育知识之间存在同质性；而下层阶级子女的语言编码类型则与学校教育知识之间存在着明显的异质性。这种语言编码的差异导致了不同阶级子女在受教育可能性上的差异，从而造成其学业成绩的差异。

　　互动主义现象学主要源自胡塞尔（Edmund Hussel）的理论。在教育领域中，互动主义现象学认为知识、真理、能力、智慧以及其他被视为"客观现实"的概念都是通过社会互动来构建的。互动主义现象学的研究关注教育中的社会建构过程，并对其进行描述和分析。其代表人物主要有麦克·扬（Michael Young）和内尔·凯迪（Nell Keddie）等（徐瑞和刘慧珍，2010）。扬（2002）认为，知识的增长和获得，与知识的逐渐分化是并行的。某些社会群体的知识通过正规教育机构的建立而被赋予更高的级别和更高的价值，这些被赋予更高价值的知识在学术机构和学校中被"神圣化"，并成为其他知识参照的标准。这些"神圣"的知识通过教育机构有选择地"传递"给在社会中通过特别选拔的人群。事实上，学校正是通过将知识人为地分为学术知识和日常知识，并将学术知识优于日常知识的观念强加给学生，对学生进行甄别和选拔。扬把课程变化视为知识定义的变化，这种变化和社会分层、专门化以及知识组织的开放程度和取向是保持一致的。由此，他得出结论：课程中知识的组织是一种社会性建构。学生学业的失败和离校年龄的提高，是一个与教育机构规定有关的社会控制问题，而不是智力发展问题。他认为，学校对于能力的分类隐含着一种假设，即抽象的知识是高级的知识。学校是根据这一假设对学生进行能力分组的：那些能够进入教师的抽象知识领域的学生被认为是优秀学生，他们将接受学术课程的学习和训练；而那些知识水平仍处于常识层次的学生被认为是失败的学生，他们将只能接受非学术性课程的学习和训练（徐瑞和刘慧珍，2010）。凯迪试图从分析"课堂知识"出发，对能力分组教学提出质询。他期望通过这种方法能够在学校内部和课程知识的社会组织中寻求教育失败的根源。他通过实证研究发现，人们似乎倾向于把学校所教的知识当作"专家"的知识，并与日常的知识结构对立起来。这便在教学内容中确立了一种"规范秩序"，以学业成绩为衡量标准，向学校以外的人们推荐那些在学习上取得较好成绩的学生。因此，凯迪认为，"通过保证学生与知识之间的关系一致性，学校用一定的权威性的分类结构确保社会的秩序"（扬，2002）。他认为，教育中知识和能力的分层类属产生的根源在学校以外的社会结构的权力分配机制中。这种分类并不是基于学生的实际能力，而是基于一种建构的框架，由该框架对特定类型的知识的价值进行分类。学校中这些看似"理性"的分类和评价系统实际上只是强加给学生的一种知识形式而已（徐瑞和刘慧珍，2010）。

教育互动论描述和探究了微观领域的教育活动，开启了宏观教育社会学理论所忽视的教育"黑箱"。通过广泛运用人类学、人种学等相关学科的研究方法，如深度访谈法、参与式观察法等，对教育过程中的人际互动进行客观的描述和理论的解释，为人们深入认识教育现象提供了丰富、鲜活的实证材料（徐瑞和刘慧珍，2010）。

二、数字教育中的互动

由于数字教育的形态多样，不同的数字教育形态下，教育主体之间的互动模式呈现出不同的特点。在本书第七章将详细阐述不同课程形态下教育主体之间的互动。下文将从数字教育的自我概念、互动策略、语言编码及课堂知识四个部分进行分析。

1. 数字教育中的自我概念

在传统的学校师生互动中，教师具有比学生更大的权力和权威，因此教师本身的属性，如教师的自我概念、教师对情景的定义和角色扮演对师生之间的互动带来更大的影响（徐瑞和刘慧珍，2010）。而在数字教育中，互联网带来了更加平等的师生关系，教师的权威在数字教育中被弱化，因此，教师对学生自我概念的影响减弱。在数字教育中，学生与学生之间的互动变得更为重要，甚至超过了师生之间的互动。学生可以在与其他学生的互动中寻找到各种新的标签，给自己"塑造"身份，而不必受限于教师给自己贴的"标签"。此外，对于学习成果的评价也越来越倚重第三方评价，而非教师的主观评价。伴随着数字教育产生的大规模教育数据被掌握在数据平台所属的公司手中，这种数据带来了评价学生与评价教师的权力。同时，学生可以更加自由地选择教师，因此，教师的自我概念也受到了学生评价的影响。

2. 数字教育中的互动策略

在教育的互动中存在两个方面的流动：一是知识的流动，二是情感的流动。在数字教育中，知识的流动不受时空的制约，而情感的流动受到即时情境的影响。网络的延迟性会影响情感的即时流动,从而影响教育的在场感。这种在场感的缺乏,使得数字教育的强制性大大减弱,教师很难通过批评、忽视等方式取得良好的教育效果。因此,在数字教育中,教师更多地会采用鼓励和奖励的方式吸引学生,调动学生的注意力,师生之间的冲突性也大为减弱。

伍兹提出的八种学生的适应模式,在数字教育中也都存在,只是将一些在物理空间中的表现展现在网络空间,而且能够引发更大的效应。具体表现为:奉迎型学生在数字空间中"巴结"教师,与教师发生积极互动,给教师点赞或送虚拟礼物等;依从型学生由于数字教育内容本身有趣或觉得有价值而选择学习,也会参与和教师之间的互动;仪式型学生因学校或家长的要求选择数字教育,一般不太会主动参与和教师的互动;机遇型学生一般是顺从者,但在互动中也缺乏主动性;逃避型学生是数字教育中的沉默者,不会主动寻找数字教育资源,在不得不参与的数字教育活动中往往处于"虚假在线"或"一心多用"的状态;开拓型学生是所有八类学生中能动性最强的学生,会在网络中主动寻找适合自己的数字教育资源,并在学习的过程中寻求积极的互动;不妥协型学生对数字教育的要求较高,会在互动中对教师提出自己的要求,有的学生甚至会在教师未达到其期望时恶语相向;叛逆型学生会在互动中讨论与课程无关的内容,利用网络在课堂上发送语音、视频、违禁图片等,扰乱课堂秩序。后面两种类型的学生会给教师带来巨大的压力和心理创伤[①]。

3. 数字教育中的语言编码

在数字教育中,教师准入门槛降低,谁都可以成为教师,因此,教育者的语言编码除了传统教育中使用的精致型编码外,也出现了很多限制型编码。每一类的学习者都可以找到适合自己的话语体系。教育不再强调学生接触"高雅文化",而是强调发展个人适应新的极端竞争的经济环境的能力(Pitzalis & De Feo,2019)。

4. 数字教育中的课堂知识

随着数字和信息技术的发展,信息在大众中的广泛传播,知识引发了全球的关注。在数字教育中,过去被"正统"的学校所忽视和贬低的实践性知识也成为知识的重要组成,越来越受到人们的重视。本书第二章第二节将详细地阐述在数字教育中知识发生的变化。

---

① 2022年11月,河南省新郑市第三中学一名刘姓历史老师在上网课时遭到"网课入侵",上完网课后因情绪激动在家中猝死。

第二章　数字技术与教育变革

数字技术具有去中心化、网络化和智能化的特征,其与教育的深度融合对传统教育场域进行了重构。在数字技术的冲击下,教育环境、教育媒介、教育主体、教育影响等教育要素的内容、表现形式、结构关系都发生了变化。数字技术与教育的深度融合不仅改变了教育的形态,还增强了教育主体的行动能力。

本章将从数字技术与教育环境、数字技术与教育媒介、数字技术与教育主体、数字技术与教育影响、ChatGPT与教育变革这五个方面入手,阐述教育要素在数字技术影响下的变化。

第一节　数字技术与教育环境

随着数字技术与教育实践的深度融合,教育在其所处的社会环境中的嵌入也越来越深,正如中国著名教育家陶行知先生所强调的,"生活即教育,社会即学校"。

"嵌入"(embeddedness)是新经济社会学的一个重要概念和理论,最早由英国经济学家波兰尼(Karl Polanyi)提出。波兰尼(2020)认为,经济并非自主的(autonomous),而是从属于政治、宗教和社会关系。新经济社会学家代表人物马克·格兰诺维特(Mark Granovetter)发展了嵌入理论,指出经济活动是"嵌入"到社会关系网络中的。格兰诺维特(2019)区分了"关系性嵌入"和"结构性嵌入"两个概念,前者是指行动者嵌入个人关系,后者指的是行动者嵌入更为广阔的社会关系网络。格兰诺维特认为,人们在社会生活中的关系网络是经济行为所嵌入的社会结构的核心。"个人和企业的经济行为受到以人际互动产生的信任、文化、声誉等作用机制和因素为基础的持续性社会关系和社会结构的影响。"(侯仕军,2011)保罗·迪马乔(Paul DiMaggio)等人从文化的角度补充了格兰诺维特的"嵌入"概念,提出"政治嵌入""认知嵌入""文化嵌入"的概念(文军,2019)。因为嵌入理论是一个具有较强解释力的概念和命题,因此,嵌入理论也被引入对教育行动的解析(胡金平,2012)。

数字技术与教育的融合需要强大的社会支持系统和对社会文化信仰与态度的深刻理解,并对所经历的社会、政治和文化挑战保持敏感(Ravi et al.,2021)。在早期的教育信息化发展的过程中,政策制定者与研究者强调了信息化基础建设与信息化设备的普及,培养教师与学生的信息技术能力,例如美国克林顿提出的"信息高速公路"

(Information Superhighway)计划、中国的"三通两平台"建设、全球兴起的信息课程教学、各国针对教师开展的信息化培训等,在提高教育与社会的数字素养方面起到了积极的作用。然而,这些努力在提升边缘群体的教育方面面临着诸多的问题,如购置的信息化设备由于无人使用或维修而闲置、报废,数字化资源无法获得边缘群体和弱势群体的有效利用,因此在数字教育中更加需要考虑社会嵌入性。以下将从政治嵌入、经济嵌入、组织嵌入、文化嵌入、关系嵌入几个角度展开讨论。

一、政治嵌入

政治制度、政策和法规的制定对于促进数字教育的发展起着至关重要的作用。近年来,许多国家和地区在推动教育领域的数字化变革方面出台了一系列政策和法规,强调教育信息化的重要性,为构建数字教育生态系统提供支持,并为教育数字化转型提供战略性方向和直接的动力需求。同时,国家和地区政策也给教育数字化相关产业带来了政策红利,促进了教育数字化产业的发展,例如智能平台、智能学具、学习管理系统等企业的发展,而数字化产业与教育联动,又会继续拓展教育数字化转型的空间(祝智庭和胡姣,2022b)。

政治制度、政策和法规的制定同时也对数字教育的发展进行了规范性制约。2019年8月,我国教育部等八部门下发了《关于引导规范教育移动互联网应用有序健康发展的意见》,对数字教育应用程序使用情况进行了规范。2021年1月,我国教育部等五部门发布《关于大力加强中小学线上教育教学资源建设与应用的意见》,将线上学科类培训机构由备案制改为审批制。在政策的规范和引导下,我国数字教育的发展从原来的野蛮型生长向规范化方向发展。2021年7月,中共中央办公厅、国务院办公厅印发《关于进一步减轻义务教育阶段学生作业负担和校外培训负担的意见》(简称"双减")。在"双减"政策公布之后,我国数字教育的发展方向发生了调整,许多以学科培训为主要业务的数字教育机构都面临转型,如新东方转型直播带货,猿辅导向素质教育转型,而以艺术、思维等素质教育为主要业务的数字教育机构(如乐高、一起去练琴等)获得了更大的发展空间。

此外,在数字教育中,教育知识往往充满了生产国所持有的价值观,体现其政治色彩和政治主张。例如,《我的世界》游戏中暗含帝国殖民者思维(López López et al.,2019),《粮食部队》游戏中暗含贫困家庭无法改变其生活状况的思维(Barthel,2013)。

二、经济嵌入

资本对数字教育的影响和控制不断增强,数字教育的实践越来越受市场的指导。尤其在高回报的商业领域,数字技术越来越多地用于支持商业市场内教育供给的公开货币化(Castañeda & Selwyn,2018)。有学者分析了加州大学欧文分校的慕课平台,发现尽管慕课本身提供了免费的资源,但是要保持优质的教育资源和可持续的发展,必须借助高效、环保和可持续的商业模式(钱小龙和黄蓓蓓,2018)。此外,由于技术的快速更迭,数字教育所依赖的技术终端更新迭代速度很快。如果产品不进行与时俱进的调整,很快就会被更先进的产品所替代,而这些调整都需要雄厚的资金支持,得不到足够资金支持的产品很快会被淘汰,因此,数字教育行业更容易被资本垄断。

由于数字教育对外部结构更加依赖,科技公司控制和塑造教育相关部门的能力和空间得到了加强。商业化的教育系统和软件设计塑造了越来越多的数字教育教学模式和学习形式。从这个意义上说,"工程师、数据科学家、程序员和算法设计师正在成为当今最强大的教师"(Williamson,2017)。数字教育的技术革新及其所带来的思维影响,如翻转课堂、二十一世纪技能、智能校园和个性化学习等,都得到了 Mozilla 和盖茨基金会、培生(Pearson)、思科(Cisco)、英特尔(Intel)、微软(Microsoft)、苹果(Apple)以及许多小型 IT 公司的支持。正如凯文·凯里(Kevin Carey)所观察到的那样,高等教育中最有影响力的思想领袖越来越有可能是程序员、黑客和围绕他们成长起来的万亿美元的硅谷 IT 行业(Castañeda & Selwyn,2018)。加拿大特里·安德森(Terry Anderson)在其于 2018 年主持的一项中小学(K-12)课堂在线学习情况调查中发现,很多教师将谷歌的免费工具融合到各种各样的课堂、远程和混合式教育环境中。在加拿大阿尔伯塔(Alberta)省,超过 90% 的校区都在使用谷歌免费提供的教育产品,如谷歌图书(Google Chromebooks)、谷歌课堂(Google Classroom)、谷歌分析(Google Analytics)、谷歌的各种实用工具和谷歌的教师发展研讨会等,课堂出现了"泛谷歌化"(Google-ization)(安德森,2020)。

大部分学校都采用商业化教育平台,而非自主研发的平台,因此就需要经常更新设备,进行员工培训,适应新的知识和信息生态系统的教学方法,以及满足包括教育主管部门、学校管理部门、教师、学生和家长在内的多个利益相关者不断变化的需求。所以,在低经济回报领域与经济欠发达地区,经济制约成为数字教育发展的瓶颈。研究者发现,在 2012 年,贵州省的学校在教育信息化应用过程中受到经费不足制约的比例高达 92.96%(杨志军和李群,2014)。在高校,数字技术的应用同样受到高校财务状况的制约(王辞晓等,2020)。

三、组织嵌入

数字教育与传统教育相比,更依赖硬件的支持和多组织的联合。学校越来越依赖大量平台、应用程序和软件系统来履行行政和教学职责。尤其在新冠疫情期间,超大规模互联网教育对组织间的协作提出了更高要求。

由于数字教育涉及的组织多样化,也容易造成组织之间的利益冲突。例如,在意大利的"数字学校"项目启动过程中,就遭遇了很大的挫折,出现一系列不同的经济、政治利益,导致各方发生冲突,意图操纵项目的发展。由于各方对数字教育内容制作的意见不一致,最后,法院裁决完全停止了该项目这一部分的开发(Pitzalis & De Feo,2019)。

数字技术在教育组织中的应用还取决于组织的特点。哈佛大学经济学教授霍克斯比(Hoxby)指出,精英型高校往往通过先进的教学和复杂的教育支持系统为学生提供高质量的教育,注重提高学习者在校期间与教师及其他同学的互动,让学习者经历高水平的知识挑战和社交活动,从而提升学习者的满意度,增强校友的凝聚力,提升他们未来的回馈和捐赠意愿,因此会对入学的学生加以选拔。而低选拔性的非精英型高校雇佣具有高供给弹性且价格低廉的兼职教师,授课一般利用标准化教材,主要经费来源是学生,要求学生以预付款的方式交纳学费,类似零售商店,以销售当期教育服务来换取当期收入,因此大多采用开放入学的模式,一般不对学生进行筛选(杨钋,2014)。这两类高校的运营模式不同,故两者与在线教育的兼容性也存在很大差异。以慕课为例,其特征是开放式入学、在线评估、以学生为主导的互动论坛、学生相互评判成绩,不涉及高强度的师生互动,教师无法对学生进行个性化的教学或评估。由于参与慕课学习的初始成本很低,多数学生在学习期间会退课或退学。慕课提供标准化的课程,教师和助教不会花费大量时间辅导学生,因此慕课与非精英型高等教育的兼容性很高。然而,精英型大学对学生的高选拔性与慕课的开放入学方式并不相容:一方面,慕课无法提供精英型大学中高强度的师生互动和积极的学生互动,以及个性化的咨询和学业评价;只有少量精英型大学的专业先修课程可由慕课提供,如"微积分""统计"等。另一方面,建设慕课将花费大量时间,教师可能在慕课上线后失去对原创课程的知识产权,这使精英型大学的教师缺乏建设慕课的动机(王辞晓等,2020)。以慕课为代表的在线教育虽然能在一定程度上促进高校教学模式的革新,但未能从根本上改变上述两类高校的运营模式,且与高选拔性的精英型大学的兼容性较低。精英型大学虽然引领了教育技术变革的风潮,并率先在学位项目中尝试完全在线的形式,但却较少在校内开展大规模在线教学实践。精英型大学学生在线教育的参与率并不高,非精英型大学的学生是参与在线教育的主体(杨钋,2014)。在美国高校中,在2016—2017学年民办营利性高校的在线课程注册率高达68%,而公办和民办非营利院校的在线注册率仅为30%和27%(Xu D & Xu Y,2020)。由此可见,教育组织的经营模式决定了数字教育向不同类型教育组织进行渗透的潜力(王辞晓等,2020)。

四、文化嵌入

数字技术在教育领域的应用受到数字教育所处地区的文化与风俗的限制。

一方面,文化会影响数字教育的研究方向。Livingstone 等(2017)对全球的数字教育的相关研究进行分析发现,世界上较贫穷的国家希望通过研究来找到增加数字教育资源访问和加速公平分配的方法,而世界上较富裕的国家却希望通过研究来指导管理过多的屏幕时间、大量商业内容,以及侵犯自主性和隐私的技术。

另一方面,文化会影响数字教育的传播和实施效果。研究者发现,数字教育在全球实施的过程中,会受到语言、文化的影响(Halkic & Arnold,2019)。文化对数字教育的影响主要体现在语言障碍、学习材料、教学方法等方面。数字教育的教学方法可能与学习者所在国家和地区的主流教学方法相矛盾,从而给学习者带来适应性不良的问题。

五、关系嵌入

胡金平(2012)认为,教育组织和个人(包括教师、学生、校长、家长等)在教育方面的行为都嵌入于社会关系之中,而社会关系也嵌入于组织与个体的行为之中。具体而言,一方面,教育部门的决策者、学校校长、教师的教育决策、教育行为并不完全是教育者自身教育理念的产物,而是深深地嵌入到整个社会关系之中;另一方面,家长的教育诉求,对学校教育决策、教育行动直接或间接的干预行为,同样不是孤立的原子化的行动,而是"社会嵌入"的结果。

随着现代社会风险性的增加,人与人之间的信任变得更加脆弱,家长对孩子在学校到底发生了什么、孩子如何学习更加关注。在传统学校,教师是如何开展教学的,对于家长和社会大众来说是一个黑箱子,数字技术的介入为打开这个黑箱子提供了可能。由于数字技术在学校中的嵌入,监控学校在全球兴起,传统校园被武装成了"数字校园"。这些技术对教学场景进行了监控和记录。例如,英国的一些学校在安装监控摄像机的同时安装了麦克风,并要求教师佩戴耳机,以便观察员能够就他们的教学内容和表现提供实时反馈(Taylor,2013)。笔者所在的学校在所有的教室中都安装了摄像头,可以同时对所有课堂进行监控,并可以随时调用教师的课堂教学情况。对于在线教育机构,由于其课程的相对开放性和脱域性,不仅学习者可以对在线内容进行观看和学习,学习者的家长及相关的人,甚至专家都可以对其进行评估。一些在线教育平台也会对教学的过程进行全程录像,供家长查阅。而教学场景则完全对学习者周围的人群开放。

数字技术将教育场域变得更加透明,因此,家长在数字化进程中获得了更多参与的机会,从而加强了家长干预教育过程的愿望与行动,推动了家长主义①浪潮的进一步高涨。在家长主义的影响下,一些学校(尤其是幼儿园)会将孩子在学校的活动情况拍摄成照片和视频供家长观看,一方面满足了家长想要了解孩子在校情况的愿望,减少了家长与孩子的分离焦虑,另一方面也给了家长评价学校教学情况的权力,为家长干涉学校的教育提供了窗口。

第二节　数字技术与教育媒介

本书所指的教育媒介包含了教育内容和教育手段两个方面。教育内容包括教育所传授的知识技能和教育目标,教育手段包括了教育工具和教学方法。在数字技术的影响下,教育媒介本身发生了变化,其主要表现在以下几个方面。

一、教育知识的变化

1.知识内涵的变化

对于什么是知识,不同的人有不同的看法,在理论界也有很多的讨论和争议。在教育场域中,我们将知识界定为教育所要传授的内容。在文字出现前,人类的知识汇聚了人类在生产实践中的所有智慧,通过口耳相传的方式进行传递。文字出现后,知识开始采用文字符号进行表征,以书籍为主要载体。知识被抽象化、逻辑化和文字化处理,形成了线性的结构化体系,也慢慢地远离了生产实践(陈丽等,2019),知识呈现出结构严密、

---

① 家长主义(parentocracy)是英国学者布朗在20世纪90年代提出的概念,是指孩子的教育越来越依赖于父母的财富和意愿,而非学生的能力和努力。

线性、固态的特征。数字技术使得知识的形态发生了改变，对知识的理解也随之发生了变化。联合国教科文组织（2017）在《反思教育：向"全球共同利益"的理念转变》的报告中对知识重新进行了定义。报告中指出，可以将知识"理解为个人与社会解读经验的方法"，因此，知识不仅是精加工的符号化知识，还"可以将知识广泛地理解为通过学习获得的信息、理解、技能、价值观和态度，知识本身与创造及再生产知识的文化、社会、环境和体制背景密不可分"。新的知识观将海量的网络信息、动态的主观知识、多样化的境域知识和碎片化的知识都囊括到知识的范畴中（陈丽和徐亚倩，2021），新的知识形态呈现出结构松散、互联、流动的特征。

　　与之对应的，分化的知识开始出现相互融合的趋势。英国的麦克·扬和南非的约翰·穆勒（Johan Muller）（2021）在他们的著作《课程与知识的专门化：教育社会学研究》中提出五种知识的分化——知识与经验、理论与日常知识、不同领域的知识、学校与非学校的知识、课程与教学，并强调需要在学校中学习"强有力的知识"。然而，随着多学科交叉融合成为新的标准和导向，"后学科"现象逐渐占上风，学科之间的界限日益模糊，普通知识与专业知识再也分不开了（德兰迪，2019）。例如在提供知识服务产品的"得到"①中，有一个栏目叫《巡山报告》，由浙江大学生命科学院的王立铭教授对追踪到的生命科学前沿进行解读，将难以被大众理解的专业化知识转化为容易被大众所理解的科普知识，即将"神圣"知识转化为"世俗"知识。在解读的过程中，也会有其他的专家对解读进行讨论、批评和指正，因此，"神圣"知识并不因为"世俗"化的解读而降低其科学性。从这个角度来说，涂尔干所说的"神圣"知识与"世俗"知识之间的区别也不复存在。或者说，数字教育在"神圣"知识与"世俗"知识之间搭建了更多的桥梁，使得"神圣"知识的可获得性增强，变得不再高不可攀。

2. 知识价值的变化

　　随着数字技术的发展，知识更新的速度不断加快。习近平总书记在中央党校建校80周年庆祝大会暨2013年春季学期开学典礼上的讲话中指出："有人研究过，18世纪以前，知识更新速度为90年左右翻一番；20世纪90年代以来，知识更新加速到3至5年翻一番。近50年来，人类社会创造的知识比过去3000年的总和还要多。"（人民日报，2013）随着知识更新换代速度的加快，学习者学到的知识会很快被新知识所取代，知识的半衰期迅速缩短。这就意味着知识权威所维系的时间也越来越短，如果不持续学习和产出，原本有价值的知识将迅速贬值。知识由原来作为教育获取的最终目标降级为进行教育所用的原材料和工具（陈晓珊和戚万学，2021）。

　　数字技术改变了显性知识的易得性，却无法改变隐形知识的易得性，从而对显性知识与隐形知识的价值改变也不同。"隐性知识"（tacit knowing，也译作内隐知识、意会认知等）是英国哲学家迈克尔·波兰尼（Michael Polanyi）在《个人知识》（*Personal Knowledge*）中提出的概念（张一兵，1990），对教育心理学、知识管理均存在重要影响。波兰尼认为，人类知识有显性知识和隐性知识两类，显性知识可以用语言、文字、图表、身

---

① "得到"是2016年5月上线，由罗辑思维团队出品的知识付费平台。

体语言和其他符号进行表征,传达和传授给他人,而隐性知识是我们知道却难以表达出来的内容,是属于个人的、情境依赖的、难以交流的知识,如操作类和实践类的知识。显性知识很容易在互联网中被数字化后变得唾手可得。显性知识的易得性使得原来被学校和专家所垄断的知识不再是一种稀缺资源,其价值和地位发生了根本性的变化。而隐性知识却因为难以言传和表达很难数字化到互联网平台,需要学习者亲身体验才能获得。从知识易得性的角度来说,显性知识的价值降低,而隐性知识的价值凸显。

现代知识观对知识价值的判断标准发生了变化。传统知识观对知识价值的判断通常依据两个标准:一个是知识抽象概括程度及其对实践世界的指导力;另一个是知识生产者的权威等级(陈丽等,2019),如博士授予单位在一定程度上影响论文的发表,从而影响学术产出的影响力及被认可度(维尔蒙等,2018)。而新的知识观对知识的共识性和规范性的要求降低,对于知识价值的评判取决于两种新的标准:一是知识能否满足个体的需要(陈丽和徐亚倩,2021);二是知识所受到的关注程度,例如开放科学(Open Science)的迅速发展,涌现出许多免费知识共享平台,一些研究者会选择将自己的研究成果发布在网络上,受到公众的关注程度也成为研究者影响力的重要指标。

3. 知识生产者的变化

在工业革命之前,知识生产者主要是思想家、作家等知识分子和贵族阶层。知识由一些思想家创造,被统治阶级采纳并进行传播。随着18世纪末自由的现代性的到来,分门别类的知识不断增加,专业性不断增强,在大学中,细化出各种专业的学科门类。在国家和社会的经费支持下,大学汇聚了众多的学者,从事科学、文化、社会等各个学科的专业研究,与通过层层选拔进入大学的学生一道,探索科学前沿,进行思想上的交锋。大学成为知识的主要生产地(德兰迪,2019),而知识生产成为知识分子的一种特权(陈丽,2019)。

随着数字技术的发展,知识生产不再局限于大学,企业和个人都不断涌入从事知识生产、提供知识服务的浪潮中,并对大学知识统治地位提出挑战(德兰迪,2019)。由于数字技术提供了信息交流与互动的平台和空间,网络互动的协作关系为知识创新提供了重要动力(陈丽等,2019),抽象的知识与实践的经验、不同的思想在数字空间中发生碰撞,促进了知识的生产。数字技术的发展不断降低了知识生产的"入门成本",使得研究机构人员、图书馆人员、博物馆人员、各行业的技能型人才甚至文化水平较低的草根阶层都能够参与到知识生产中。而草根阶层被数字技术赋能,激发出的创造性成为知识大爆炸的重要推动力(陈丽等,2019)。此外,数字化网络促进了教育者、学习者和家长之间的互动与交流,从而允许在教室内外共同创造内容(Adnan & Bahar,2019)。学习者在数字技术的加持下也不再仅仅成为知识的接收容器,而是将建构的知识主动分享,成为创造新知识的主力军(刘三女牙等,2021)。如北京大学"全国中小学教师教育技术能力建设计划网络培训(初级)课程的设计和实施"这一课程,将参与该课程学习的教师的个人经验和故事引入网络培训课程中,形成了独特的"生成性"课程资源(何伏刚等,2019)。除了人的参与之外,机器也参与到知识生产中。尤其是人工智能的发展对于人类前沿科学的探索、新知识的产生起到了至关重要的作用(王文等,2020)。ChatGTP通过机器学习与自然语言算法,可以对已有的知识进行重新整合,创造出大量全新的知识,也可以辅助科学研究过程中的某些任务,帮助人们发现科学研究的空白和发人深思的问题。

4. 知识生产和传播方式的变化

知识的生产与传播方式是随着社会生产方式的改变而发生变化的(陈丽,2020)。知识生产的变化会导致社会结构和文化结构的变化,从而导致认知的改变(德兰迪,2019)。在原始社会,知识的生产源自生产实践的经验积累,知识的传播是通过口耳相传一代一代地传承下来的。由于人类记忆的不可靠,这些知识的来源无从考证,并在传播的过程中不断被改编,知识在传播的过程中,也会生产新的知识。到了农耕时代,知识主要由经验丰富的专业人才(师傅)所生产,采用师徒传承的方式由上而下进行传播,知识生产与传播方式开始发生分离。在原始社会与农耕社会,这种知识的传播主要在小范围内进行。出现书籍之后,开始有了大规模的知识生产与传播。学校的出现为知识传播提供了重要的场所。知识生产开始由知识分子完成,这一过程相对封闭,确保了"意义的固定性、作品的不朽性及作者的权威性"(王子舟,2019)。尤其到了工业社会,精英阶层成为知识生产的主体,大学成为知识生产的重要机构,生产的知识由特定的媒介(如语言、书籍、报纸、广播、电视等)和群体(如私塾先生、学校教师、主持人等)负责传播。知识生产和知识传播遵从严格的先后顺序(陈丽等,2019)。知识传播的方向从中心向周边扩散,或由上而下地垂直单向传递。美国学者马克·波斯特(Mark Poster)(2000)在《第二媒介时代》中将这种传播模式的媒介称为"第一媒介"。波斯特指出,第一媒介时代盛行的是播放型传播模式,是由少数文化精英和知识分子主导的、自上而下的、一对多的单向传播。在这种单向的信息传递中,发起者"控制着语境、背景以及叙事的文本",增强了社会控制的效用。

在数字社会,学校知识不再拥有特殊的地位,互联网取代了学校,成为知识生产和传播的重要场所(陈晓珊和戚万学,2021)。互联网是集知识的制作者、销售者、消费者于一体的系统,知识不再有传播中心,几乎人人都可以参与散点的双向交流(波斯特,2000)。知识的垂直性传播被互联网去中心化的水平性传播所取代,技术的发展使得知识传播的范围更加广泛,传播的速度更快,被更多的人所掌握。知识的生产越来越具有表演性,越来越适应政策和商业的目的,"启发"和"非利益性"的特点变得越来越少(Taylor & Dunne,2011)。数字技术促进了教学过程和方法的变化,从而影响知识本身的性质以及人们如何使用和转化知识(Catone & Diana,2019),互动技术的使用与知识传播和知识扩散过程错综复杂地纠缠在一起(Taylor & Dunne,2011)。在数字教育的环境中,教育者创造了最初的知识之后,学习者在学习的过程中提出问题,引发讨论,相互交流,在此过程中教育者与学习者的互动共同构建了新的知识,这些新知识与其形成的过程均在网络上得以保存,在世界各个有网络的角落可以即刻访问。在网络社群中,参与讨论者的多样性增加了学习者与教育者之间思想的碰撞和交流,加速了知识的生成。这被称为"参与式文化"(McShane,2011)。在参与式文化中,信息和表达文化从消费转向生产,从"只读"模式转向"读写"模式(McShane,2011)。杰勒德·德兰迪(Gerard Delanty)(2019)将这种知识生产的方式称为"众筹和群体智慧"的知识生产方式,在这种情况下,知识生产与知识传播往往是同步的。在知识生产过程中,知识不再是一成不变的,而是动态生成发展的,知识表现出意义的易变性、内容的适应性和不稳定性、相互关联的扩展性和进化性及作者的不确定性与多重性(王子舟,2019)。德兰迪(2019)认为,在这种新的知识生产模式中,"知识的使用者对知识的性质比生产者更有发言权"。

 **案例 2-1**

学习元平台——人工与智能如何共同促进知识的进化①

"企业大学概述"学习元由 maxyang 用户于 2012 年 2 月 10 日创建,经过一个月的知识进化,截至 2012 年 3 月 10 日,共有 26 个正式版本,有 15 名用户参与了内容编辑,修订总次数达 69 次,即平均每天有 2 次以上的修订。在修订的过程中,人工智能系统会根据语义判断用户的可信度从而自动接受或拒绝内容的修订。在版本 1 的内容页面只包含了基本的内容(企业大学的由来、定义、特点),且与其他资源未产生任何关联,到了版本 26,该学习元已经形成结构完善、内容充实的单元知识体系,还拓展了"国内外知名企业大学""参考资料"等内容,并与其他 12 个学习元和 29 个用户建立了关联。

此外,随着 AI 技术的发展,机器翻译能力和自然对话能力得到长足的进展,尽管有时不太精确,但是由于机器翻译的快速、便捷、便于使用的特点,由语言障碍造成的知识壁垒在 AI 翻译的帮助下逐渐被瓦解。知识传播的穿透力进一步增强,穿透速度进一步加快。

5. 知识呈现和获取方式的变化

传统的知识大部分都以文字的形式储存在书籍里,知识的形态以文字为主。在数字时代,知识呈现的形态变得更加多样化,除了文字,还有图片、音频、视频,形成了新的视觉文化、音频文化和视频文化。这种多模态的知识载体极大地提升了学习者对各类知识的吸收、整合、记录、存储、传播和应用的能力(陈丽等,2019)。

在传统的教育中,知识获取的门槛较高,只有符合特定条件的学生才能获得学习的资格到特定的知识传授机构——主要是学校——获取知识。学校与社会通过使用一系列的仪式来固化知识的神圣性,如使用教育分层设置(如小学、中学、高等学校)来区分两个教育阶段的边界,制定学习的时间表和学期来安排学习的进度,采用学区、升学考试、面试等手段来筛选学生,学生入学前参观新学校,入校后参加开学仪式、购买校服,毕业后参加毕业典礼等。随着数字技术的发展,知识变得无所不在。人们可以在任何时间、任何地点、通过任何设备、在任何人的支持下根据自己的需要进行学习。学习者可以通过多种渠道与教育者进行信息交流,学习者获取知识的渠道也更加多样化,除了学校的

---

① 该案例来自杨现民,余胜泉.生成性学习资源进化评价指标设计[J].开放教育研究,2013,19(4):96-103.

课堂之外,还可以通过各种智能通信工具、网络、信息平台甚至游戏来获取信息和知识(陈晓珊和戚万学,2021)。获取知识不再需要选拔,也没有固定的时间表,知识的获取不再具有仪式感。

二、教学工具的变化

拉图尔认为,时间和空间是"在某些类型的流通、登记和工具中"被建构出来的(Decuypere & Simons,2020)。

1."时间"概念的重塑

Carroll(1989)认为,时间是教育中的一个非常重要的维度。他在构建的学校学习模型中指出了影响学生在校学习的五类变量:天赋(aptitude)、学习机会(opportunity to learn)、毅力(perseverance)、教学活动的质量(quality of instructional events)和理解教学的能力(ability to understand instruction)。在这五类变量中,时间是其中的核心要素。天赋决定了一个学生学习给定的任务所需要的时间;学习机会决定了允许学生学习的时间,例如学校的时间表或课程安排;毅力决定了学生愿意花在学习任务或教学单元上的时间;如果教学活动质量低于理想水平或者学生缺乏理解教学的能力,学生学习所需的时间就会增加。传统的教育为了适应工业化的批量生产,是针对特定群体来进行教学的。在课程时间的安排上,必须照顾到大多数同学的学习进度。

在传统的教育中,对时空的限定所带来的仪式感传递了学校的权力。传统的学校教育把"规定年龄"或"规定身份"的人强行约束在"规定的时间"和"规定的空间"里,并按"规定的要求"进行"规定的活动"(周宗伟,2006)。学校限定了学生入学的年龄,并采取一系列的措施(如年龄限制、地域限制、学区限制、面试家长、考试选拔等)将不符合教育年龄的学生和不符合学校要求的学生排除在外。有时,晚出生几小时的人(如一个出生在8月31日23点,另一个出生在同年的9月1日凌晨1点)会因入学时间的严格规定而不得不晚一年接受学校教育。学校非常重视学习的时间表和结构,并使用各种技术和仪式(如入学报到、寒暑假、参观新学校、毕业典礼等)来标记和强化这种时间的划分。从年级的设置、学期的设置到课程表的设置,时间被刚性地划分成不同的模块。教师和学生需要在同一个空间里,按照固定的时间表开展教学。而暑假则代表了两个教育阶段的边界。

"数字化时间"带来了一种新的时间特性。实体传统的时间是由时钟技术创造的时间景观,其节奏是线性的、连续的、刚性的。而数字时间是通过智能手机、电脑、应用程序或其他数字设备与网络进行连接时的时间体验,其节奏是非线性、非连续的,更加柔性。鲍曼(Zygmunt Bauman)将这种特性描述为一种"流动的现代性",在这种现代性中,时间更像一种流体而非固体(Walker,2016)。时间的流动性使我们的学习时间和"其他时间(如生活时间、工作时间等)"之间不再有任何清晰的界限。在数字教育中,学习者的学习时间不必受制于学校的教学进度安排和其他同学的学习进度。学习者可以按照自己的实际学习能力而非出生的时间开始自己的学习,在学习中可以自主安排学习时间和学习的速度。学习的计划可以不必事先被安排好,学习者可以根据自身的情况随时切入学习状态,从数字媒介中获取自己想要学习的内容,按照自己的接受程度自主调整学习速度,也可以随时暂停学习,在下一个方便的时间继续上一次的学习。当学习者的学习空间发生移动时,学习不需要停止。

人们不断地追求效率,因此网络时间总是朝着加速的方向发展,而且只受到技术成熟度和容量的限制,而技术成熟度和容量几乎每天都在增加。因此,数字教育逐渐成为一种不断加速的体验,能够在固定的时间内安排更多的任务,学习更多的知识,并且能够更有效地利用我们的时间,正如慕课的提供者所宣称的:数字教育能够帮助学习者"更好更快"地学习。

然而这种"数字世界"的非线性时间也会带来一些其他的问题。第一,这种"时间流动性"带来了"时间紧迫"的概念。由于数字技术的不断更新,而时间又是如此有限,这种冲突往往带着一种占主导地位的紧迫感,这种紧迫感使得我们很少停下来思考,即思考时间遭到了破坏(Hassan,2017)。第二,时间的柔性不仅意味着随时可以开始,也意味着随时可以被打断或终止。能够"随时随地学习"很容易导致"无处学习,根本没有时间学",正如在B站①许多学习资源的弹幕上经常出现的话:"放入收藏夹吃灰。""吾生也有涯,而知也无涯。"数字教育提供了无限的资源,但是对于个体而言时间却是有限的。此外,即使自定进度的数字教育为学习者提供了高度的灵活性,学习过程和教育轨迹仍然需要时间——数字技术虽然可以加速学习材料的传输,但是对于学习者而言,数字教育无法加速社会嵌入的学习活动(Knox,2016),也无法加快学习者对知识的接受与吸收速度。"无法控制时间的感觉与我们应该控制和掌握时间的规范性假设,产生了一种悖论,加剧了我们的焦虑和无力感。"(Walker,2016)

为对抗时间流动性所带来的问题,有两条解决路径。第一条解决路径是从技术角度出发,通过时间性限定来进行约束,例如在一些直播教学中会强调不提供回放功能,以促使学习者在固定的时间进行学习。一些在线课程(如Coursa、慕课)会要求学习者根据计划的学习进度来进行学习,尽管学习的时间是相对具有弹性的,但是会设置每个学习任务的截止时间,只有在限定的时间内完成学习并提交作业,才能获得相应的学分。这种时间的限定性将流动的时间进行"截流",以迫使学习者在规定的时间内完成学习任务。第二条解决路径是利用学习者自我控制的时间边界。这就要求学习者对时间进行合理规划,将学习任务"封装"到相应的时间段。因此,在数字教育中,个人对时间的管理和控制能力变得尤其重要。

2. "教学空间"概念的重新定义

传统的教学空间主要在学校。教学空间是学校对学生个体生活进行统一规划和安顿的权力场域(方程煜,2022)。福柯在对现代社会的权力与支配体系的核心关注中,将学校视为当代规训与监督的典型场所(方程煜,2022)。例如,学校的校园一般都由学校围墙包围,要进入校园需要在学校大门保安处登记,许多学校会将学校的正门打造得非

---

① 指哔哩哔哩网站(https://www.bilibili.com/),简称B站。该网站于2009年6月26日创建,是中国年轻一代高度聚集的文化社区和视频学习网站。

常威严以体现其神圣性。甚至在一些中小学,围墙还会安装电网,以防止人们翻墙进出校园。

教育者和学习者在学校内部进行物理互动,这需要双方共同在场。教育的互动主要发生在教室里,在课堂上。詹姆斯·保罗·吉(James Paul Gee)认为空间是一种产品和动态社会关系的过程(Moreno-Morilla et al.,2021)。物理空间决定了权力关系,体现了等级关系。在学校中,教育者利用学校场景和空间,将学生锚定在强制性的序列体系的不同等级中。福柯将这种系列空间的组织形式视为在基础教育中,学校对学生实行个体监控和整体上对权力驯服的重要手段(方程煜,2022)。在教室中,座位的安排影响着教育资源的分配(刘宗宝,2016)。例如,坐在教室后排的同学往往离教师与黑板较远,有的会看不清黑板或教师呈现的材料,教师也经常会忽视后排的学生(郑鸿根,2005),而有的教师会通过座次的安排将学生分为三六九等。

随着数字技术在生活中的运用,传统的"空间"概念被重新定义,物理空间、社会空间与数字空间交织融合在一起。数字空间也成为新的教育教学空间。通过这个虚拟的数字空间,教学空间从校园内扩展到校园外,从实体的空间扩展到虚拟空间。物理与虚拟的多维教学空间并行使得教学空间变得更加复杂。在索恩伯格(David Thornburg)(2020)提出的四种典型学习场景("营火"——传授式学习,"水源"——讨论式学习,"洞穴"——反思式学习,"生活"——实践式学习)中,传统教育更多强调的是第一种"营火"场景。而在数字教育中,学习者可在这四种典型的学习场景之间进行自由切换,甚至同步进行(陈晓珊和威万学,2021)。例如在视频网站上学习时("营火"),学习者可以同时与同伴进行讨论("水源"),随时暂停进行反思("洞穴"),或者同时进行实践("生活")。

互联网营造了一个开放、自由、流动、去中心化、互联互通的空间,其传递性、流动性、沉浸感、允许改变和超越的特性与传统的等级化有重要的区别(Taylor & Dunne,2011)。由座次等通过空间体现的权力关系在数字教育中也被消解。在数字教育中,教育者和学习者不再需要社交共存,教育心理场的弱化导致了教育权力的弱化,使得教育的强制性减弱。

数字教育有时也需要依托现实的空间来构建想象的共同体。例如,在一些大学慕课的网站上,会出现带有大学建筑的图片或大学的图标,这种图片的展示构建了学习者在该大学学习或和该大学的学生共享资源的意向(Knox,2016)。在新冠疫情期间,由于学校关闭,无法在学校里进行线下学习,有学生在《我的世界》游戏中建造了学校的虚拟模型,让大家有回到学校的感觉,并准备举办虚拟舞会和虚拟毕业典礼进行直播(Kindelan,2020)。

3. 教育评价方式的改变

在传统的教育中,课堂是一种同步学习的场所,是教师与学生进行实时互动的场域,教师可以随时感知到学生的体态、表情、行为、群体所构成的课堂氛围,并根据课堂的情况实时调整自身的教学行为,并通过与学生之间的互动,对学生的学习状态进行动态评价。此外,教师通过课堂提问、随堂测试,以及在学习了一个阶段之后,采用单元测试、期中考试、期末考试等方式对学生的学习成果进行评价。因此,传统的教育评价方式具有学习状态的实时性和教育成果的延时性的特征。在传统的教学评价中,掌握评价权力的主要是教师。

在数字教育中,教育评价则更加复杂。在一些形式的数字教育(如录播、直播等)中,学生可以看到教师,但教师无法看到学生,教育者对学习者的状态无法有效感知和评价,只能通过学生发送的一些文字、表情,或者是数字教育平台收集的学习数据来觉察学生的学习情况。教育者也因无法及时感知到学习者的情绪状态等信息,很难对教学进行实时的调整。虽然数字教育运用大数据收集了大量关于学习者学习状况的信息,但研究者发现,这些信息很多都没有被有效利用(Malakhov, 2019)。尽管可以采用数字挖掘技术对课程进行深入细化的评价,判断哪些课程更受欢迎,哪些阶段的学生最容易放弃,需要改进,然而这些评价更多地适用于课后的分析和调整,很难进行实时反馈。而有些形式的数字教育(如人工智能教育),是通过对学生学习成果的评价进行实时反馈与调整的。在数字教育的教学评价中,评价权力变得更为分散,除了教师本身对学生的评价之外,还有大数据对学生的学习及教师的教学水平同时进行评价,学生对教师的评价和反馈也往往被数据化,作为教师评价的标准,教师的评价权力被削弱。

三、教学方法的变化

威斯顿和格兰顿(1993)将教学方法分为教师中心的方法、相互作用的方法、个体化的方法和实践的方法四种。教师中心的方法是教师单方面地向全体学生传授知识,相互作用的方法是学生与教师或同学一起讨论进行交流,个体化的方法是学生根据自己的速度对准备好的材料进行学习,实践的方法是在实际的工作场景中进行学习。

在传统的教学中,教师主要采用以教师为中心的讲授法,教学内容和教学进度基本由教师来掌控,学生被动地接受知识。当数字技术与教育结合时,数字工具改变了学习者获取内容和体验学习的方式(Carpenter et al., 2020)。数字技术越来越多地支持个体化的方法,教学内容和教学进度由学生自己来控制。数字工具提供了多种内容呈现方式,提高学习者的学习兴趣和参与度,并为学习者提供多种方式展示其学习到的知识,增强学习者的交流、高阶思维技能和社交技能(Carpenter et al., 2020)。

第三节　数字技术与教育主体

在教育场域中,教育主体包括教育者、学习者和教育组织。数字技术在教育中的嵌入不仅引起教育主体自身角色的变化,也引发了教育主体彼此之间关系的变化。

一、教育主体角色的变化

1. 教育者的角色变化

数字技术的发展使得教育讨论的中心主题不再是如何更好地进行教学,而是如何帮助学习者更好地学习,尽管数字技术在教育中的使用并没有限制教师以前的角色,但它对教师的活动进行了重新定义，或者为他们增加了新的角色，具有更加多元化的特征：作为课程和材料的设计师、知识的构建者、引导者或教练。这种模式重新塑造了教师的社会角色和对工作的期望，教师经历了"在学习情境中从'学科专家'向'绩效教练'的转变"（Catone & Diana，2019）。教育者在学习者的学习过程中充当的角色具有越来越多的工具性特征。

许多研究者认为，教师的角色不再是传统的主宰教学活动的知识的输入者和传授者，而是学生的学习引导者、促进者、服务者和陪伴者（刘三女牙等，2021；吴康宁，2007；朱永新，2019），教育活动的设计者、组织者和实施者（柳海民，2015），具有自我提高能力的终身学习的先行者（徐晶晶和张虹，2018）。笔者认为，在数字教育中，教育者是学习者的引导者，是人工智能的合作者，是教育的创新者。

首先，教育者是学习者的引导者。在数字教育中，课堂的主要职能不再是接受式学习、机械式训练等知识符号的传递，而是教师与学生之间、学生与学生之间的"深层对话、问题解决和内生性创造"（陈丽和徐亚倩，2021）。美国著名教育心理学家布卢姆（Benjamin Bloom）将教育目标分为认知、情感和心因动作三个领域。认知领域的目标分为知识、领会、运用、分析、综合、评价六个从低到高的层次（吴红耘和皮连生，2020）。这六个层次的目标都是基于对知识的识记和理解，教育层次的提高意味着掌握与运用更多更深层次的知识。数字教育的教学的重点不再局限于识记知识、理解领会、初步运用等低层次认知目标的达成，而是向分析、综合、评价、创造等高层次目标的迈进。教育者不必像传统教师一样通晓所教学科领域的所有知识，但是必须能够利用丰富的数字化教育资源，为学生创建丰富的学习环境，激发学生的学习兴趣，培养学生的好奇心和解决问题的意识，利用智能化教育资源记录学生的学习过程，制定合适的教育路径，为学习者建立新的学习体验（陈晓珊和戚万学，2021）。

其次，教育者是人工智能的合作者。随着人工智能技术的发展和成熟，简单的知识传授、答疑、测评工作已经被机器所取代（陈丽和徐亚倩，2021）。在人工智能时代，教师职业将逐渐走向人机协同的局面（赵磊磊等，2021）。北京师范大学未来教育高精尖创新中心主任余胜泉（2018）对人工智能的角色进行了分析，指出"人工智能教师"的角色包括：自动出题和批阅作业的助教、学习障碍自动诊断与反馈的分析师、问题解决能力测评的素质提升教练、学生心理素质测评与改进的辅导员、体质健康监测与提升的保健医生、反馈学生综合素质评价报告的班主任、学生成长发展的生涯规划师、学生个性化问题解决的智能导师、个性化智能教学的指导顾问、个性化学习内容生成与汇聚的智能代理、精准教研中的互助同伴、数据驱动的教育决策助手。宋海龙与任仕坤（2019）认为，在未来的教师队伍中必将出现更多的人工智能教师。

然而，人工智能只是一种工具，而不是有意识的教育者。即使是能够进行自然对话的 ChatGPT，也只能在学习者提问之后进行应答式反馈，而无法主动向学习者提出问题。此外，人工智能在情感交流、心理关爱、道德教育价值等方面具有较大的局限性。对于一些自控能力差、学习能力弱、情绪状态不稳定的学习者来说，在数字教育的学习过程中，容易出现教育与情感不适，这时就需要人类教育者的介入，进行深入的情感交流与陪伴，帮助其更好地适应学习情境,解决所面临的问题。此外,人工智能也可能无法准确选择和理解信息,会造成信息道德风险,如 ChatGPT 虽然可以回答学生的问题,并提供很多有价值的信息,但是它并不是一个完美的知识来源,无法总是提供完整或正确的答案,缺乏价值判断,甚至在回复时会生成包含冒犯性或不恰当语言的回复,从而影响学生的道德价值判断。人类教师就需要及时地进行干预,引导学生正确识别和合理运用信息,形成正确的价值判断。

最后,教育者是教育的创新者。数字技术,尤其是人工智能与教育的深度融合要求教师适应智能教育场域逻辑,实现从"教材执行者"到"教学创新者"角色的转变(刘晓琳和张立国,2021)。在数字教育中,面对个性化的学习者,教育者需要根据学习者的具体情况选择适合的教育材料和教育手段,通过"资源拼凑"对教育的原材料进行创新性组合,以适应学习者的需要。教育者需要利用数字技术发挥"育人"职能,这就要发挥教师的创新能力、组织协调能力、设计能力和应变能力,为学习者提供个性化引导,成为学习者的数据分析师、价值信仰的引领者、个性化学习的指导者、社会学习的培养者与心理和情感发展的呵护者。

2. 学习者的角色变化

首先,学习者是学习的掌控者。数字教育给了学生自主学习的机会,如自己安排学习的内容,规划学习的进度,选择适合自己的教育者和学习同伴等。研究证实了学生在使用 HyperDocs 进行学习之后,学习变得更加投入。数字技术提供的这种自主学习的机会使学习者变得更加"有能力""独立""自力更生"(Carpenter et al.,2020)。除了自主安排学习进度和内容,一些学习者还试图通过直播自习的方式向他人赋权,将自己置于监视之下以获取更好的学习状态,促进自己学习(王文智等,2022)。还有一些学习者则通过观看自习直播、断网等方式获得学习的氛围,对抗数字设备带来的娱乐诱惑(王文智等,2022)。数字技术成为学习者获取学习内容、调整学习状态的有力工具。

其次,学习者是知识生产者。学习者在学习的过程中不断提出新的问题,并利用数字技术与教育者和其他的学习者共同进行探讨,在学习者与教育者及其他学习者的互动中也创造了新的知识。一些学习者将自己的学习过程及学习中遇到的问题进行整理,并利用微信、微博、弹幕等数字工具进行分享,为其他的学习者提供学习的经验和参考。同时,学习者在与互联网和人工智能的互动中,将自身的需求和反馈"喂"给了背后的大数据,优化其算法,使得互联网的教育内容推送和人工智能的个性化服务与评价更具有针对性和有效性。

最后,学习者也是教育者。有关学习与记忆的研究发现,当人们通过传授他人知识,可以对相应的知识有更深入的理解,并保持更好的记忆效果。"费曼学习法"就是一个典型的例子。一些数字教育的产品开始利用这种效应让学习者充当教师的身份来帮助学习者更好地学习。例如,在《贝蒂的大脑》(*Betty's Brain*)中,鼓励学生向一个名叫贝蒂的虚拟同学传授河流生态系统的知识。在另一些教育项目中,鼓励学习者扮演教师的角色,向虚拟的机器人学生传授数学教育游戏的规则、教授书法等。这种方法对于学习者的元认知、同理心和自尊的培养具有积极的意义(Miao et al.,2021)。

学习者不仅是被动地被赋予教育者的角色,在很多数字教育形态中往往主动地承担教育者的角色。如在录播和直播教学中,当有其他学习者存在疑惑时,其他的学习者会主动地提出帮助,为其解惑。

3. 教育组织的角色变化

学校作为知识传播的专业化场所,一直以来是教育体系的核心(陈丽和徐亚倩,2021)。教育家杜威将学校看作简化和净化过的特殊社会环境,即学校是社会生活的雏形和缩影(陈丽和徐亚倩,2021)。而数字技术在教育中的渗透则促进了教育组织的创新,使得教育组织在组织形态与功能上发生了重大的变化。具体而言,教育组织的角色发生了以下的变化。

第一,教育组织是教育的创新平台。在数字化的影响下,学校不再是与社会隔绝的"象牙塔",传统学校的数字化转型,数字校园的建设、管理方式的变革与创新不断发生。本书第五章详细地描述了学校组织在数字技术影响下发生的数字化变革。除此之外,随着教育社会性的日益凸显,在校园之外及与校园的连接之处也涌现出一大批新型的教学组织形态。这些新型的教育组织打破了传统教育以简单知识传授和分科培养人才的禁锢(白蕴琦等,2021),提供了多样化、个性化、可灵活组合的学习方式。本书第六章具体分析了在传统学校以外的新型数字教育组织及其形态。

第二,教育组织是教育服务的提供者。由于在网络上已存在很多免费的数字教育资源,数字教育产品和服务供给也不断增加,为了在商业竞争中获得更多的用户,教育组织就需要提供优质的教育服务,并不断提升教育服务的质量。随着教育产业化的推进,教育组织提供的服务越来越具有消费驱动的特征。融入数字技术的教育生态系统变得更加复杂,教育组织所能提供的服务也更加多样。除了传统的教学服务,还涉及维护数字教育技术的教育基础设施、数据中台、教育应用和数字资源的各个层面。服务对象除了传统的学习者,还涉及教育者、教育组织的管理者、其他的教育组织、教育管理部门、企业、家长等。

二、教育主体关系的变化

在教育主体关系的变化中,涉及教育者与学习者、教育者与教育组织、学习者与教育组织之间关系的变化。

1. 教育者与学习者之间关系的变化

教育者与学习者之间关系的变化主要体现在权力的改变和互动模式的改变。Allen指出,"权力不是通过空间行使或传递,而是通过相关不同行动者的互动关系构成的"(Lewis,2020)。在数字教育中,网络的平等性弱化了教育者的权威(李强和刘强,2014),教育者对学习者的权力受到削弱。学生的学习不再以教师为中心。最新一代的数字学习环境正朝着建构主义教学模式发展,通过加强同龄人之间的协作学习和积极的教学策略,将学生置于学习路径的中心(Catone & Diana,2019)。在数字教育的话语体系中,学习者被置于焦点的位置,更多地强调为学习者进行个性化服务。在传统的教育群体中,具备更多知识、具有更高职位的个体具有更大的发言权和影响力,而在数字环境中,每个个体都具有同等发声的权利,愿意进行持续发声与对话的个体将获得网络核心的地位和身份,从而获得更多的"特权"(徐亚倩和陈丽,2021)。

此外,数字技术还改变了教育者和学习者之间的互动。尽管数字技术可以消除距离给人际互动带来的影响,使得人们可以跨越距离的障碍进行交流,然而,在现实中,由于人的时间是固定的,与数字技术进行交流的时间增加了,势必减少人与人之间的交流时间。数字技术的使用往往会减少教育者与学习者之间的人际接触和互动,尤其是在学校环境中的教学。例如,在使用智能教学系统的教学环境中,为了监控学生互动的情况,教师通常会花大量时间在办公桌旁观察数字技术提供的信息,这些信息是在教室里四处走动时无法获取的。教师和学生在课堂互动中的作用被数据取代了(Yu & Couldry,2020)。

2. 教育者与教育组织之间关系的变化

教育者与教育组织之间关系的变化主要体现在教育组织对教育者管理的数字化、教育组织对教育者数字劳动的占有、教育者对教育组织的依附性减弱。

首先,教育组织对教育者管理的数字化。教育组织采用将教育者的各项属性进行数字化,并采用数字技术对教育者的教育成果进行直观、可比较的量化。学习成绩是最容易衡量的一个数字化指标,而在情感领域和日常生活中学生的进步则很难使用数字化标准来进行衡量。教育组织的政策制定者往往使用学习者的成绩作为评价标准数据来衡量教学的效果,并以此作为决策制定的依据,从而干涉和改进教学实践。"在这种宏观取向的数据运用中,教师只是数据运用的客体,是被评价和干预的对象。"(郑鑫,2021)在这种评价体系下,教师为了考核的标准,放弃那些未被标准衡量的、有可能是更重要的教育内容。教学的数字化管理所带来的绩效和管理主义制度挤压了教师自主的教学空间,导致了教学的逐步去专业化。与此同时,行政和问责相关职责的侵犯不断挤压了教师教育的灵活性。

其次,教育组织对教育者数字劳动的占有。数字技术在教育中的介入使得教育的工作量约是传统教育工作量的两倍(吴峰,2016)。然而,在计算教师的工作量时,教师的额外数字劳动付出往往不被记入教学课时。此外,在数字教育中,教师在传统课堂以外的教学劳动也不被学校认可。如在混合教学中,教师在线下课堂以外的线上教学辅导、组织线上讨论所产生的工作量并不被计入学校对教师教学工作量的考核。而被学校计入教学工作量的混合教学学时也只在一定周期内被认定。李政辉与孙静(2022)分析了20所高校的混合教学的相关政策后发现,混合教学的工作量认定周期最长为5年,5年之后就不再计算额外工作量。

在传统教育中,教育者的教案、课程材料、课程内容等教育资源的版权属于教育内容的创造者,即教育者本人。当他离开教育组织就有权随身携带教案、课程材料等,并可以将其用于其他目的。然而,由于视频、讲座等教育内容可以很容易地录制和重播,并带有教育者本身的个性特征,在这些数字教育内容被录制时可能就会要求教育者将版权让渡给教育组织。此外,教育者可能会被迫将存储在个人电脑、网站和课件上的课程材料的版权和许可证作为在线教学领域的常规雇佣条件,将版权和专利权转让给教育组织(Allmer,2017)。

最后,教育者对教育组织的依附性减弱。在传统的教育中,教育者主要依附在学校这个教育组织中。数字技术的远程辐射能力使得教师能够在不脱离原有教育组织的情况下为不同的教育组织提供服务,如北京市教委进行的教师走网试点工作,遴选了区级以上骨干教师面向通州区 31 所中学 1 万多名七、八年级的学生开展一对一辅导,学生开放提问、教师在线自主选择答疑等活动(李奕和赵兴龙,2019)。数字技术带来的教育组织的多样性增加了教育者的流动空间。开放的数字空间给教育者提供了更多自我展示的平台,为其脱离教育组织增加了动能。而数字技术给教育者的赋能使之能够更容易从教育组织中脱嵌出来,独立教师①便是教育者借助数字平台脱离教育组织展开个体化教育的典型案例。

3.学习者与教育组织之间关系的变化

福柯将传统学校视为对学习者进行规训与监督的典型场所,在学校场景或空间中,学校对学生实行个体监控。而随着数字化教育资源供给的增加、学习者主体性的增强、教育成果认证的多元化,教育组织的服务属性变得愈加明显。教育的商业化趋势加剧了教育组织将教育,尤其是数字教育,当作商品出售来吸引客户(学习者)的动机和行为。与传统的教育相比,数字教育缺少强制性和有效的约束力,学生可以随时中断学习。为了提高学生的学习动机,教育组织会迎合学生的需要,降低学习的难度,使学生能够更容易地获得学习证书,增加学生的成就感,减少其挫折感。

数字技术给个人的赋能增加了学习者对教育组织的影响力。如,2022 年 6 月 25 日,云南农业大学的丁习功同学在其个人社交账号上发布了一段有关招生宣传的短视频,在网上爆火,还上了热搜,大大提升了云南农业大学在社会上的知名度。

第四节 数字技术与教育影响

数字技术与教育实践的融合,增加了教育对社会的影响。这种影响有积极的,如终身教育的实现、社会资本的增加;也有消极的,如文化割裂的加剧、数据对人的物化等。我们在迎接数字技术所带来的希望的同时,也要认识到数字技术所引发的风险。

一、终身教育的实现

由于时空的限制,传统的教育局限在学校内部。虽然终身教育的概念提出已久,但是进入学校存在很多年龄、学历、身份等方面的壁垒,在学校之外受教育资源、技术手段等限制,普通大众接受教育的机会较为缺乏。而随着数字技术的发展,知识在网络上变得易得,加上商业的积极参与,愿意分享知识、帮助别人的志愿者依靠数字共享平台的不

---

① 关于独立教师的分析详见第三章第一节。

断涌现,终身教育在现实中成为可能。数字教育的出现,使得教育不再局限在原来狭义的学校教育,而是扩展到更广义的终身教育。受教育的对象从未出生的胎儿一直延续到已经退休的老年人。

从受精卵到婴儿出生,胎儿都在子宫内生长发育。胚胎生理学的研究认为,在妊娠中期的胎儿已经能够在母体中听到外界的声音,并能对声音刺激做出反应(林崇德,2002)。李虹对胎教音乐的研究发现,胎教音乐可以让胎动的时间延长,而且胎儿在出生之后仍然能够再认胎教音乐(林崇德,2002)。由于胎儿还不是独立的个体,但对外界的刺激已经有了一定的接收和反应,针对该时期的数字教育主要以胎教音乐为主。由于商业宣传的成功,莫扎特音乐成为最流行的胎教音乐①。此外,母亲的营养、情绪等均对胎儿有重要影响,因此也有很多母婴 APP 和论坛,针对孕期的父母,介绍胎儿的发育过程,教育父母应如何做好孕期的营养,如何进行产检、与胎儿互动等。

对于离开学校的学习者,数字技术提供了许多教育资源、教育产品和教育服务,为终身教育提供了可能。本书第四章具体地阐述了从出生到死亡的不同年龄阶段学习者的数字教育特点、使用情况及其对学习者的影响。

二、社会资本的增加

数字教育的复杂性和多样性增加了教育场域对技术、资源等多方面的需求,促进了不同背景、兴趣、承诺、目的和影响力的多元化参与者之间的合作。

此外,在数字教育的场域中不同领域的参与者构建了共同的话语体系,将数字教育(尤其是以大数据、人工智能为依托的个性化教育)视为突破传统过时的、限制人们潜力的、功能失调的教育系统的变革性力量。这种共同话语体系的构建创造了一种趋同的社会条件,并形成一种共同的符号和制度性的行为,可以使参与者快速进入该场域并获得其提供的回报(Davies et al.,2021)。

数字教育通过网络关系传播并合法化,成为一种社会黏合剂,将参与者结合在一起,形成"联盟,动员他们与公共、私人和民间社会部门联系",以"将围绕议程的不同活动转化为重大政策问题"(Williamson,2016)。这种话语体系代表了一种象征性资本,促进了不同的企业之间或企业与公共机构之间互利的伙伴关系。而企业的数字教育产品在教育系统的使用,尤其是在大学中的使用会使公司获得学术机构拥有的文化资本。一些学术机构向开发数字教育产品的公司颁发奖项,这些奖项是教育科技公司的象征性资本来源,通过在营销中使用学术认可,以一种可商品化的形式获取教育机构的声望(Davies et al.,2021)。

三、文化割裂的加剧

格兰诺维特指出,人们在特定情境中认为正常且得体的行为规范在一个更紧密的

---

① 截至 2023 年 4 月 29 日,莫扎特胎教音乐在喜马拉雅平台上播放量最高的专辑订阅量为 12.3 万,播放量为 2297.5 万,评分为 9.3 分。

社会网络中才会更清楚地被认识,更坚定地被支持,更容易地被执行。而团体越大,社会网络的密度越低,越难形成并有效地执行规范。因为"人们在认知、情感、空间与时间的限制内很难经营很多社会纽带,所以大网络往往会分裂成许多小派系"(格兰诺维特,2019)。在数字教育中,学习者、教育者和管理者形成一个广泛而松散的网络,这导致了哈贝马斯所提到的生活世界殖民化所导致的病理:共享意义和相互理解的减少(失范);社会纽带的侵蚀(分裂);无助感的增加以及归属感的缺乏(异化);不愿为自身行为以及社会现象负责的心理(道德沦丧);社会秩序动荡和崩溃(社会动荡)(芬利森,2013)。

后现代主义的理论家指出,知识的不确定性、扩散性和可竞争性是当代社会生活的核心特征(Taylor & Dunne, 2011)。Moreno-Morilla 等(2021)对 1540 名西班牙小学生进行了调查,发现互联网促进的社会价值观与学校促进的社会价值观并不一致,且相互竞争。在生活中,人们倾向于选择符合自己观点的材料,数据技术加剧了这种倾向。在大数据算法的推动下,学生所接触到的观点和学习材料是更符合其兴趣和价值观的材料,这造成了学习者的信息茧房,从而进一步加深文化割裂。个人主义的数字教育建构在反映社会正义、不平等或教育作为集体公共利益的概念方面做得很少(Castañeda & Selwyn, 2018),而更多地强调个性化的特征。此外,学习工具和方法的多样性导致持续的集体叙事的消亡,这意味着年龄群体在个人学习经历和认同感方面变得越来越分散(Leaton Gray, 2017)。

由于教育效果,尤其是品格塑造等方面的培养具有延迟性,对于教育的目标、方法,自古以来都存在大量争议,教育实践与创新也层出不穷。教育场域的透明化使得在教育场域外的个体可以以自身的标尺对教育互动进行衡量。这种衡量基于不同的教育理念,而且容易脱离当时的教育情境,往往会激化不同教育理念之间的冲突,增加对教育的不信任与社会的割裂。

四、数据对人的物化

在数字教育中,数据以各种路径进行传递——从学校管理人员传到数据库,从教师传到班级,从学生传到机器,再传回到学生——所有这些过程都会产生大量数据。学生的成绩被输入到数字成绩单上,学生学习所花费的时间和得出的答案被电子设备所记录,学生的行为模式被传感器检测并存储,学生的入学率、就业率等信息被展示在学校管理的门户网站上,所有的数据都被收集,汇成了教育大数据。学生的数据既可以被教师用来控制学习者和教学内容,也可以被管理者利用虚拟学习环境、数据库等系统来控制教师。

在教育大数据中,学习者的学习成果往往是用分数来进行记录的,对于在学习的过程中,学习者是如何思考的,遇到了什么样的个人问题,包括学习者所嵌入的社会关系所带来的学习问题,在教育大数据中是被淹没的。

Knight(2017)在《麻省理工技术评论》(*MIT Technology Review*)中指出,基于大数据的深度学习是一个"特别黑暗的黑匣子","当没有人知道先进的算法是怎样最终得出结论的,这可能会是一个问题"。大数据将学生和教师都物化成一个个的数据集。学生的"学习"很快就与学生的"表现"合并在一起,教育成为分数驱动的动态和机器可读信号的集合(Perrotta & Selwyn,2019)。

五、希望与风险并存

数字技术的发展给教育带来了巨大的憧憬,数字技术为学习者的个性化学习提供了更多的方案,给人们提供了未来教育的美好愿景。有研究者认为数字教育的发展能够将优质的教育资源传递到世界的各个角落(白蕴琦等,2021),学习者通过获取这些优质的教育资源能够提升自身的素养(陈会民等,2021),而个性化的教育可以充分发挥个体的潜能。

然而,在数字教育发展的过程中,有研究者发现教育公平并没有如理想中的那样实现,反而从某种程度上加剧了教育的不平等(龚伯韬,2022)。此外,伴随着数字技术的发展,人们的注意力被互联网中各种各样的信息所吸引,无法深入地加工信息(卡尔,2010);网络暴力(吴兰岸等,2016)、网络成瘾(胡慧,2021)、网络色情(吕晓峰和王英,2010)、信息安全(祝智庭等,2022)等如影随形地伴随着数字教育;互联网和 ChatGPT 给学生提供答案的同时也削弱了学生的自我探究和思考的能力;而在数字教育中出现的高科技作弊(Green & Hannon,2007)、数字资本主义(Allmer,2017)等问题也影响着数字教育的健康发展。

第五节　ChatGPT 与教育变革

数字技术给教育环境、教育媒介、教育主体带来的改变及造成的教育影响是在教育技术与教育不断融合的过程中逐渐发生的。然而,ChatGPT 在教育场域中所掀起的惊涛骇浪则引起教育发生突然的、剧烈的、根本性的变化。本节将对 ChatGPT 的概况、历史、技术逻辑和重要功能等方面进行介绍,并对其引发的教育生态的突变进行剖析。

一、ChatGPT 简介

ChatGPT(全称为 Chat Generative Pre-Trained Transformer,即聊天生成式预训练转换器)是由 OpenAI 公司开发的基于对话生成模型的人工智能机器人聊天程序。紧跟其后,各大公司都推出了类 ChatGPT 产品,比较有代表性的有 Anthropic 公司的 Claude、谷歌的 Bard,以及中国企业研发的百度文心一言、科大讯飞星火、阿里通义千问等。

ChatGPT 的发展历经了从量到质的漫长嬗变过程。早在 2018 年 6 月,OpenAI 就发布了 GPT-1,开始采用自注意力机制以显著的效率处理人类语言。2019 年 2 月,GPT-2 推出,用扩展的数据集和细化的文本生成函数增强了初始模型的能力。2020 年 5 月发布的 GPT-3,将先进的强化学习与微调方法结合,在模仿人类话语的复杂交互方面大幅提高性能。2022 年 11 月 30 日发布的 GPT-3.5,由大型语音模型微调而成,采用全新的对话方式,引发了世界对 ChatGPT 的关注。2023 年 3 月发布的 GPT-4 在优化文本对话和语言理解的基础上,增加了先进的图像识别功能,能够承担复杂的推理和理解任务。目前,ChatGPT 并未达到最终形态,其核心模型 GPT 仍在不断优化更新。

ChatGPT 作为生成性人工智能(AI Generated Content,简称 AIGC)的典型运用,是基于自然语言处理和机器学习技术的人工智能内容生成应用。ChatGPT 采用了"大数据＋大算力＋大算法＝智能模型"的逻辑,应用了"基于人类反馈的强化学习"训练方式,通过扫描大量网络内容,生成模仿人类语言模式的回应(冯雨奂,2023)。ChatGPT 以庞大的互联网数据库为资源蓝本,其预训练采用超级计算机在 45TB 的文本数据上完成,训练参数近 100 万亿个。分布式计算架构、优化的硬件设备和计算图结构、深度学习框架和优化技术为 ChatGPT 提供了强大的算力,从而使其在处理大规模文本数据时能够保持快速响应和高效运行。在算法上,ChatGPT 采用了 Transformer① 和自监督学习(self-supervised learning)等核心技术,增强了对语义的理解能力,提高了信息处理的效率,从而具备更广泛的应用范围和更强的泛化能力。

ChatGPT 作为人工智能史上的历史性突破,整合了多种先进数字技术与软硬件,展现出泛化性(generalization)、更正性(correction)、安全性(safety)和创新性(creativity)等特征(Zhou et al.,2024),具有多元替代的能力。

二、ChatGPT 的功能

ChatGPT 具有三大核心功能:一是基于自然语言处理系统实现与人类的语言互动;二是完成一般文件处理、文案撰写、代码编写等社会工作;三是支持多元输入输出形式,具有专业领域的深度学习能力(王洪才等,2023)。具体而言,在语言互动方面,ChatGPT 具有很强的对话性。它能在与人聊天的时候显得"有能有智""答即所问"(曹辉和赵梓含,2023)。它可以学习用户的语言习惯,自动进行上下文理解,从而更好地与用户进行互动,并且能够在与用户的对话中不断吸收新知识、产生新内容,从而轻松、迅速地回答不同领域的问题。使用者能够在聊天时赋予其角色,使其模拟多种人类情绪和语气,以一种近乎自然的方式理解和响应复杂的请求。此外,ChatGPT 还具备了判断不怀好意的提问和请求,并对其"说不"的能力。在社会工作方面,ChatGPT 具备提供极其多样化、能与普通生活和工作场景、学习场景等密切结合的应用可能,如编写诗词、创作故事、进行文案或创意策划、充当编剧对剧情进行改编、编写和调试程序、模拟计算机系统、辅导功课等。在深度学习方面,ChatGPT 具有根据用户反馈改进输出结果的能力,并会根据用户反馈持续化更新和学习,承认错误,质疑不正确的前提,拒绝不合理的请求。ChatGPT 在与人对话的过程中,不仅拥有吸收交流文本、反思语言输出、更正思维逻辑等功能,还

---

①　Transformer 是由谷歌公司于 2017 年 12 月提出的一种神经网络模型。其核心是自注意力机制,即模仿人类的注意力机制,根据所学到的共生关联关系准确提取出关键信息,同时过滤掉不重要的信息,让注意力更高的部分在预测的过程中发挥更大的作用。它颠覆了传统循环神经网络的序列模型,目前已被广泛应用于各种自然语言处理任务。

具备串联运用多轮对话、质疑互动的反馈模式等诸多优势。使用者可以通过纠正、反问与追问等方式倒逼 ChatGPT 不断修正、深层次检索，循序渐进地引导对话内容。

除此之外，OpenAI 向全球开发者提供公开的 API 接口，开发者可以根据自己的产品直接调用 ChatGPT 的模型，助力自身的应用和服务。例如，微软结合 ChatGPT 模型推出 NewBing 搜索引擎、Dynamic 365 企业服务平台等。作为一个低门槛、高效率的人工智能交互产品，ChatGPT 在智能客服、虚拟人、游戏、教育等领域将获得更大落地，对 IT、广告、传媒、医疗、科研、出版等多个行业产生剧烈影响。在教育领域，ChatGPT 已经有诸多的应用，例如，课程与资源定制、教学策略和方式升级、虚拟辅导与服务、学业评价与反馈、学业水平考试等（詹泽慧等，2023）。

三、ChatGPT 的影响

与传统的信息技术相比，ChatGPT 嵌入教育生态并不是温和、渐进的，而是粗暴、直接的，将教育生态系统的复杂性和混沌性提升若干个量级。ChatGPT 不再是外在于教育场域的技术工具，而是逐步渗透到教育教学全方位，内嵌于教育主体、教育活动、教育内容和教育环境之中，引发教育生态系统的"连锁性反应"。ChatGPT 带来的新契机推动了智能教育的迅速发展，给学习者、教育者、教育组织、教育目标、教育实践及教育评价都带来了巨大变化。

ChatGPT 最初在教育中受到关注是因学生利用其完成作业、撰写论文等。对于学习者而言，ChatGPT 的出现为其学习提供了重要的支持，改变了其对知识的体验，同时，ChatGPT 对学习者的能力提出更高的要求，也使学习者主体地位发生异化。对于教育者而言，ChatGPT 的影响则相对缓慢和被动。Study.com 网站对 ChatGPT 使用情况的调查发现，了解和使用过 ChatGPT 的教育者人数远远少于学习者。对于教育者而言，ChatGPT 支持教育者的教学实践，提升教育者的科研效率，同时也改变了教育者的角色定位。本书第三章第五节与第四章第七节将具体阐述 ChatGPT 给教育者和学习者带来的影响，在此不赘述。

对于教育组织而言，ChatGPT 的出现给教育组织，尤其是学校组织的管理带来了巨大的挑战。学习成绩（包括考试成绩和作业成绩）作为学校重要的规训手段，被 ChatGPT 轻易破解。当 ChatGPT 被学生用来完成作业时，ChatGPT 的帮助可能会让作业的内容更丰富、资料更翔实，这些学生因此容易比那些没有使用 ChatGPT 的学生获得更高的分数。更严重的是，学生在在线考试中使用 ChatGPT 作弊将更难被发现。这将掩盖学习者的真实水平，并造成教育的不公平。因此，包括美国在内的多数国家禁止在学校使用 ChatGPT，印度、法国、加拿大等国家对学习者使用 ChatGPT 做出多重规定。虽然部分中小学和大学尝试拥抱 ChatGPT，但仍属于小范围、非系统的探索。

在教育目标方面，ChatGPT 在教育中的嵌入将推动教育从"知识本位"转向"素养本位"，从培养"思维能力"转向培养"创新能力"。一方面，ChatGPT 承载的信息系统汇聚了人类庞大的知识体系，具有高效的知识生产形态和畅通无阻的知识传播路径。通过 ChatGPT，人们不仅可以即时获得海量知识，还可以通过输入想法和知识，创造出新的概念和知识点,从而补充和拓展原有的知识点。此外,ChatGPT 还可以从核心知识点出发,获取与此知识点相关联的其他教学知识点或者教学资源,从而帮助学生形成完整全面的知识体系。在这样一个知识可以按需提供的数字工具面前,知识传授型的教育将面临严峻挑战。教育必须转向启发式,发展人的核心素养,尤其是进行人机协作的素养。另一方面,ChatGPT 能够迅速进行文本数据处理,完成基础性生产生活任务,甚至可以完成一些一般性艺术创作活动,因此,社会对劳动者的能力需求结构也会随之发生改变。这意味着基本的读写算能力、文案编辑能力、基础知识应用能力等已经不再是需要在学习者身上重点培养的能力,因为这些能力都可以由以 ChatGPT 为代表的人工智能进行代理。如果说传统机器对人的取代主要是体力劳动的话,那么以 ChatGPT 为代表的人工智能则取代了以思维为特征的脑力工作以及相应的工作岗位。在这一形势下,教育培养思维能力的目标受到极大挑战。因而,教育的目标必须往 ChatGPT“所不能”的领域中去重新定位,更加关注培育那些不可替代的能力,如人类所特有的创造力、想象力、复杂推理能力、高阶思维能力等,以及与人机协作相关的技能,如给予 ChatGPT 有效提示以提高人机对话的有效性,甄别 ChatGPT 所提供信息的真伪,等等。ChatGPT 的出现正在将人类从作为手段和工具的生存处境中解放出来,转而越来越多地去从事以人为目标、解放人的天性的创造性劳动。

在教育实践方面,ChatGPT 重构了学习空间,给学习范式和教学模式提供了前所未有的便捷。学生可以使用 ChatGPT 就课堂上涉及的主题提出问题,寻求对他们可能没有完全理解的概念的澄清,或者找到可以帮助他们加深对材料理解的额外资源。传统以“人师”与“学生”为主的课堂互动转变为“人师”“学生”“机师”三位一体式的课堂互动。使用 ChatGPT 还可以促进课堂协作。学习者可以协作产生问题、想法和解决方案,然后将这些想法用于课堂讨论或小组项目,讨论的结果可以通过 ChatGPT 收到即时反馈。教师可以随时随地通过 ChatGPT 调取教学资源、进入虚拟场景、开展学习交流、接受教学资源方案推荐、收取学习状态数据分析报告,以及开展各种规格、层次、形式的研讨交流活动,从而实现课堂教学活动的场景化、自主化、个性化和多样化。然而,ChatGPT 的过度使用也可能威胁教师在课堂中的地位,导致学生在课堂中不专心听讲,而将解决问题的希望寄托于 ChatGPT。

在教育评价方面,ChatGPT 改变了评价的规则,消除了对某些传统形式的作业和评估(如论文写作)的需要。有了 ChatGPT 的介入,传统的考试方式失去了鉴别学习者水平的能力。有研究者通过测试发现,ChatGPT 能够表现出高度的批判思维和逻辑思维,能在很少的输入下生成高度逼真的文本(Susnjak,2022),而且教育者也很难区分学习者与 ChatGPT 生成的写作内容,当学习者使用 ChatGPT 回答问题时,教育者很难充分评估学习者的真实理解水平。因此,这会导致已有的教育评估机制失效(Cotton et al.,2024)。因此,传统的、可测量的评价方式已经不再能够满足多元评估学习者的需求,需要建立不可复制的、互动性的、隐形的、多维的评价方式,将评价作为一种学习(assessment as learning),或者将评价视作为了学习(assessment for learning),而非仅仅是对学习的评估(assessment of learning)(宋萑和林敏,2023),重视考察学习者在批判性思维和创新性思维等方面的综合能力。具体而言,教育者可以在真实的情境中对学习者的表现进行评估,考察学习者在复杂的现实情况下做出决策和处理实际问题的能力,也可以要求学习者在写作中加入个人的经历和观点,甚至可以在评估活动中加入人工智能的元素,让学习者练习通过使用 ChatGPT 等人工智能模型解决实际问题,最终实现从分数性评价向能力性评价的转变。

第三章　数字教育中的教育者

教育者是数字教育实践活动中的重要主体,本章将从数字教育创新的角度对教育者进行分析。

第一节　数字教育创新中的教育者

教育者是数字教育创新中的行动者。在数字教育创新中,教育者的主体扩大至未获得教师资格的普通人群和人工智能,呈现多样化趋势。在技术的加持下,教育者的能动性增加,获得了更多的专业支持和发展,同时也受到其所处环境和自身能力的制约。

一、教育者主体的扩大化

教育者是知识的传递者和教育服务与产品的交付者,是实施教育变革的重要文化资源(Nielsen et al.,2015)。在数字教育中,提供教育服务的不仅限于经过专业认证的行业专家或学科专家,还有许多未经认证的草根。例如在可汗学院中,只需要一个邮箱账号便可注册为可汗学院的教师,分享自己的课程。在 B 站、抖音、YouTube 等网站中,只要注册账号,就可以发布自己的课程。这从根本上颠覆了传统学校体系中教师的资格和身份(陈丽,2016)。除此之外,人工智能也成为数字教育中的重要教育者。例如 ChatGPT 可以根据学生的提问回答知识性问题,包括科学、历史、文学、数学等,帮助学生快速高效地获取大量有效的信息;支持和改进学生的写作,帮助学生构建和形成想法,提供写作大纲和写作素材,提供可能的写作风格和语法的更改或改进建议;基于学生的需求进行"因材施教"。

数字教育中的教师职业出现了多样化趋势。除了传统在学校里任教的教师之外,还出现在数字教育平台中任教的"主讲教师"(或称为"名师")和"辅导教师"。主讲教师一般以专家身份出现,有较高的学历和过硬的专业背景背书,在学习者面前具备一定的权威性,而辅导教师则无需专业背景、保持权威性,亲和性是最为重要的特质。还有一些教育者从教育组织中脱嵌,成为"独立教师"。独立教师以互联网为平台从事教育教学工作,其职业活动不依附于任何教学机构(李伟言,2019)。

随着教育领域的发展和技术的进步,教师的职责逐渐分化。传统的教师往往需要兼顾教学设计、资源整合、课程组织、课堂讲授、学习支持服务等各个环节,然而现在这些任务往往由不同的专业人士来负责。这意味着教师从过去的"全能教师"转变为"多角色、多层级的复合团体",并催生了许多新的岗位和职位(陈丽和徐亚倩,2021)。如,2020年5月,在我国人力资源和社会保障部公布的10个拟新增职业中出现了在线学习服务师,该职业所从事的工作主要是运用数字化学习平台(工具),为学习者提供个性、精准、及时、有效的学习规划、学习指导、支持服务和评价反馈等(人民网,2020)。通过这种专业化的分工,教师可以将更多的时间和精力投入教学实践中,提升教学质量和效果。同时,不同专业人士的协作也能够促进数字教育领域的创新和发展。

二、教育者的嵌入能动性

数字教育给教师提供了教学、科研和管理的数字化工具,促进了教师的专业化发展,提高了教育者的能动性。而教师的能动性也受到了教育环境、教育体制和教师本身的数字素养等方面的限制。由于独立教师脱离了教育组织,将关系内嵌到更广阔的互联网环境中,下面以独立教师为例来分析教育者的嵌入能动性问题。

李伟言(2019)认为,"独立教师"的"独立"表现在三个方面:生存方式的独立、执业形式的独立、"独立"而不"孤立"。施济(2018)在《中国教育发展报告(2018)》中指出,敢于脱离公立体制的独立教师,其特点可概括为"三有"——"有个性、有鲜明的教育主张、有过硬的生存技能"。在成为独立教师之前,这些教育者在业界就享有很高的知名度,教学成就得到社会的认可,善于著书立说阐发个人教育思想(李伟言,2019),善于借助互联网平台提高其影响力。例如,独立教师史金霞是原河北省骨干教师、保定名师,曾多次在中国教育学会中学语文教学专业委员会、江苏省"五四杯""师陶杯"论文评比中获一等奖;2013年4月,候选《中国教育报》2012年度推动读书十大人物(朱永新,2019)。曾被称为"浙江三教师"之一的独立教师蔡朝阳曾入选《时代周报》"2010影响中国时代进程100人"中的十大教育工作者。他著有《救救孩子:小学语文教材批判》《寻找有意义的教育》等书,并于2015年在"一席"演讲"以自由看待教育",获"一席"年会暨首届年度演讲颁奖礼上的年度"十佳演讲"之一。尽管他的观点引起了很大的争议,但是观点的争议也增加了关注的流量。

数字教育平台给独立教师提供了远高于在学校中的收入和更自由的个人发挥空间。在一些数字教育平台中,私播课的课程内容由教师自由设定,平台则将课程收入的50%~60%直接分配给授课教师,相当于搭建了一个线下到线上(offline to online)的"O2O平台"(徐天坤,2016)。2017年10月成立的"中国独立教师联盟"为独立教师的发展提供了有效的支持(网易教育频道综合,2017)。

对于独立教师而言,由网络声誉所带来的网络信任是其生存和发展的重要保障。网络给独立教师带来流量的同时,也放大了其行为带来的影响,尤其是当一些负面事件发生时。例如,李阳家暴事件和熊太行出轨事件均在网络上引发了很大的争论。此外,由于在网络中,流量来得快去得也快,如何实现高流量的可持续发展,也是独立教师所面临的重大挑战。

接下来的章节中,我们将具体地阐述在数字教育中,教育者的嵌入能动性问题。

第二节　数字教育中的教师专业发展

数字教育通过数字技术为教育者赋能并提供专业支持,促进教育者的专业发展,同时这种促进作用也受到了教育者自身数字素养的限制。

一、数字技术的教育赋能

通过数字技术,教育者可以通过网络获得更多的专业技能与教育技能,从"同道"中获取更多的专业支持,提升自身的素养,获得专业的发展。数字技术不仅仅是教育者为实现自己的目标而开发和塑造的工具,而且还是一系列用于改变传统结构化知识的知识和实践。在这个过程中,教师激活了改变行为的反身性实践,并以此方式产生变化。技术有助于"在混合不同和互补的认知模式的基础上重新思考和改变自己的专业实践"(Catone & Diana,2019)。

数字技术的教育赋能主要体现在以下几个方面。

1. 提高教育者的教学能动性

教学能动性是指"教师组织和构建教学环境以有利于学习"的方式(Stenalt & Lassesen,2022)。大型教学资源平台、慕课、各类学习网站和教学平台给教师提供了大量可利用的教学资源,使得教师能够将注意力更多地转向教学设计,成为学生学习的组织者、指导者和监督者(付卫东等,2020)。利用数字技术收集的数据和资料,可以及时改变教师的教学实践,从而提升学生的学习效果。

2. 提高教育者的工作效率

数字技术,尤其是人工智能技术为教育者构建了"教师—机器—学生"的人机协同教学系统与交互协同模型,将教师从重复性教学任务中解放出来,实现互补、和谐的人机协作,优化教学流程和提高教学质量(刘三女牙等,2021)。如:利用ChatGPT生成教学设计、活动方案、教学材料、讲义和教案、视频微课、随堂练习等;利用人工智能对学生的作业进行反馈;通过人工智能的关键词自动回复功能发布当前学习任务的重难点问题解释以及学生共性问题解释;利用"虚拟助教"等提高自己的工作效率。工作效率的提高使得教师有更多的时间来提升自己的专业技能,进行创造性的工作,鼓舞学生、启发学生,给学生更有意义的支持。

 **案例 3-1**

人工智能助理吉尔·沃森[①]

人工智能助理吉尔·沃森(Jill Watson)是美国佐治亚理工学院开发的、基于

---

① 该案例来自 Miao F, et al. AI and Education: Guidance for Policy-Makers[M]. Paris: United Nations Educational, Scientific and Cultural Organization,2021:18.

IBM 的 Watson 平台的数字教育辅助产品。它会向学生发送关于作业的电子邮件，筛选课程论坛中的帖子，并自动回答一些学生的问题(例如"我什么时候必须提交作业?"等)，同时将其他更复杂的问题转交给人工助教。

3. 增加教育者的教学评价依据

数字技术,尤其是大数据技术,为教学过程与评价提供了大量的非结构化数据,从而为优化教师的教学与学生的学习策略提供了重要的参考依据(Malakhov, 2019)。此外,采用机器学习来比较学生的学习成果,可以优化教育内容组织。通过分析学生作业中的共性问题,并对共性问题、重难点进行着重讲解,可以加深学生的理解(彭学军,2017)。

4. 促进优质教师智力资源流动

"互联网+"条件下的"名师课堂"和"名校网络课堂",促进了优质教师的智力资源在更大范围内流动,并通过网络教研共同体的方式使广大薄弱地区教师提升教学水平和整体素质(白蕴琦等,2021)。如,在我国偏远农村地区的一些学校采用了"双师模式"来优化教学。专家教师通过视频链接向远程教室的学生授课,而经验较少的本地教师担任辅导教师的角色给学生提供额外的指导。

二、数字空间的专业支持

数字教育提供了数字空间,给教育者提供了专业的支持。这种数字空间体现在为教育者提供了专业培训的平台、参与教学共同体的渠道,以及进行教学总结、反思和分享的空间。

数字教育为教育者提供的线上专业培训平台对于一些交通不便的乡村来说显得尤为重要,因为在传统的教育培训中,如果教育者需要参加一个非本地举办的学科进修课程,那么旅行时间的问题就会限制一些偏远地区的教师参与,同时也限制了他们与同行专业人士进行交流的机会(Leaton Gray, 2017),而数字教育解除了交通不便带来的限制,可以直接通过在线学习获得相应的培训,提升教学技能。在线协作学习环境为教师提供了一种共享教育资源、交流信息、将理论与实践联系起来的方式(Zhang et al., 2017)。

案例 3-2

高师基础教育支持乡村振兴公益平台①

"强师在线"是服务于乡村教师专业发展的公益平台,由北京师范大学、华东师范大学、华中师范大学、陕西师范大学等 40 所高等师范院校基础教育工作研究会理

---

① 该案例改编自:中国教育新闻网."强师在线"高师基础教育支持乡村振兴公益平台上线发布[EB/OL]. (2022-07-11)[2023-12-09]. https://new.qq.com/rain/a/20220711A082QU00;"潭水源"教师社区:潭水源.品牌介绍[EB/OL]. [2023-12-09]. https://www.tanshuiyuan.cn/website#about.

事单位提供优质资源课程,面向 832 个脱贫县开展在线培训。该平台落地于"潭水源"教师社区,为教师提供内容服务、培训服务和平台服务。针对具体的教育场景和问题情境,该平台提供了理论工具、策略方法、经典案例、教学素材和题库资源,并针对教师的专项能力提升定期开展培训和训练营服务,为学校、区域、机构提供师训平台,建立专属空间,实施和管理培训项目。

使教育者参与合作活动或学习共同体,是世界各国促进教师专业有效发展的一个核心特征(郑鑫,2021)。在教学共同体中,教育者不再局限于与学校里的其他教育工作者合作。教育者可以与教研员、学科教学专家以及学校领导等建立纵向联系,获取数字教育的资源(刘晓琳和张立国,2021)。教育者可以与世界各地的其他教育工作者和专家建立横向联结合作,在数字教育实践中相互交流,分享教学资源,协同解决智能教学实践中遇到的问题。教育者可以与所在社区、企业等组织建立联系,设计学习体验,让学生探索当地的需求和优先事项,为学生学习创造面对真实世界的体验机会。此外,通过使用视频会议、在线聊天和社交媒体网站等工具,无论是大城市还是偏远农村地区的教育工作者都可以与世界各地的专家和同龄人联系和合作,形成在线专业学习社区。

甘肃省张掖市临泽县第三中学小学部的宋其彪(2016)老师将国家教育资源公共平台给教师提供的教师空间看作专业成长的档案室、便捷工作室和教学资源百宝箱。这个平台为教师的成长、专业发展、自我生命质量和价值的提升及教学工作的顺利开展都提供了强有力的支持。

三、数字素养与专业发展

数字素养(digital literacy)是 1994 年以色列学者约拉姆·埃谢特-阿尔卡莱(Yoram Eshet-Alkalai)首次提出的概念(王俊敏等,2018)。1997 年,保罗·基尔斯特(Paul Gilster)提出了较为完善的定义,强调"数字素养"即"数字时代的素养",是一种理解及使用各种数字资源及信息的能力(王俊敏等,2018)。

数字素养是动态的,会随着信息社会的变迁而不断拓展(刘艳,2020)。董丽丽等(2021)认为,数字素养是数字能力的一部分,包括表达信息需求,查找和检索数字数据、信息和内容,判断信息来源及其内容相关性,存储、管理和组织数字数据、信息和内容的能力。2016 年 10 月发布的《数字素养:新媒体联盟地平线项目战略简报》将数字素养分为通识素养、创新素养和跨学科素养三个维度(王俊敏等,2018)。我国教育部在 2022 年发布的《教师数字素养》教育行业标准中,将教师数字素养分为数字化意识、数字技术知识与技能、数字化应用、数字社会责任和专业发展五个维度。

对于教育者而言,在专业发展的过程中,教师所具备的数字素养为教师的专业提升提供了助力:它可以帮助教育者更有效地利用数字网络随时掌握信息,并在需要时获得特定信息和积极支持;评估所遇到的每一份数字文档的来源、作者、历史、准确性、客观性、完整性、通用性和相关性;能够将任何在线资源与其他在线或离线资源进行比较(Thomas,2011);能够使用在线数字技术,寻找可用工具,选择与教学相关的背景知识。数字素养高的教师更有能力将数字资源有效地拼接和编排在一起,根据具体的教学情境和学生的差异化需求灵活地调整上课节奏。

　　同时,数字素养的缺失也成为教师专业发展的限制性因素。因此,提高教育者的数字素养不仅需要提高教育者的信息技术能力,还需要提高找寻和选择信息的能力,有效沟通能力、网络安全能力、功能性技能、创造性、批判性思维和评价能力,文化和社会理解能力及合作能力等多种相互关联的要素。

第三节　数字教育中教师面临的挑战

　　随着数字技术的发展,教育者需要面对数字社会的需求和它们给教育带来的挑战(Malakhov,2019)。下面将从教师权威的弱化、数字技术的限制、能力要求的挑战、课堂管理的压力以及时间与评价的压力等五个方面具体进行分析。

一、教师权威的弱化

　　涂尔干(2009)认为教育是一种权威性的活动,教师作为社会的代言人,必须意志坚强并有权威感。Clifton 和 Roberts(1990)基于韦伯提出的三种权威类型对教师权威进行了分析。韦伯认为权力的正当性来自以下三种权威:①传统权威(traditional authority),即植根于传统习惯的、带有神圣性的权威;②感召权威(charismatic authority),即由于个人魅力所带来的权威;③法理权威(rational-legal authority),即依据制定的规则所获得的权威。法理权威包含两个维度:官方的(offical)或法定的(legal)(下面统称为法定权威)和专业的(expert)或理性的(rational)(下面统称为专业权威)。法定权威来自组织地位,专业权威来自个人的专业和经验。Clifton 和 Roberts 将第三种权威的两种类型分离开,提出了教师权威的四个层面,其中,法定权威和传统权威源自教育制度,而感召权威和专业权威来源于教师的个人因素。教师权威是这四个层面相互作用的结果。

　　我国的研究者吴康宁(1998)教授分析了社会变化和学生差异带来的教师权威的变化,认为社会变化对教师的权威影响涉及了法定权威、传统权威和专业权威三个方面,教师权威的不同方面对不同年龄阶段的学生影响也不同。

　　在传统教育中,教育者掌握着知识权力,占据主导地位。传统教育强调课程教学大纲、课程设计等,其话语体系是以教育者为中心的。课程采用的形式主要是教育者传授,学习者倾听接受的模式。在对学习者的教育评价上,教育者通过表扬、颁发奖状、批评、体罚等手段给学习者贴上"标签",将学习者分为"好学生""中等生""差生",通过座位的安排来体现学生的等级,等等。

　　在数字教育中,教师权威受到来自学校、学习者、家长、技术等多方面的挑战。

1. 学校数字化管理对教师权威的削弱

　　在历史上,教师被认为是一种神圣、崇高的职业。学术界的活动被视为一项崇高的使命,而不是劳动,学术人员被视为探索者,而不是工人。随着教育产业化的推进和大学日益公司化管理(被称为"新管理主义"),教师的劳动不再是一种艺术,而是被分解为可控的过程(Allmer,2017)。教师逐渐地沦为数字工人。

2. 学习者知识储备对教师权威的削弱

数字技术极大地削弱了传统学习过程中受到的时空限制,学习者不必局限于特定的时间、空间和社会关系。因此,学习者可以从多个学习来源和知识获取的途径来获取知识和技能。教育者所具备的专业知识和经验不再显得稀缺。学习者掌握的知识和技术,尤其是新的知识和技术,甚至超过了教育者。随着知识与技术迭代速度的加快,这个问题变得更加突出。教师的专业权威受到了严重的挑战。

3. 家长主义盛行对教师权威的削弱

在传统教育中,教育空间主要在课堂,教师在这个场域内占主导。由于家长教育知识的缺乏和教育场域的相对封闭性,家长将管理和规训的权力让渡给教师。在家长主义的盛行下,家长的职责不断向教育扩张(金一虹和杨笛,2015)。随着互联网知识的广泛传播,家长育儿理念和学科知识也随之增长。在现有的家校合作的话语体系下,家长认为自己有权力介入孩子的教育。

在数字教育中,由于课堂的开放性,家长也获得更多的机会了解甚至参与到课堂中,可以对教师的表现进行评判,而网络也成为家长实施评判权力的一个主战场。2010年1月22日,据上海《新闻晚报》记者报道:越来越多的家长在网络上针对校长、教师等在学校管理和课堂教学中的行为进行评价并通过网络表达自己的诉求和意愿。评价内容涉及很多微观的教育与管理问题,如:课程应该如何进行教学,应如何合理安排课表,对孩子所担任的班级角色和所受到奖惩的质疑,甚至有的家长选择去论坛发匿名帖"声讨"老师(胡金平,2012)。在这样的环境下,一些教育者开始放弃教育的部分权力。教育者在采用批评手段来干预学生行为时变得更加谨慎。为了顾及家长和孩子的尊严,教育者在很大程度上会选择"牺牲"班级管理的主动权(方程煜,2022)。

4. 数字技术使用对教师权威的影响

由于数字技术割裂了人与人之间相处的亲和性,教师们对技术的深度介入往往很难有亲近感(方程煜,2022)。在新冠疫情期间,这个问题显得尤为突出。当线下课程被全面的线上教学取代之后,学校生活被简化为教师通知家长,家长督促学生的信息传达。教师权威失去了"展演"的空间,从班级管理的权威者蜕变为传递信息的信息员(方程煜,2022)。在学校的数字化管理过程中,教师还被分配了推广数字化产品应用的工作,一些学校将教师的推广成果作为评价教师的指标,这也削弱了教师的传统权威。例如,Z学校购买了某致力于加强家校互动的产品后,要求教师在推广使用该产品的同时还要推动该产品在家长中的推广使用。[①] 教师不仅需要在该平台记录每个孩子在学校的表现,上传相应的照片,还需要提醒家长安装使用,并及时地拍摄并上传孩子在家庭场景中的照片,提交对孩子在家表现的评价,以便记录孩子的成长。

---

① 该案例来自笔者在生活中的观察,为保护学校的隐私,学校名称用代号表示。

5. 大数据技术对教师权威的解构

在传统的教育中,教师是对学生表现进行评判的主体,而数字平台的监控作为教育发展的重要工具,尽管可以给教师进行赋能,但是同时也弱化了传统教学中教师的评判功能。数字教育提供了外部客观的横向比较,如学校的排名表、国际学生评估测试(PISA)等,将教师的教学成果在更大范围内进行衡量,对学生的评判不再完全是教师的权力。而商业化的教育平台企业也通过数据化重构了教育关系。在传统的教学中,帮助学生提高学业成绩是教师的专属责任,但在新的数据平台的推动下,利用数字监控与大数据收集学生各方面的资料,追踪学生的表现,提供个性化教学成为数字教育的一个重要方向,教师的角色和职责变成了促进和实施基于数据的教学。在这个新的框架和话语体系中,教师沦为一个辅助的角色(Yu & Couldry,2020)。

二、数字技术的限制

技术是促进数字教育的有力工具,然而往往也是数字教育中的障碍。如物理网络的连通性出现障碍就会严重影响数字教育的效果。Nielson 等(2015)对科学教师的课堂研究发现,在数字教育对课堂的改革中,网络持续可靠性问题、软件的故障、视频的许可等会严重影响教学进程和教学效果。数字教育产品功能的不完善也限制了教育者教育功能的发挥和教育目标的实现。如在钉钉的直播课堂中,尽管提供了便于交流的小班直播课和便于展示的大班直播课;但是,在小班直播课中无法很好地展示演示文稿的动态效果,甚至无法很好地展示整页文档,而在大班直播课中,无法进行随时、顺畅的交流。

三、能力要求的挑战

数字教育对教师的技能提出了新的要求。这些技能不仅包括文化、教学和教育技能、课程组织、课程设计和评估方面的具体能力,以及社交、沟通和技术技能,还包括分析信息和处理信息的能力、应用和整合不同技术进行教学的能力、引导学生识别正确信息和合理使用信息的能力。

数字教育智能化的发展对教育者进一步提出了“智能教育素养”和“数智素养”的要求(刘晓琳和张立国,2021)。具体表现在,要求教师不仅是智能教育的行动者,更应该成为学生个体生命的关照者,同时还是智能教育的责任者(秦丹和张立新,2020)。在智能教育场域中,对教育者的智能教学知识技能、智能教学情感、智能教学伦理道德三个方面均提出了要求(刘晓琳和张立国,2021)。

智能教学知识技能是教师在数字教育的实践中所必备的基础性知识和技能,其中包括学科内容的知识、学习规律的知识、教学技能的知识以及应用数字和智能技术开展有效教学的知识和技能。具体而言,教育者不仅需要熟悉所教的课程内容、了解学生的认知发展规律、知道并采用适当的教学方法,还需要理解并适应数字智能教育场景,对数字智能教学环境的各种要素进行有效的设计并创建合适的教学材料,在智能教学理论的指导下有效组织教学活动(刘晓琳和张立国,2021),知道如何在数字设备、教学活动和需要与之互动的人组成的各种网络中进行资源整合,并在此基础上管理自己的工作,从而实现创新人才的培养目标。

智能教学情感要求教育者成为学生个体生命的关照者。在数字智能教育中,智能助教与学生之间缺乏情感互动,教育者需要避免人工智能掩蔽生命价值的根本依托,在教学过程中创造充满快乐、关心、惊奇、挑战的情感氛围,关爱学生的专业热情并激发学生积极的学习情绪,以人类教育者所具备的丰富情感去呵护学生生命内在的自由和活力(刘晓琳和张立国,2021)。

智能教学伦理道德是教育者成为智能教育责任者的根基,教育者需要具备使用智能技术促进学生学习的正确价值判断,了解智能教学潜在的伦理风险,保持审慎、安全、负责任的态度处理智能教学中遇到的伦理问题(刘晓琳和张立国,2021)。

然而,在数字教育的实践中,教师自主学习和技术运用的缺陷反映出教育信息化的推进话语与教学实践之间的割裂(方程煜,2022)。Greenhow 等(2006)指出,许多教师或教育工作者感到很难评估在学习者中实施涉及互联网的项目的过程。还有研究也指出,许多教育工作者不确定如何使用和整合技术,以及评估其影响(Adnan & Bahar, 2019)。教师在使用硬件或软件时也往往感到不自信(Green & Hannon, 2007)。很多教师在调查中也表达出在数字教育的准备和实施过程中,自身技术素养和能力的不足以及数字技术在认知上带来的挑战(张倩苇等,2022)。由于快速变化的技术领域似乎超过了学校和学区提供的专业学习机会,教师们可能难以将数字工具有意义地嵌入他们的实践中(Carpenter et al., 2020)。如果教师不能及时学习和使用新技术促进教育教学,未来非常有可能被边缘化。

四、课堂管理的压力

除了面对一些软硬件不稳定和功能缺陷及数字技术对能力要求方面的挑战,教师还必须应对在课堂管理中所遇到的压力(Nielsen et al., 2015)。

在数字技术的冲击下,教师面对的学生呈现出更加多样化的趋势。在传统课堂上,由于学生接触和获取的数字教育资源不同,在课堂上表现出的能力也有很大差别。例如有些学生已经通过课外的数字资源提前学习了课堂传授的相关内容与拓展知识,而有些学生还是零基础。在传统课堂中,需要尽量涵盖大多数同学,随着课外数字教育的渗透,学生的平均水平在上升,而学生之间的差距却在拉大。例如英语学科的学习,学得早的学生在 0~2 岁就开始启蒙,到了小学三年级已经能够阅读中高章的英文原版读物,甚至有的学生已经能够读懂《哈利·波特》的英文原版,而未经过启蒙的学生三年级刚开始接触英语。教师在授课过程中需要尽可能地兼顾大多数同学。一位数学老师在开家长会时表示,"面对这么多的同学,大家的水平有差异,而我们在课堂上只能按照中等水平的同学来进行授课。在课堂上吃不饱的同学可以自己找更难的内容进行学习,跟不上的同学只能课外想办法补回来"(20200418RQF)[①]。

学生平均水平的提升意味着课堂整体的进度会加快,对于落后的学生来说可能会因

[①] 此处为笔者开展的访谈的编号,前 8 位数字为访谈时间,后几位字母为访谈对象的代码,下同。

为跟不上而自我放弃。如果落后的同学与提前学习的同学过多,由于课堂跟不上或是已经学会了无事可干,都会给课堂带来更大的干扰。如何兼顾落后的学生和提前学习的学生成为课堂管理的重要挑战。

在线下课堂中,数字设备的使用加大了课堂管理的难度。在调查过程中,有教育者表达了在这方面的困扰。"数字教育普及后,现在学生上课都带着手机、平板电脑,没有办法判断他们是在看课件还是在看其他东西,过去的话只要看抬头率就能够判断学生有没有在认真听讲。"(20220530XXC)

此外,由于目前数字技术在教育应用中的功能限制,在很多数字教育形式中,教育者无法关注到学习者当前的学习状态,这就使得教育者很难根据学习者当前的学习状态实时调整课堂进度。而以前教师可以在面对面的环境中轻松地为学生提供这种关注(Ravi et al.,2021),学生也往往因为缺乏教师对其的"个人关注"而游离在课堂之外。"如果是在教室里,老师在的话做其他事情会被老师看到,会觉得不好意思。上网课因为没有老师在旁边看着,就会忍不住做点其他的事。"(20210508CWQ)"在教室里上课,即使很犯困,因为有老师在边上,不得不强打精神听课。线上上课有的时候会很犯困,无法认真听课。"(20220531XL)

五、时间与评价的压力

绝大部分教师认为,与常规教学相比,数字教育需要投入更多的时间与精力(郭玉娟等,2020)。在教学过程中,教师需要准备材料、适应远程授课形式、维护课程网站等。在课后,教师需要在传统的课堂教学时间之外,拿出更多的时间来适应学生们的不同时间表,并在课堂之外为他们提供一对一的单独帮助或以小组形式提供帮助(Ravi et al.,2021),在线回复学生的提问,随时回复学生的电子邮件(Adnan & Bahar,2019)。除了需要花更多的时间和精力进行在线教学设计和对学生进行辅导,教师还常常遇到学生不及时反馈学习情况、不积极回应问题、得不到家校沟通方面的支持等问题,而这些问题的解决都需要花费教师更多的时间和精力进行协调和沟通,甚至是无效的等待。同时,学校的数字化管理将行政工作的整个流程进行分解,并将一部分工作分配给教师,对教师的"隐形"工作量产生影响,教师要承担额外的技术和行政工作(Howard et al.,2022)。

此外,数字技术对教学的反馈可能会更加及时,需要教师更及时地进行回应,并调整教学内容。教学数据的收集及教育大数据提供的教学反馈可以用来衡量某个课程、模块甚至单个数字资产的受欢迎程度,给教师的教学评价带来了巨大的压力(Malakhov,2019)。

第四节　数字教育中教师的数字使用

在数字教育实践中,教师的数字使用受到多方面因素的影响。本节将分析教师的数字采纳状况及影响数字采纳的原因,并对教师的数字化阻抗进行深入探讨。

一、教师的数字采纳

1. 数字采纳的现状

总体而言,教师在教学中使用数字技术的意愿并不高。一些教师对数字教育的教学方式变化感到不适应,并不乐意采用新技术手段进行班级管理和教学,甚至产生对抗教育技术应用的心理,表现出对传统线下课堂教育更强的依赖性(方程煜,2022)。一项对美国教师的大规模调查发现,只有 22% 的人表示他们"非常乐意使用技术来促进学生合作,将移动设备集成到教学中,或者使用数字工具进行差异化教学"(Carpenter et al.,2020)。尽管新冠疫情促进了教师的数字资源使用,在疫情期间,有些教师会积极地分享社交软件针对疫情开发的网课功能使用方法(方程煜,2022),然而,在疫情之后,农村地区的教师使用在线教学的意愿仍然较低(郭玉娟等,2020)。张倩苇等(2022)对 500 多名高校教师的混合教学准备和实施情况进行了调查,发现教师认为自己尚未做好开展混合教学的准备,部分教师甚至怀疑混合教学的效果。意大利一项针对大学教师的大规模研究发现,"社交媒体的使用仍然非常有限且受到限制,教师不太愿意在教学中使用社交媒体设备。其原因是多方面的,包括文化上的抵抗、教学上的问题、隐私方面的担忧和机构的限制"(安德森,2020)。

另外,许多教师仍然倾向于使用技术来支持现有的以教师为中心的教学实践(Carpenter et al.,2020)。对基于学校的数字技术应用的实证分析表明,至少在澳大利亚,计算和网络资源往往被教师用于教学内容的准备,而不是整合到课堂中(McShane,2011)。单俊豪等(2021)在新冠疫情期间对我国四个地区近 42 万名学生在线学习体验进行了调查,发现教师在线教学能够满足学生基本知识获取诉求,但在教学活动多元性和优质性以及评价反馈与个性指导方面具有一定的提升空间。具体表现在,绝大多数教师能够端正在线教学态度,满足学生基本的在线学习需求。教师以讲授式教学为主,教学的优质性和教师的个性特征不明显。教师在线教学能力在灵活性和多元性上较差,有 44.71% 的学生认为教师在线教学仅使用讲授式(包括常规授课和练习讲评)的方式,并没有有效使用多元的课堂互动方式,仅有 38.51% 和 20.00% 的学生表示教师在授课过程中使用过小组合作和课堂讨论的活动形式。在教师个性反馈与指导方面,仍有 21.03% 的学生表示教师并不能够针对自己的在线学习情况提供及时反馈,有 21.66% 的学生认为教师不能关注自己的学习需求并在自己需要时提供个性指导。

为提高教师数字素养和数字技能在教育中的应用能力,我国在全国大规模地开展了教师的信息技术和教学能力培训。2016 年 6 月 28 日到 7 月 5 日,国务院教育督导组实地抽查了 176 所学校,发现截至 2016 年 6 月,全国参与信息技术应用能力培训的中小学教师比例为 73.9%(教育部,2016)。截至 2017 年底,全国有 1000 余万名中小学教师参与培训,基本完成全员培训任务。

2. 数字采纳的原因

研究发现,教师对于数字技术的采纳受到教师内在因素和外在因素及人口学变量的影响。其中内在因素包括绩效期望（performance expectation）、努力期望（effort expectation）、感知风险（perceived risk）、数字技术使用经验（digital experience）等，外在因素包括社会影响（social influence）、促成条件（facilitating condition）等（李世瑾和顾小清，2021），人口学变量包括年龄、学历、教龄、学科、执教年级等。绩效期望是指教师期待通过数字技术采纳提升自身工作绩效的程度，努力期望是指教师采纳数字技术开展教育所需付出的努力程度，感知风险是指教师对数字技术应用进程中信息泄露、隐私侵犯等现象感到惊慌或担忧，数字技术使用经验是指教师在日常生活和教学活动中使用数字技术的经验，社会影响是指教师受到外界群体感知的社会舆论因素，促成条件是指现有政策体制、教育装备和管理制度对数字技术在教学中应用的支持力度。

郭玉娟等（2020）在新冠疫情期间对农村地区的教师进行了调查，发现绩效期望对在线教学的使用意愿产生较大的影响，对在线教学效果的未知制约了教师对在线教学的使用意愿。一项针对高校教师的研究发现，绩效期望、社会影响和促进条件影响了教师对慕课的采纳，而努力期望并没有影响教师对慕课的使用（Tseng et al.，2019）。李世瑾与顾小清（2021）的研究发现，在数字采纳的影响因素中，对中小学教师接纳人工智能教育的影响程度的大小依次为绩效期望、努力期望、促成条件、社会影响、感知风险。

研究发现，缺乏数字技术应用经验会使教师产生抵制的情绪，这种技术"缺席"让他们在观念层面上，始终对技术运用抱怀疑态度，且视学生使用电子产品为"洪水猛兽"（方程煜，2022）。安德森（2020）也认为，很多教师不愿意广泛使用数字媒体，部分原因是他们缺乏接触这些技术的机会，对于数字媒体能支持什么学习活动以及使用数字能得到什么好处的理解也都在一定程度上影响他们的倾向。因此，要促进教师的专业发展和数字使用应重点给教师创造机会使用数字工具和培养他们使用这些工具的能力。

此外，在年龄方面，年轻教师的数字技术接受大于年长教师（郭玉娟等，2020）；在学历方面，硕士及以上学历教师数字技术接受大于本科及以下学历（郭玉娟等，2020）；在教龄方面，教龄为6～15年的教师正处于工作的上升期，更易接受数字技术教学且有更多的期待（付卫东等，2020）；在学科方面，不同学科的数字技术采纳情况从大到小依次为体育教师、信息技术教师、英语教师、语文教师、数学教师、音乐教师（李世瑾和顾小清，2021）；在执教年级方面，小学教师的数字技术使用意愿高于初中和高中教师，初中教师高于高中教师（付卫东等，2020）。Pitzalis 和 De Feo（2019）对2012年至2015年撒丁岛学校"数字议程"的实施情况进行了研究，发现与中学教师相比，在进行教师数字化培训时，小学教师组成的小组更乐于合作、分享和公开交流。

根据教师对新型数字技术的接受程度，我们将教师分为探索型、跟随型和守旧型。探索型的教师会在教学实践中积极主动地去尝试新的技术，这类教师是新型数字技术应用于教学的先驱，往往会带动其他的老师慢慢地接受新的技术。跟随型的教师往往会在新技术出现时先观望一段时间，等探索型的教师尝试并成为一种趋势后，随着潮流使用新的技术。守旧型的教师往往不太愿意去改变原有的教学模式。研究发现，探索型教师更倾向于与自己学校内外的其他教育工作者合作设计课程和教学材料（Carpenter et al.，2020）。

二、对数字化的阻抗

随着数字技术的应用,许多教师或愿意或被迫地加入数字教育中,但是在使用数字技术进行教学的过程中,教师对教学的数字化出现了抵制。造成这种抵制的原因主要有以下几个方面。

1. 技术稳定性的影响

数字教育的基础设施及应用存在很多不足及功能上的缺陷,如在新冠疫情期间,由于网络的延迟和大量的网络访问,出现无法开展数字教学的情况。笔者在采用数字教育的过程中,也出现过网络无法访问、课堂记录丢失无法找回、数字设备出现故障无法使用的情况。这些情况的出现需要请求专业技术人员的协调和帮助,影响课堂教学的开展。

2. 对教师身份的担忧

对于数字技术在教育中的应用,尤其是人工智能的发展给教育者带来的最大忧虑是:教师这个职业会被人工智能取代。耶鲁大学的布罗维奇(Bromwich,2015)教授在"决心:拥抱在线教育"的主题演讲中曾担忧地表示"我们这个时代的最大的社会灾难是人正被机器所取代"。

数字技术给教育者带来的另一个担忧是教师权威的弱化。数字技术会对知识的象征力量产生影响,改变教师的行为能动性(Catone & Diana,2019)。在教育中引入数字技术会改变教师和学生之间的权力关系,可能会将师生关系置于二元对立的风险中,导致"教育关系的解体",使教师"失去对学习过程的控制,失去监控参与和互动的手段,或失去在线学习环境中内容专家的角色"(Catone & Diana,2019)。这种权威和权力的丧失引起了教师尤其是年长教师的忧虑和不安。

3. 对数字媒体的态度

数字媒体的使用经常是教师个人选择的行为,因此有可能受到教师对数字媒体的用途,尤其是数字媒体作为教育的一种学习工具的态度的影响(安德森,2020)。教师对在教育中采用数字媒体(尤其是社交媒体)往往持有较负面的态度。教师担心影响"学生专业素养"、分散学生学习注意力、改变师生关系和自己缺乏学习有效使用社交媒体的时间。一些研究者发现,很多教师几乎不了解数字媒体具有由机构控制的媒体所不具备的潜在优势(安德森,2020)。

4. 缺乏师生的实时互动

安德森(2020)认为,一些教师是喜欢跟学生面对面打交道,至少是实时交流,才从事教学工作的,他们在用数字媒体与学生互动时无法体验到面对面打交道的那种关系。Catone 和 Diana(2019)也支持这样的观点,他们认为,抵制数字学习的主要原因是这会使教师和学生之间以及学生本身之间缺乏面对面的接触。数字学习可能会阻碍教育关系所基于的社会和情感互动,从而对学生的动机水平产生重大影响。

与在场教学相比,数字教育的一些教学情境(尤其是直播教学)相对单调和静态,加上网络的延迟,学生的反馈具有延时性,无论是教师对教学情境的把握还是学生对教师情感传递的接受都会产生影响。这种师生间互动的异步性会瓦解教学共同在场感的构建。

在笔者的调查中,教师表达了在线教学中缺乏实时互动的挫折感:

> 在教室里上课,我会说很多废话。没有这些废话,课堂的生动性就大打折扣。我认为这些废话对教育的效果是非常重要的。我会通过动作与学生进行互动,来解释一些比较难以理解的概念。在线教学的时候,我感觉干巴巴的,没东西好讲。没法看到学生的反应,只能盯着自己的脸看,显得很自恋。(20220531XXC)

> 在教室里上课,感觉在上课的过程中,经常会有"灵光一现"的时刻,而在线上上课很少会出现这样的时刻,都是按部就班地按照原有的内容进行。对着电脑屏幕很难找到上课的感觉,甚至有的时候会闭上眼睛上课。(20220531XL)

> 在教师与学生之间的互动中,停顿很自然,可以通过神态、身体语言调整与学生之间的距离进行交流,而在线上教学出现停顿会感觉特别煎熬。(20220531XL)

第五节　ChatGPT 对教育者的影响

与学习者对 ChatGPT 的主动使用不同,教育者对 ChatGPT 的使用显得较为被动。尽管如此,已经有教育者开始使用 ChatGPT 来减轻日常的工作压力,借助人工智能赋能推动自身的能力延展,促进自身的专业发展。简要地说,ChatGPT 给教师带来了以下影响。

一、支持教育者的教学实践

首先,ChatGPT 为教师的教学设计提供了支持。ChatGPT 可以为教师制作一份包括教学目标、教学内容、教学步骤与教学评价等内容的教学计划;通过运用语言理解和信息检索的能力帮助教师筛选和整合优质的教育资源,为教学提供更丰富的内容支持;根据课程要求,列出具体的措施,帮助教师进行有理论指导的教学实践;根据教师需要与学习者学情,智能推荐适合的资源;结合知识管理技术,为教师提供教学知识的管理和分享平台;结合语音识别技术,为教师提供智能语音交互和控制功能,方便教师进行课程演示、授课、讲解等活动;利用大数据和生成性技术,快速检索或生成相关的教学资源,如课件、教案、试题等。

其次,ChatGPT 为教师开展教学检测与评价提供了依据和解决方案。ChatGPT 可以对教师教学进行实时监控和记录,提供过程性数据支持和分析,帮助教师及时调整教学策略;根据学习者的学习表现和答题情况,设计评估任务,自动评估学习者的学习水平和成绩,为教师的学情分析提供证据;帮助教师对学生的文章提出改进建议,并监控和支持学习者完成所有的文章修改。

最后,ChatGPT 能够促进教师的专业发展。ChatGPT 能够通过其海量数据和智能算法为教师生成合理的专业发展建议与指导;帮助教师进行专业训练和教学反思;帮助教师拓宽专业视野,通过与ChatGPT进行对话,教师可以学习到各科知识,获取复杂概念和问题的解释、定义,并挖掘知识点之间的关联,将相关的知识点整合到一起,形成完整的知识体系。

二、提升教育者的科研效率

首先,ChatGPT能够帮助教育科研人员获取相关文献的核心信息,进行全方位对比分析,呈现可视化的分析结果,推荐高影响力文献,让教育科研人员迅速并全面地掌握研究现状。目前,已有较成熟的类ChatGPT文献阅读辅助工具,能够为论文阅读者提供论文内容概括、疑难解答、问题预设、答案定位等功能,并提高使用者的学术阅读能力(王卓等,2023)。

其次,ChatGPT能够依托其大型语言模型来帮助教育科研人员找到并确定研究空白;为教育科研人员提供新的教育研究认知手段,辅助其进行研究设计;辅助教育科研人员进行数据统计与分析,发挥作为一个多功能集成的研究工具的价值。许多教育科研人员尝试使用ChatGPT辅助科学研究过程中的某些任务,通过和ChatGPT的初步讨论获得一定的研究启发和厘清研究思路,发现了许多发人深思的问题,取得了令人振奋的成绩(焦建利,2023)。

最后,它能帮助研究者撰写和优化论文成果。研究者能够利用ChatGPT进行文献综述、起草论文并修改完善,撰写演讲稿以及编写计算机代码,对论文的语法和文字表达进行润色,或者根据具体期刊的格式要求进行检查和修改。2023年《自然》杂志对1600多名研究者进行的一项调查发现,近30%的人表示他们曾使用生成式人工智能工具帮助撰写手稿,约15%的人表示他们曾使用这些工具帮助撰写资助申请(Prillaman,2024)。

三、改变教育者的角色定位

首先,ChatGPT的广泛运用使教师的知识权威地位不断被消解。ChatGPT可以替代大量教师的工作,是因为它可以承担系统知识传授的工作。可以说,用ChatGPT进行知识传授,可以做到又快又好,因为它的回答速度快、准确度高、综合性强,远胜于一般的教书匠(王洪才等,2023)。此外,ChatGPT在提供知识传授的同时具备情感支持功能,学习者在熟悉与依赖ChatGPT"耐心细致"的指导后对教师的需求减少,教师在学习场域中的地位逐渐弱化。

其次,教师的作用从知识性传授向智慧性指导转变,并越来越趋向一对一的教学模式。由于特有的一对一因材施教,ChatGPT用于教育意味着需要大量具有智慧性指导能力的教师,引导学生挖掘ChatGPT的潜能,辨识ChatGPT输出结果的真实性和准确性等,而不再是单纯传授学生知识和操作性技能。因为生成式人工智能不仅涉及统计机制,而且涉及难以觉察因而更复杂的人类因素(王天恩,2023),教师在生成式人工智能教育条件下需要转变自己的指导方式,合理利用人工智能的知识库,结合学习者的认知特点、学习风格、学习状态、知识掌握水平等因素,对其进行差异化、针对性教学。

最后，教师由教书育人转变为与人工智能协同育人。当课堂变成了"人师""学习者""机师"三位一体式的课堂后，教师需要具备协同两类智能、两类主体或者说两类人（人与机器人）融合育人的能力（邱燕楠和李政涛，2023）；要挖掘人机对话的价值，重新思考"什么知识最有价值?""什么能力最为关键?"等重要问题，厘清教育者在人机关系中的角色定位以及 ChatGPT 的功能阈限，并将宝贵的时间和精力聚焦到那些人工智能无法或不能替代的知识和能力上；还要挖掘数字化环境中的机会，开展创新性教育实践。

无疑，ChatGPT 日益深度嵌入教育教学实践，也必将对教育者的数字素养和应用技能提出迫切的、深远的挑战要求。

第四章　数字教育中的学习者

学习者作为数字教育实践活动中的另一个重要的主体,越来越受到理论研究者和实践工作者的重视。本章将从数字教育创新的角度对学习者进行分析。

第一节　数字教育创新中的学习者

学习者是数字教育创新中的行动者。在数字教育创新中,学习者的主体扩大至全年龄阶段。在数字技术的帮助下,学习者学习的自主性和能动性增加,同时也受到了学习者年龄和能力的制约。

一、学习者主体的扩大化

因数字技术在教育领域的渗透,终身教育的理念不再仅是一种口号,而是出现在真实的教育实践中。学习者主体的身份变得愈加复杂,不仅有传统的在校学生,还有已独立、以职业劳动与社会进行交换的成人,脱离了工作岗位颐养天年的老年人,不承担任何社会义务的婴幼儿,甚至还有未出生的胎儿。

不同年龄与身份的学习者在教育场域中的地位及与他人的互动模式均存在差异,而数字教育也体现出不尽相同的特点,因此我们将对不同年龄与身份的学习者分别进行讨论。

在第二章第三节中我们已经分析了胎儿的数字教育,在此不再赘述。在本章中,我们根据学习者的年龄和身份,将学生群体分为婴幼儿、中小学生、成年在校学生(大学生)、在职学习者和老年学习者。我们将分析不同年龄阶段、不同身份的学习者的特点,以及数字教育是如何介入这些群体中的。

二、学习者的嵌入能动性

数字技术赋予了学习者前所未有的能动性,学习者可以根据自身的需要随时随地获取所需要的资源,可以根据自己的喜好来选择喜欢的教师。然而,在教育过程中,学习者作为信息的接收者,其学习效果受到认知发展水平、认知风格、智力水平、个性、动机等因素的制约。学习者本身的特点是数字教育发展的决定性因素。

心理学家让·皮亚杰(Jean Piaget)将儿童的认知发展分为四个阶段:感知运动阶段

(0～2岁)、前运算阶段(2～7岁)、具体运算阶段(7～12岁)和形式运算阶段(12岁以上)(胡谊和郝宁,2020)。心理学家埃里克·埃里克森(Erik Erikson)从人的心理社会发展角度出发,将人的一生发展分为八个阶段(如图4-1所示)。

在本章第二至五节将详细地描述不同年龄阶段学习者的认知与心理社会发展特征及其所受数字教育的特点和影响。

图 4-1　埃里克森心理社会发展理论

第二节　婴幼儿与数字教育

婴幼儿主要指刚出生一直到学龄前的儿童,即 0～6 岁的儿童。本节将对婴幼儿及针对其设计的数字教育的特点,其数字教育的使用情况,以及数字教育对其的影响进行分析。

一、婴幼儿的特点

这个年龄阶段的儿童已是与母体相互独立的个体,在认知能力、运动能力、语言和社会关系的发展上都非常迅速。在埃里克森提出的心理社会发展理论中,将这个阶段的儿童分为婴儿早期(出生到 1 岁)、婴儿期(1 到 3 岁)、幼儿期(3 到 6 岁)三个人格发展阶段,每个发展阶段都有对应的冲突需要解决。

在婴儿早期的儿童还不会走路和说话,其思维发展处于感知运动阶段,只有动作层面上的智慧,语言思维和表象思维均尚未形成,只能通过看、听、触、摸、尝、嗅等方式来探索世界(胡谊和郝宁,2020)。这个时期需要获得的心理社会发展是通过大人的照料和对这个世界的探索建立对这个社会的信任感。

婴儿期的儿童开始会走路,手眼协调能力增强,探索世界的能力增强。在思维发展上,开始从感知运动阶段慢慢向前运动阶段过渡,开始有了思维和想象的萌芽。由于能够更好地控制自己的身体,与外界有了更多的互动,自主性成为这个年龄阶段的最主要目标。婴儿期的儿童感知觉迅速发展,进入了语言敏感期,开始能够使用语言来表达自己的想法,出现了概括性的思维活动。儿童的社会性开始萌芽,出现了社会情感,道德品质也开始出现(林崇德,2002)。婴儿期儿童的动作开始从大动作到精细动作发展,尤其到了3岁,儿童已经基本能够进行穿脱衣服和鞋袜、自主排便、搭积木、折纸、手工等精细动作。当儿童能够完成相应的活动就会产生自主感,如果无法完成则会产生羞愧感,并对自己产生怀疑。

幼儿期的儿童大多进入了幼儿园,与婴儿期相比,幼儿在感知觉、记忆、思维、语言能力、智力发展、认知水平、动作能力、人格发展、社会性等方面都有了质的飞跃。在思维发展上,正式进入了前运算阶段,开始用表象符号来代表外界事物(胡谊和郝宁,2020),采用具体的形象进行思维。幼儿期的主导活动是游戏(林崇德,2002)。由于能动性与自主能力的发展,渴望掌握更多新的技能,主动探索成为这个年龄阶段最主要的目标。幼儿期的儿童开始了集体生活,并表现出对参与社会生活的渴望。

二、婴幼儿数字教育的特点

这个年龄阶段的学习者与父母的联系密切,且不具备或者具备较弱的选择权和决定权,该阶段的数字教育产品的宣传注重针对家长全体,尤其是妈妈(董晓迪和李军,2019)。

笔者分析了小步在家早教、巧虎、点点橙早教三个针对早教市场的产品网站,发现在商业宣传策略上,针对0~6岁的孩子,三者都结合儿童认知发展的研究结果,强调产品对孩子大脑的开发,迎合了家长对教育的期待。

针对这个年龄阶段的数字教育以儿童喜闻乐见的方式呈现,提供了丰富、直观、生动、有趣的教育材料,符合儿童的认知特征,既能激发儿童的学习动机、满足儿童的好奇心,又能增强儿童的愉悦感,寓教于乐(吴兰岸等,2016)。数字教育的内容主要集中在生活习惯、语言表达、认知启蒙等方面。

针对0~1岁的婴儿,数字教育的主要作用是给儿童提供丰富的视觉与听觉刺激,促进儿童的神经发展,建立儿童对这个世界的熟悉感。例如,在《天线宝宝》中会经常重复出现相同的场景。

针对1~6岁的幼儿,数字教育会考虑这个年龄阶段孩子的偏好,如人物形象多采用动物或卡通人物,并往往伴随着同龄小朋友的参与。卡通形象的塑造容易吸引儿童的注意力,获得儿童的好感。在教学视频中,这些卡通形象会通过镜头直接看着观众,对观众说话,停下来等待回答,然后表现得好像儿童已经回答了一样对其进行表扬。由于儿童对同龄人行为的模仿要强于对成年人行为的模仿,在数字教育中提供同龄人榜样为儿童提供了模仿的范本,使得儿童更容易学习。在语言上,数字教育较多地使用朗朗上口的儿歌和故事,便于儿童模仿和学习。

婴幼儿的注意力保持的时间较短,因此针对婴幼儿的数字教育一次持续的时间较短,色彩鲜艳,人物形象可爱,内容以唱跳、游戏为主,场景切换也比较频繁,具有"泛娱乐"的特征(董晓迪和李军,2019)。

目前针对婴幼儿的数字教育产品主要有以下三类,这三类在主要表现形式上各有侧重,但也存在交叉。

一是以视频为主的数字教育产品。这类教育产品以视频为主,并伴随音频的媒体形式,内容以认知、启蒙、习惯培养为主,结合卡通人物、故事、动画等实现教育的目的,如宝宝巴士、有道伴读、小猴启蒙、巧虎、小小优趣等。

二是以有声内容为主的数字教育产品。这类教育产品以音频为主,内容主要是故事、儿歌、音乐,如喜马拉雅、凯叔讲故事等。声音媒介具有易接受和伴随性的特征,儿童无须识字,可伴随其他行为(如玩玩具、坐车、洗脸刷牙等)同时进行(董晓迪和李军,2019)。与视频类的数字教育产品相比,该类产品对儿童的眼睛更为友好。

三是智能硬件类数字教育产品。该类产品一般有一个卡通的物理外形,具备一定的智能,可以进行人工对话、智能熏教、录音、唤醒等功能,可以与儿童发生互动,如智能故事机、智能机器人、绘本机器人等。表 4-1 罗列了中国市场上的部分智能硬件类数字教育产品。

表 4-1　中国市场上部分智能硬件类数字教育产品

产品	外形	特征
贝瓦宝宝蓝牙儿歌早教故事机		内置儿歌、童谣、故事、学堂、英语、习惯养成、睡前听听、音乐等优质早教资源,并与贝瓦儿歌和贝瓦听听的在线资源进行连接;采用高安全级别硅胶材质,可满足婴幼儿啃咬的需要
小度 AI 智能机器人		有儿童故事、国学经典、儿童歌曲、早教音乐、启蒙英语等海量早教资源;可使用 APP 定制播放;可以与儿童进行 AI 智能对话,进行知识问答、天气播报等
Luka 绘本阅读故事机		采用人工智能图像识别技术,对绘本进行智能识别和翻译,并给孩子阅读;父母可以录制绘本陪伴孩子;父母可以发送文字和表情与孩子进行亲子互动、引导情绪;可以与孩子互动,给孩子讲故事、学国学、念儿歌、学英语

三、婴幼儿数字教育使用情况

由于婴幼儿缺乏自主学习的能力,无法独立完成数字教育产品的使用,家长需要为之选择合适的课程并安排学习的时间与形式。家长不仅是数字教育的付费者,也是数字教育产品的把关者(董晓迪和李军,2019),因此家长的"经纪人"角色更为重要。家长通常会代表儿童评估数字教育的相对收益和成本,这些评估促使他们决定给孩子选择哪个平台,选择何种数字教育方式。

由于能力的限制,0～1岁的儿童只能被动地接受而无法自主选择数字资源。针对0～1岁儿童的数字教育,养育者一般会选择与认知发展、大脑开发有关的数字资源,如莫扎特音乐、天线宝宝等针对婴幼儿的节目和产品。

1～3岁的儿童已经能够较好地控制自己的身体,并慢慢地学会控制手机、电视遥控器等电子设备,对自己所接受的数字教育开始有了一定的自主权和选择权,对教育的形式和内容开始有了自己的偏好。但对于家长所选择和提供的数字教育资源基本持"全盘接受"的态度。因此,家长的教育理念、对教育规律和儿童认知发展规律的理解对孩子数字教育产品的选择起主导作用。

3～6岁的儿童对自己所接受的数字教育有了更大的发言权和选择权,儿童同伴关系的建立与发展开始对儿童数字教育的选择产生了一定的影响。同伴之间的交流往往会影响儿童对数字教育产品与资源的了解和偏好,从而影响其对数字教育产品与资源的选择。

四、数字教育对婴幼儿的影响

丰富的早期教育资源既能扩展儿童父母或其看护人的知识面与视野,提高他们与儿童之间的互动能力与水平,又能促进幼儿园教师的专业化发展。数字教育让所有孩子共享国内外优质教育资源,接触人类文明的最新成果,在多元文明的交流与沟通中汲取智慧和力量(吴兰岸等,2016)。

数字教育给婴幼儿提供了丰富的内容、资源、形式、方法和手段,对婴幼儿的认知、社会、情感、身体发展、行为习惯等方面均有积极影响(吴兰岸等,2016)。本书主要从数字教育对婴幼儿的认知发展、身心健康、社会发展三个方面的影响进行阐述。

在认知发展方面,研究发现,婴幼儿在观看适合其年龄阶段和心理需求的教育类电视节目时,可以增加他们的词汇量,提高早期的语言表达能力与想象力(Linebarger & Walker,2005)。当儿童观看对他们来说有社会意义的角色时,可以从视频演示中学习认知和逻辑推理技能(Lauricella et al.,2011),如识别颜色、区分物体大小与长短等(吴兰岸,2017)。儿童接受适合年龄特征的益智性挑战任务,既能让儿童体验到新奇与获得感,又有助于儿童创造力和探究力的发展(吴兰岸等,2016),儿童还可以通过参与数字媒体的创作来提高自身的创造力(McPake et al.,2013)。一些数字教育产品可以在儿童阅读时将听觉线索和视觉线索进行整合,使儿童将注意力更多投入在阅读上(唐雅琳,2021),能够更好地理解故事(Korat,2010),从而提升记忆力(李芳雪和尹洪洁,2021),获得更多的阅读收益。

在身心健康方面,健身类的数字教育产品可以激励儿童运动,提升身体的协调性,改善身体健康,减少肥胖的发生,增加儿童的自信与自尊(Staiano & Calvert,2011)。婴幼儿在观看内容适合的舞蹈、京剧等视频后,会模仿相应动作;当婴幼儿观看了站军姿与走正步等视频后,在电视节目中看到国家领导人欢迎仪式时会在电视前来回走正步,甚至在地铁里看到播放的阅兵仪式视频时也会站立起来挺直身体、行军礼,这些运动有助于儿童身体与大脑发育(吴兰岸等,2016)。

在社会发展方面,曾有个案研究发现,《小小智慧树》《巧虎》等少儿早教节目,有助于提高婴幼儿的生活常识,帮助他们养成良好的生活习惯,如刷牙、洗手洗头、洗澡、学会穿衣服、不吃过多糖等(吴兰岸等,2016)。研究发现,观看对社会交往有积极影响的角色的动画片,可增强儿童问题解决能力,促进儿童学会与他人分享、敏感觉察他人情绪等亲社会行为(Lauricella et al.,2011)。健身类的数字教育产品可促进儿童之间的社会交往(Staiano & Calvert,2011)。

然而,数字教育的过度使用对儿童的认知发展、身心健康、社会交往、个人隐私等方面也会带来消极影响,甚至造成严重威胁。

由于婴幼儿还处于感知运动发展阶段,需要通过视觉、听觉、嗅觉、味觉、触觉、运动觉等多种感官去探索和感知外部世界,而目前的数字教育主要通过视觉和听觉呈现信息。在神经系统快速发展的时期,使用率低的神经系统会被裁剪。如果嗅觉、味觉、触觉、运动觉等使用过少,将会影响这些感觉的发育。

在身心健康方面,一些数字教育视频采用的画面颜色过亮,画面切换的速度过快,容易引起儿童的视觉疲劳,伤害儿童视力(吴兰岸等,2016)。电子产品触摸屏及智能硬件类教育产品的表面上容易滋生大量细菌,儿童在频繁的使用过程中容易导致细菌进入眼睛与口腔(吴兰岸等,2016),从而引起眼部与口腔的健康问题。此外,数字教育产品容易吸引儿童的注意力,造成儿童过多使用数字教育,从而导致婴幼儿的骨骼疼痛、视力受到损伤、发育迟缓、运动能力低下、营养失衡、肥胖、睡眠问题、不健康体像等(吴兰岸等,2016),也容易造成与虚拟世界相关的心理依赖,例如媒体或游戏上瘾(Lubkov et al.,2020)。此外,婴幼儿的身体正处于快速发展的阶段,更多的细胞正在分化,他们对电磁辐射的吸收远多于成年人,美国联邦通信委员会以及一些国际安全健康专家呼吁:应当限制 Wi-Fi、移动手机、电视、电脑等极低频电磁场对儿童的辐射(吴兰岸等,2016)。

在社会交往方面,儿童每天使用电子屏幕的时间过长,接触大自然、与真实世界的人进行口头及肢体语言互动的机会也会大大减少,从而影响儿童社会沟通与交往能力的提高,甚至造成儿童与社会相互隔离,或患上自恋症、自闭症(吴兰岸等,2016)。因此,美国儿科学会(American Academy of Pediatrics)(2001)建议儿童每天的总媒体时间(包括娱乐媒体)不超过 2 小时。不鼓励 2 岁以下的孩子看电视,并鼓励他们进行更多有助于大脑发育的互动活动,如交谈、玩耍、唱歌和阅读。

第三节　中小学生与数字教育

中小学生是指学龄儿童,年龄一般处于 6～18 岁。本节将对中小学生及针对其设计的数字教育的特点,其数字教育的使用情况,以及数字教育对其影响进行分析。

一、中小学生的特点

在埃里克森的心理社会发展理论中,中小学生处于儿童期与青少年期。

儿童期的年龄一般为6～12岁。该年龄阶段的儿童大多进入了小学,在认知发展上处于具体运算阶段,在儿童的认知结构中已经有了抽象概念,可以进行逻辑推理(胡谊和郝宁,2020)。在心理社会发展方面需要解决的心理冲突是勤奋与自卑的问题,需要通过成功的经验,取得各种成就来体验对任务的胜任感。

青少年期的年龄一般为12～18岁。该年龄阶段的学习者大多进入了中学,在认知发展上处于形式运算阶段,能够采用逻辑思维来处理抽象、复杂的问题。在心理社会发展方面,主要面临的是自我认同的问题,需要在学校和社会实践中,通过扮演各种角色,形成人格、社会、性别和职业等方面的自我同一感(胡谊和郝宁,2020)。

中小学生以家庭和学校为生活的两大主要场所。学校是其学习的重要场所。这个年龄阶段的孩子具备了一定的自我管理能力,但容易受到新鲜事物的吸引。同伴关系逐步取代了亲子关系的地位,成为最重要的人际关系。

二、中小学生数字教育特点

由于中小学属于义务教育,在学校里提供的数字教育形式与内容往往具有较强烈的行政色彩。针对中小学的数字教育产品受到教育体制的影响。在中国,受到高考的影响,数字教育不得不向体制内"看齐",向"提分"的最终效果靠拢(董晓迪和李军,2019),强调应试和为未来做准备。

中小学数字教育的内容主要包含学科教育与素质教育两大块,主要采用在线课程、在线作业、在线家教等形式。在线课程的提供方大致可分为中小学网校、教育培训机构、互联网公司三类(董晓迪和李军,2019)。与提供给教师的数字教育内容和工具相比,数字教育为学生提供了更多功能、更个性化的服务,使其更受数据驱动,更多地利用物联网功能(Malakhov,2019)。

三、中小学生数字教育使用情况

中小学生对数字技术的认知尚未成熟,数字技术使用的自我规范能力较弱。在数字教育中,还需要教师和家长的监督,他们学习的内容也主要由学校和家庭来决定。

中小学生接触的数字教育主要来自两个方面:一是学校,包括在学校中安排的信息类课程,教师使用数字媒体进行的教学互动,在新冠疫情期间学校安排的在线课程,等等;二是校外,包括在课外家长给孩子报的各种在线课程,通过数字媒介如电视、手机、电脑等获得的数字教育资源,在网络社交平台中的教育应用,等等。

中小学生在学校中对数字教育的使用情况受到学校的数字化建设以及教师的数字素养与数字教学能力的影响。学校的数字化程度越高、教师的数字素养和数字教学能力越高,学生在校内接触和使用数字教育的机会也越多。这一点在我国唯一的教育数字化转型的试点区——上海市表现得尤为突出。上海的一位学生在访谈中表示,学校会要求学生使用Word、PPT等完成作业,并进行课堂展示和汇报,学生在课内外有更多操作设备和软件的实践机会(李晓静等,2023)。研究还发现,数字化资源在初、高中课堂的传统学科教学中使用率较高,任课老师普遍运用数字化设备来辅助教学(如展示PPT、演示解题步骤、播放音视频等），也会有意识地运用数字设备来提升课堂的互动性、参与度以及趣味性（如使用媒体设备开展一些围绕知识点的竞赛小游戏等），促进学生对知识点的理解（李晓静等，2023）。

尽管如此，我国中小学的数字教育使用情况还是不容乐观。研究者发现，在一些学校，信息技术课程并未被列入必修课，并且常常被其他课程所占用。而且课程的教学方式单一，很难激发学生的学习兴趣。对于学校的优质数字设备，如虚拟实验室、语音实验室、智能测评等智能化设备，学生的接触并不多，未能做到物尽其用（李晓静等，2023）。一份针对东部地区、中部地区、西部地区和三区三州①四大区域近42万份学生在线学习体验的调查结果显示，学生对信息化学习设备、在线学习参与度和资源个性化方面满意度较低（单俊豪等，2021）。具体表现在：学生在线学习积极性和学习经验不足，只有28.90%的学生认为网课学习比线下教学更适合自己，23.57%的学生表示并不能熟练使用在线学习的工具，同时在出现技术问题时也不能有效解决。学生在线学习状态与教师在线教学水平和自身学习动机有较大关联。只有42.57%的学生认为自己的在线学习状态较好。学生普遍对线上教学的效果并不看好（单俊豪等，2021）。

对我国新冠疫情期间中小学生的数字教育状况进行调查发现，尽管学生可以通过多种设备获得在线教育的机会，但是使用教学类设备开展网络学习的学生比例不高，仅有24.51%，而单纯使用手机进行网络学习的学生比例高达63.30%，单纯使用传播类设备的学生比例为11.47%。郭玉娟等（2020）对新冠疫情期间农村地区的在线教学情况进行了调查，发现学生在线学习态度积极，但需要教师和家长监督。有一半以上的学生认为上网课的平台容易操作（58.09%），课程内容难易程度适中（50.86%），能够跟上老师讲课的节奏（51.54%），对在线学习情况很满意（52.97%）。绝大部分学生认为在家网上学习更容易（70.03%），不懂的东西可以反复多次学，48.46%的学生认为在家网上学习更有意思。同时，研究也发现，由于在线教育时空分离导致临场感缺失，学生居家在线学习也存在一定的困难，比如在家网上学习缺少同学的陪伴，会很孤单（占比56.8%），更加需要家长的监督（占比55.52%），更加需要老师的监督（占比53.49%），还有些同学因为看不到老师感到没有安全感（占比37.52%）。还有调查发现，在新冠疫情期间学生上交作业的情况不容乐观。对某中学初一某班的语文作业上交情况的分析发现，有40%的学生无法跟随课程进度进行巩固练习，甚至有同学从来没有交过作业。即使教师打电话跟家长沟通，效果也不容乐观（方程煜，2022）。

中小学生在校外的数字教育使用情况受到家庭的经济资本、文化资本和数字资本以及学生自身数字素养的影响。由于在K-12阶段的学生还没有完全民事能力，也没有收入来源，很多校外的在线资源需要支付一定的费用，父母的经济能力直接影响孩子是否能够购买相应的课程。而网上的免费课程需要家长具备一定的文化资本和数

---

① 三区三州的"三区"是指西藏自治区，青海、四川、甘肃、云南四省藏区，以及南疆的和田、阿克苏、喀什、克孜勒苏柯尔克孜自治州四地区；"三州"是指四川凉山州、云南怒江州、甘肃临夏州。三区三州是国家层面的深度贫困地区。

字资本来获取和鉴别。

中小学生在校外使用数字教育主要采取三种方式：一是通过数字设备、平台和资源巩固课堂知识或实现能力进阶，使用的主要应用和渠道有空中课堂、作文纸条、西窗烛、洋葱数学、B 站等；二是通过手机、电脑等设备搜索作业中不会的题目，使用的主要应用是作业帮、小猿搜题、猿辅导等；三是借助数字媒介获取不同拓展类学习资源，包含人文历史、时事政治、法律科普等（李晓静等，2023）。

除此之外，社交网络在中小学生数字教育中也起到了非常重要的作用。一项对加拿大安大略省的高中生进行的调查发现，大多数（73%）学生认为网络社交平台对教育有益。有四分之三的学生将网络社交平台用于教育目的，例如与同学沟通，小组协作，接收教师的提醒和重要更新，组成学习小组，获得家庭作业帮助（Greenhow & Askari，2017）。校外的数字技术使用促进了校内数字技术在教育中的应用。中小学生数字技能的提升，尤其是编程、技术和游戏等方面的专业知识和技能主要来自校外的互联网使用（Davies & Eynon，2018），并在学习环境中会发生正向的迁移。研究发现，学生在社交网站和数字技术上花费的非正式时间越多，他们就越渴望在学校的学习环境中使用这些工具（Greenhow & Askari，2017）。在社交网站中活跃的学生和具有开发数字工具变革潜力的"数字先行者"（digital pioneers）是数字技术在教育领域应用的最强大的支持者。

四、数字教育对中小学生的影响

许多研究者认为，数字教育对学生的成绩起到了积极的影响。如陈纯槿和顾小清发现，学生在校使用互联网学习的偏好显著提高了学生的数学、阅读和科学素养等学业成就。当学生正确地运用互联网技术学习新知识和技能时，能够正向促进学生的学习与发展。互联网学习偏好分别解释了学生数学、阅读和科学素养成绩差异的 13.52%、13.79% 和 11.92%。上网时间控制在每日 30 分钟以内更有利于提高学生的学业成就（陈纯槿和顾小清，2017）。学校网络教育资源投入对学生数字化阅读成绩具有正向影响；与其他年龄组相比，7~9 岁初次接触互联网对学生数字化阅读成绩的正向影响最大（陈纯槿和郄庭瑾，2016）。

然而，也有研究者并不赞同这样的观点。Selwyn 等（2020）调查了三所高中学生的数字使用情况，发现尽管数字技术在学生的校园学习中占有非常重要的位置，但是学生在学校里使用数字技术主要是为了完成学校里布置的各项任务，并没有提高相关的学习能力。研究者发现，数字技术对于学校教育本身的性质并没有实质性的改变。Moreno-Morilla 等（2021）的调查发现，学生的数字能力是在校外的趣缘空间中发展起来的，具有互动性和信息性。学校内外活动的分离并不能保证数字能力的发展。

在情感方面，父母与孩子共同参与数字教育可以缩短中小学生与父母之间的距离，构建更亲密的亲子关系（吴兰岸等，2016）。校外社交网络在教育中的使用为中小学生提供了情感支持，帮助其维持和拓展人际关系，加强其与伙伴之间的沟通和联系（Greenhow & Askari，2017）。此外，数字教育还给学生提供了脱离当前情境的自由地展现自我的空间，形成更多元化的自我概念（Davies & Eynon，2018），这对处于青少年时期的学习者尤为重要。

在数字教育过程中,由于中小学生的自主学习能力存在差异,往往还需要家长的配合,因此,在数字教育过程中"临场感"的缺乏和家庭教育的"失灵"往往会对教学效果带来很大的影响。在新冠疫情期间数字教育暴露出来的问题更加明显。由于临场感的缺乏,学生在面临数字学习时经常会感到孤独、无助,从而对其学习产生负面影响(付卫东等,2020)。

第四节　大学生与数字教育

大学生是指全日制的高等教育学生,包括大专生、本科生和研究生,年龄一般处于18~28岁。本节将对大学生及针对其设计的数字教育的特点,其数字教育的使用情况,以及数字教育对其的影响进行分析。

一、大学生的特点

在埃里克森的心理社会发展理论中,大学生主要对应青年期,确认了自我概念,并开始建立稳定的亲密关系。这个年龄阶段的群体已经基本离开了家庭生活,学校生活成为其主要的生活场所。他们具备了较强的自我管理能力,在学习上有了更高的自主权,对自己的学习内容有较大的选择权。但是,在经济上,这个群体的学生大多数尚未实现独立。

在中国,由于大学生不再有高考的压力,学习目标和学习内容不再像中小学那样明确,学生对学习内容的选择范围更广,更加自由。进入大学后,学生会选择特定的专业进行学习,因此学习内容的专业性更强。

二、大学生数字教育的特点

与中小学相比,作为新兴技术试验场的高校对于数字教育的推动更为重视,其数字教育具有以下特点。

1. 数字教育的形式更加多样和灵活

在学校中主要采用的数字教育形式包括直播、翻转课堂、智慧树、慕课、线上线下混合教学、微课、私播课、智慧实验室等。

朱连才等(2020)对新冠疫情期间大学生的大规模在线教学情况进行了调查,结果发现,在疫情期间开展在线教学的基本模式有五种——直播教学、SPOC教学、线上研讨教学、录播教学、学生自主学习,开展比例如图4-2所示。教师在开展在线教学时会根据实际需要采取多种形式灵活组合(朱连才等,2020)。

在课程安排上,针对大学生的数字教育更加灵活。例如,悉尼大学教育与社会工作学院开设的"学习科学导论"课程,只有第一节课需实地出席,其余课时均可在线参加(王辞晓等,2019)。

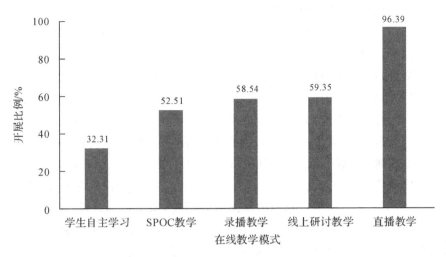

图 4-2　在线教学模式开展比例

来源:朱连才,等.大学生在线学习满意度及其影响因素与提升策略研究[J].国家教育行政学院学报,2020(5):82-88.

2.校校、校企之间的联合更加紧密

一些数字教育平台,如 Coursera、基隆开放高等教育(Kiron Open Higher Education)和高校进行合作,开始进行学分认证和学分互认(Halkic & Arnold,2019)。

一些大学开始尝试通过数字教育与中学进行衔接,以促进中学生提前适应大学的教学方式与教学模式,缩短学生的培养周期。例如,2013 年 9 月浙江大学在浙江省湖州市为湖州中学二年级的 47 名优秀学生开设同时异地远程实时互动的"物理与人类文明"通识课程(2 学分),使其与浙江大学的 80 名本科生一同上课并开展同步的课堂讨论,所修得的学分在升入浙江大学后给予认定(李红美等,2014)。

企业也为高校课程提供了各种开展数字教育的平台,如国外 Hangout、Moodle 等,国内的超星、雨课堂等,教师通过这些平台开展讨论、直播、录播、课堂互动等在线教学活动。而当教师遇到技术上的困难,也会得到企业的技术支持。

3.高校的数字教育有更强的开放性

高校的数字教育不仅对本校的学生开放,往往也对其他学校的学生以及社会公众开放。国际高校学习科学学业项目中有课程的教学大纲明确指出,学生可以选择通过在线的方式与其他学生同步参与课程学习(王辞晓等,2019)。

在校外的数字教育除了免费开放的课程之外,还有商业化的课程。针对大学生的商业化数字教育课程往往强调课程对学生学业和未来职业的帮助。

三、大学生数字教育使用情况

总体而言,大学生愿意使用数字教育来帮助自己学习,提高自己的成绩(覃红霞等,2022)。Arnold 和 Sclater(2017)调查了英美两国学生对使用数据提高成绩的态度,结果发现,美国学生比英国学生更愿意在不同的学期继续保留自己的学习数据以提高学习。Kolluru 和 Varughese(2017)在对医学院的综合药物治疗课程进行调查时发现,大多数学生更喜欢与同龄人和老师进行压力较小的在线互动。陈会民等(2021)在对参与计算机微专业国际项目的学生进行调查时发现,学生的学习动机由强到弱依次为:获得认证证书、名校课程资源吸引我、对课程内容感兴趣、为未来职业发展增加砝码、扩展现有专业知识、挑战自己、通过课程交到兴趣相同的朋友。

但也有研究发现大学生对数字教育的使用存在一些负面的看法。Guggemos 等(2020)对学生在课堂中使用人形社交机器人助教的行为意图进行了研究,发现学生总体上不太愿意依赖社交机器人进行学习。Wang 等(2012)对社交网络在教育中的使用进行了研究,发现学生对社交网络对隐私的泄露感到不安,认为教师并没有必要了解学生的社交网络。在 Adejo 和 Connolly(2017)的实证研究中,有超过一半的学生对数字教育所保留的数据的可访问性和存储超过一定期限的问题感到担忧。

许多研究者对大学生数字教育采纳的影响因素进行了研究。研究发现,行为控制、主观规范和积极态度是影响大学生采用移动学习意向的关键因素(Al-Shihi et al.,2018)。詹海宝和张立国(2015)调查发现,感知易用性、感知有用性、社会影响均会直接影响大学生对网络教学平台的使用态度和使用意向。技术支持通过影响感知易用性和感知有用性对大学生网络教学平台的使用态度和使用意向产生间接影响。王义保等(2021)在对江苏某大学的大学生进行调查时发现,在新冠疫情期间大学生在线教学的接受度受到教师教学、学生自我管理能力以及在线教学平台等多种因素的影响。教师多元授课技术与教学互动性不高、学生自我适应与调整能力不足以及在线教学平台存在缺陷等是影响大学生在线教学接受度的根源。朱连才等(2020)研究发现,学生在线教学实施过程满意度主要受教师在课程介绍、学习目标、师生/生生互动、正向价值观传递、教师关注学生进度、知识体系构建、自主学习能力培养方面的达成度等因素的影响。

在数字教育的使用上存在较大的群体差异,女性、城市生源、非第一代大学生对线上学习效果的评价显著高于男性、农村生源以及家庭第一代大学生(郭娇,2021)。此外,研究发现,与男性相比,女性的在线学习动机更为强烈(McSporran & Young,2011),学习态度更加积极主动(Volchok,2018),更善于在线交流和安排学习(McSporran & Young,2011),更加自信,学习更投入,能够进行更深度的学习(Anderson & Haddad,2005),学习成绩更好(Price,2006),对在线教学的体验更加满意(Johnson,2011),对教学平台的采纳更容易受到周围社会环境的影响(詹海宝和张立国,2015),对在线教育质量与结果有更高的要求(覃红霞等,2022)。然而,也有研究发现,男生对在线学习的看法更积极,更注重网络教学平台的实用性(詹海宝和张立国,2015)。

不少学者试图探讨影响两性数字教育使用差异的原因。研究发现,男女生在在线教学满意度和持续使用意愿的作用机制上存在显著的差异(覃红霞等,2022)。计算机自我效能感、教师特点、促进条件对女生的成就感和感知效用有重要影响,从而影响她们的学习满意度。而对于男生来说,只有教师特点和促进条件对成就感和感知效用有显著影响(Dang et al.,2016)。男性对计算机自我效能感、感知有用性、感知易用性和使用电子学习的行为意向的评价均高于女性。女性受计算机自我效能感和易用性的影响更大,男性的使用决策受感知有用性的影响更大(Ong & Lai,2006)。

学生在数字教育的使用中也存在一些问题,如学习者在学习过程中受到网络问题的困扰,在完成作业、知识学习、互动交流等方面存在困难,存在语言问题等(陈会民等,2021)。

四、数字教育对大学生的影响

研究人员发现,将数字技术整合到教育环境中可能会对学生的认知、情感和人际交往方面产生影响(Greenhow & Askari,2017)。

在认知方面,数字教育促进了学生在基础知识、问题解决能力、批判性思维等方面的能力素养提升,有助于学生追踪和开展前沿课题研究(陈会民等,2021),加强对学术文化和知识生产的理解(Adnan & Bahar,2019)。

在情感方面,教育智能体的情绪表达对大学生的情绪会产生积极或消极的影响。大学生在感觉教育智能体的笑容比较"虚伪"时往往会出现消极的情绪(巴深等,2021)。

在人际交往方面,社交网络在教育中的使用有助于收集和分享学术相关信息,导致积极的学术成果,增加学习者的参与度,鼓励讨论和信息交流,使与其他学习者的交流更有可能,从而实现更有效的交流。改善基于团队的学习环境,提供激励学生、促进积极的同伴关系的创新方式,并"积累和保持桥联社会资本"(Adnan & Bahar,2019)。然而,在一些网络课堂中授课教师没有参与网络互动,学生提问也很少得到反馈(段朝辉和洪建中,2019),特别是在大班授课中,无聊的课堂很容易分散注意力,而此时,互联网为大学生提供了一个缓解压力的空间,让他们抛弃原来的课堂,导致根本没有学习(Fu et al.,2022),从而导致学习者低学习满意度和中途退学。尤其在新冠疫情期间,长期在线教育模式让很多大学生没有机会扩大朋友圈,有的甚至封闭了自己(Fu et al.,2022)。

许多研究者认为,数字教育能够增加大学生的能动性。张欢瑞等(2018)以"基础英语听说"课程为例对基于慕课的混合教学进行了研究,发现由于混合教学能够有效衔接课上、课下的学习,学生的学习环境、学习态度、学习策略、学习方法发生了变化,对学生的自主性要求较高,学生的自主学习意识得到了增强,使师生的能力得到全方位的体现,对于学生搜集并整理优质的、适合自己的学习资料的需求更大,线上学习更加自如。

然而,Stenalt(2021)指出,数字教育并没有必然带来学生能动性的增加。人工智能自动识别学生的学习程度,对学习者进行个性化教学,减少了人与人之间的互动,从某种程度上反而抑制了学习者的能动性(Miao et al.,2021)。

第五节 在职学习者与数字教育

在职学习者是指已经离开学校,进入职业生涯的学习者,其年龄一般处于 18 岁到 65 岁。本节将对在职学习者及针对其设计的数字教育的特点,其数字教育的使用情况,以及数字教育对其的影响进行分析。

一、在职学习者的特点

在埃里克森的心理社会发展理论中，在职学习者主要处于两个时期：青年期和成年期。在青年期需要解决的心理社会发展问题是通过与他人交往，建立亲密关系，包括友谊与爱情。成年期需要解决的心理社会发展问题是获得繁殖感，避免停滞感，这是成家立业的阶段，需要承担参加工作、照顾家庭、抚养孩子的责任。繁殖感不仅体现在对孩子的养育上，还体现在关心社会上的其他人、在工作中奉献自己的价值、追求事业的成功等方面。

与大学生相比，在职学习者已基本实现了经济独立，也脱离了学校系统的约束，对学习内容的选择可以完全由自己决定，随意性较强，所学内容也更加广泛。在职学习者由于工作和生活的影响，学习时间难以固定化，经常被切成碎片化时段，学习方式也更加生活化和碎片化（马晓斐和王东，2022）。

此外，在职学习者的年龄跨度大，来自不同地区，从事不同的职业，学习经历与文化背景差异较大，因此，在职学习者具有多样性和异质性的特点，对学习内容的需求更加多样化。此外，在职学习者具有更丰富的生活和工作经验，在与学习资料及其他学习者进行持续深入的交互时，更容易出现思想碰撞和内容涌现（徐亚倩和陈丽，2021）。

二、在职学习者数字教育的特点

在在职数字教育的话语体系中，"终身教育"是数字教育的核心。对于在职学习者而言，数字教育的约束力较低，对学习者自身的数字素养和自我约束及自我控制的能力要求更高。而知识的价值不再取决于官方对合法性知识的界定，而是由学习者根据其对自身成长的有用性和有效性来进行评价。

针对在职学习者的数字教育主要包括以获取学历为目的的成人在线教育和以个人提升为目的的知识付费服务。

1. 成人在线教育

目前，我国成人在线教育有多种形式，如远程教育（又称网络教育）和开放教育（朱耿男，2021）。

我国的远程教育责任主体是网络教育学院，通过地方校外学习中心代理招生，比较注重经济效益。截至2014年，我国远程教育开设了299个专业1560个专业点，覆盖11个学科门类（吴峰，2016）。杨晓宏和李运福（2018）对教育技术学专业7种核心期刊（1996—2017年）收录的论文进行了分析，发现我国远程教育已经从"学历补偿型"与"效果增强型"向"全民普惠型"扩延。

我国开放教育的前身是广播电视大学。2012年教育部批准中央广播电视大学和北京、上海、江苏、广东、云南5所省级广播电视大学转型为开放大学，开启了开放大学的试点工作（刘文清和曾祥跃，2023）。经过10年多的发展，形成了国家开放大学与地方开放大学分级办学、分级管理的现代远程开放教育体系。国家开放大学由教育部直属管理，统筹规划和指导地方开放大学的教学业务,并为地方开放大学提供教育资源;地方开放大学接受同级地方政府领导和同级教育行政部门管理,教学上接受国家开放大学的指导与管理。2022 年,国家开放大学推出终身教育平台。截至 2022 年 5 月,该平台汇聚自建学习资源、338 所高校课程资源、10 个头部平台的特色课程资源等共计 50 万门,并面向社会免费开放(薛晨,2022)。

2. 知识付费服务

以个人提升为主的知识付费服务具有学习地点无限制、学习时间碎片化、学习内容针对性强、可重复观看等优点(周涛和李圆洁,2022),在一定程度上迎合了成人对碎片化学习内容的选择取向(马晓斐和王东,2022)。为了迎合市场的需求,知识付费服务不像传统教育反复使用同一套课程,而是需要不断开发新的课程,并根据学习者的反馈不断地进行迭代。

三、在职学习者数字教育使用情况

1. 成人在线教育的使用情况

2022 年我国远程教育招收网络本科和专科学生 280.89 万人,占当年所有本科和专科招生规模的 19.86%;在校学生 844.65 万人,占本科和专科在校总人数的 18.15%。图 4-3 至 4-5 分别展示了我国 2012—2022 年网络招生人数、网络在校学生人数和网络毕业生人数。2012—2021 年我国开放教育累计招生 1206.7 万人,2021 年招生 161.4 万人,累计毕业生 891.6 万人,现有在籍学生近 500 万人(刘增辉,2022)。

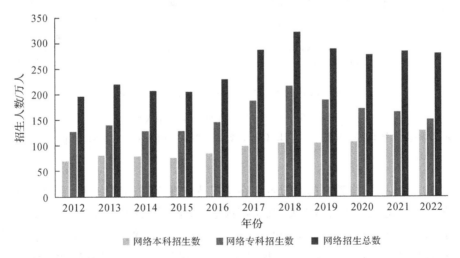

图 4-3 2012—2022 年网络招生人数

数据来源:国家统计局.国家数据[EB/OL].[2023-12-09].https://data.stats.gov.cn/easyquery.htm? cn=C01.

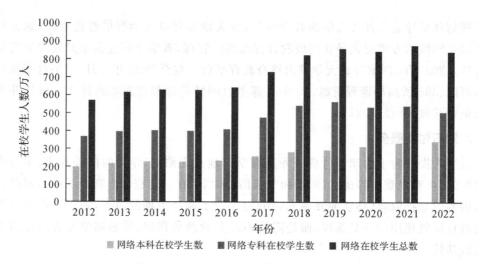

图 4-4　2012—2022 年网络在校学生人数

数据来源：国家统计局.国家数据［EB/OL］.［2023-12-09］.https://data.stats.gov.cn/easyquery.htm? cn＝C01.

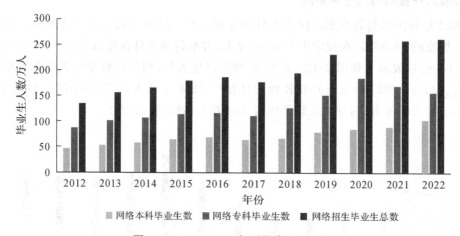

图 4-5　2012—2022 年网络毕业生人数

数据来源：国家统计局.国家数据［EB/OL］.［2023-12-09］.https://data.stats.gov.cn/easyquery.htm? cn＝C01.

　　研究发现，成人在线教育的学习者存在学习持续性不强、退学率高、交流互动不足以及网络教学难以适应实践教学需要、教学模式单一、学分认证遭到质疑等问题（乐传永和孙立新，2016）。学生时间投入、知识基础、学习参与、办学组织管理和质量监控是目前影响远程教育质量的主要因素；教师队伍、支持服务、课程资源、质量管理和网络平台是影响开放大学远程教育质量的前五大要素，也是开放大学质量标准的关键要素（乐传永和孙立新，2016）。

　　远程教育学生有实践经验，能给教学带来经典案例与启示。特别是在教学讨论与反思环节，有工作经验的成人学生表现尤其突出。远程研究生教育促进了教学相长、理论与实践的结合，对于教师教学与课程的改进有很大裨益（吴峰，2016）。何伏刚等（2019）

报告了一个生成课程的案例,该课程是一门探讨公安机关"网侦"的课程,学习者是全国各省基层公安局到京培训的优秀民警,都有一定的实战经验。在上课的过程中,通过学生上交作业、参与论坛讨论、分享在一线的经验,形成一门课程,课程内容在上课的过程中不断地优化迭代。

2.知识付费平台使用情况

艾媒咨询的调查报告显示,从 2015 年到 2022 年,知识付费保持着高速增长的趋势(如图 4-6 所示),2022 年知识付费市场规模达 1126.5 亿元,用户规模达 5.3 亿人。随着知识付费市场规模的不断扩张,分答、得到、知乎、喜马拉雅、豆瓣、网易云课堂、小鹅通等专业的知识付费平台崭露头角(刘永超,2022)。

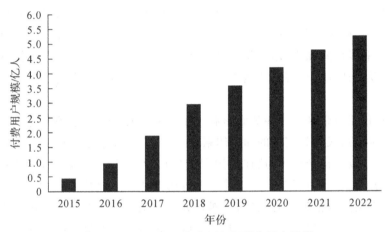

图 4-6　2015—2022 年中国知识付费用户规模

数据来源:艾媒未来教育研究中心.艾媒咨询|2023 年中国知识付费行业现况及发展前景报告[R/OL].(2023-03-27)[2024-04-06]. https://baijiahao. baidu. com/s? id = 1761512948012384046&wfr = spider&for = pc.

周涛与李圆洁(2022)对腾讯课堂的课程进行分析,发现感知有用性、社会认同、功能风险对在职学习者的付费行为有显著影响,课程和机构的好评率越高,机构开课总数越多,机构累计学生数越多,在职学生的付费行为越多。而经济风险对付费行为有显著负向影响,课程的价格越高,在职学生的付费行为越少,课程是否可以试听和试看也会影响在职学生的付费行为。

对于付费内容的选择,学习者的偏好主要体现在对自己的工作和学习带来更大收益的"功利性"知识的需求上(徐敬宏等,2018)。在笔者的一次访谈中,一位在 IT 行业工作了 5 年的科技人员表示:"我选择学习的内容一般都是与自己工作领域相关的。如果在工作中遇到问题,或者认为这个问题很重要,就会进行拓展学习。"(20220527JYN)《中国青年网民社会心态调查报告(2022)》基于青年网民聚集的新浪微博平台和哔哩哔哩平台展开大数据分析,发现在付费类课程中,科学科普(量子力学、宇宙学、脑科学等)、人文历史(唐诗宋词、文学理论、中国通史等)、社科法律(心理学、法学、现代设计等)、财经商业类(经济学、财务学、金融学等)课程的付费率最高(复旦大学传播与国家治理研究中心,2023)。

四、数字教育对在职学习者的影响

1.成人在线教育的影响

研究发现,成人在线教育能够给学习者带来可观的经济回报,对处于弱势地位的劳动者(如农村、西部地区和女性劳动者)收入提升作用更为明显,在非公共部门的劳动者获得的教育收益高于在公共部门的劳动者所获得的教育收益,入学年龄较小的学生群体能够获得更大的收益(李锋亮和王亮,2020)。

2.知识付费的影响

知识付费能够为学习者高效地筛选知识,提供更个性化的知识服务(徐敬宏等,2018)。很多知识付费服务同时给学习者提供了社交平台,支持学习者创建信息,开展正式和非正式交流,解决问题,分享研究结果,以及批判性讨论和评价他们的协作,促进学习者共同创建和发展新知识,培养学习者使用媒体创建和分享新观点和信息、批判性和深度思考,以及创造性表达观点的能力,激发学习者参与到学习和解决问题之中(布拉斯科等,2020)。

然而知识付费也带来了一些负面影响。知识付费的内容过于碎片化,内容较短且知识相对单一,难以形成较为完整的知识体系,对于知识的展示也往往浮于表面,难以深度挖掘知识背后的复杂机制机理,这样的知识积累让学习者空有"收获颇丰"的错觉,从而沉浸在虚幻的满足中。由于知识是经过知识传播者"嚼碎嚼烂"之后"喂"给学习者的,长此以往,学习者会过分依赖内容的输出,被动地接受知识,无法形成独立思考的习惯,失去深度思考的能力。卡尔(2010)在他的《浅薄:互联网如何毒化了我们的大脑》一书中指出,数字化阅读会降低我们认知和记忆信息的能力,阻碍我们进行深度学习和深入思考。卡尔认为,数字阅读会令大脑中与记忆功能相关的神经通路变得更弱。互联网的多任务操作也损害了我们深入思考和创新思考的能力。此外,大量频繁更新的课程材料还会导致知识消化不良(Baggaley,2014)。

学习者在网络上进行学习所留下的痕迹被实时记录与保存,学习者处在福柯所描述的"全景敞式监狱"中,看上去是学习者"自由"地选择了自己的学习内容,而实际上,知识付费产品背后的算法会根据学习者的兴趣、阅读和观看的习惯进行推送,学习者被困在了由自身兴趣和大数据共同编织的"知识茧房"中。

知识付费的商业宣传制造了知识焦虑和信息恐慌(刘永超,2022)。越来越多被知识焦虑和信息恐慌裹挟的学习者趋向于以一种功利化的方式去思考与理解学习,对知识的学习看似以"自我发展"为主,实则是对丰厚经济回报的觊觎。在知识付费的学习中,很多学习者不断地追求知识学习的数量,往往只看到依托媒介所传达出的浅层知识,却很难透过媒介进一步领会浅层知识背后的内涵、意义与深意。学习者看似受"内在需求"驱使,实则是以外在需求为主导的"伪内在需求"(马晓斐,2022)。

第六节　老年学习者与数字教育

老年学习者是指老年群体中的学习者。在国际上老年人的年龄一般处于 65 周岁以上。在中国，因为退休年龄较早，一般女性在 55 周岁以上，男性在 60 周岁以上。本节将对老年学习者及针对其设计的数字教育的特点，其数字教育的使用情况，以及数字教育对其的影响进行分析。

一、老年学习者的特点

在埃里克森的心理社会发展理论中，老年学习者主要对应老年期，需要解决的心理社会发展问题是通过理解个人在整个生命周期中的地位理解自己的生活及生命的意义。

老年学习者处于生命历程的最后阶段，生理机能衰退、认知功能下降、社会适应能力降低，在学习方面接受新知识和新技术的速度较年轻人缓慢。老年学习者对职业生涯没有更多的追求，而由于衰老和疾病风险增加，老年学习者更关注与健康有关的问题，渴望获得健康的生活方式和社会环境，以延长身体寿命、培养健全的积极心态、提高生活满意度、增强主观幸福感（董香君，2020）。老年学习者的学习有其特殊性，一方面有强烈的学习需求和充裕的学习时间，另一方面又容易出于家庭原因或个人健康原因中断学业（王柱国和徐锦培，2020）。

二、老年学习者数字教育的特点

针对老年学习者的数字教育主要集中在生活健康、人文艺术、智能手机应用等方面。如我国老年大学首批推出的 10 门线上精品课程涵盖了智能手机运用、传统文化、法律、健身、艺术等方面的内容。2019 年 5 月成立的云南老年开放大学开设了文学素养、运动健康、舞蹈、音乐、书画摄影、生活技能 6 个专业类别，设有形体与舞蹈、民族舞、时装表演、声乐、钢琴、古筝、书法、国画、传统太极等 22 门课程（王柱国和徐锦培，2020）。

目前，给老年学习者提供数字教育服务的机构主要有三大类：第一类是公益性质的老年大学，第二类是社会组织提供的公益平台，第三类是商业化性质的数字教育平台。公益性质的老年大学主要以社区为依托，以国家财政为主要经费来源，结合线下活动开展教学。如，我国 2023 年 3 月 3 日正式挂牌的国家老年大学，汇聚了 40.7 万门总计 397.3 万分钟老年教育课程资源，在基层设立超过 5.5 万个老年教育学习点（新华社，2023），为老年学习者提供学习服务。社会组织提供的公益平台主要由社会公益组织针对老年学习者的需求提供专项服务，如：Cyber-Seniors 项目通过志愿者给老年学习者提供技术指导和网络研讨活动，减少其孤独感；挪威开展的 Grandma on Web 项目，旨在帮助老年学习者掌握信息通信和技术（ICT）。商业化性质的数字教育平台起源于老年文娱活动。2013 年由于老年广场舞的火爆，糖豆网开始与大量健身达人合作，制作广场舞健身教学节目。随着老年互联网用户的增加和智能手机的普及①,老年教育也快速增长,内容主要包括艺术、医疗健康、兴趣类课程(龚先念,2020)。

三、老年学习者数字教育使用情况

随着老龄人口比重的增加,老年学习者的数量呈日益增长的态势。王柱国和徐锦培(2020)统计了日本放送大学②远程教育的招生情况后发现,从 2010 年至 2019 年,放送大学的招生数量在整体上呈下降趋势,而老年学习者数量和比例则呈上升趋势。在我国,参与老年数字教育的人数也在逐渐增加。《中国老年文娱产业发展报告(2020)》预计到2050 年,中国老年教育市场规模将超千亿元(中国建银投资有限责任公司投资研究院等,2020)。2020 年初,疫情中断了老年大学的课堂教学活动之后,远程老年教育机构迅速承担了所有老年教育教学活动,其后,线上、线下教学相辅相成,构成老年教育生机勃勃的新生态;同时,全国电大系统自上而下正式更名,加挂"老年开放大学"牌子进行正规老年教学活动,远程老年教育进入新阶段(深圳市长青老龄大学,2021)。2022 年,上海市教委联合市民政局、市老龄办共同开展了老年数字教育进社区行动,动员全市近万名社区教育、老年教育专兼职教师,招募助学志愿者 5 万多名,深入社区教授老年人各类智能设备和手机应用方法。截至 2023 年初,本次行动居村委覆盖率达到 99.51%,组织区、街镇、居村委等不同层次的活动近 12000 场次,配送各类学习资源超过 10 万件,线上、线下参与数字学习的社区老年人数量超 107 万。

目前,总体而言老年教育的信息化水平并不高,信息化设备不足,缺乏完善的技术支持(王思瑶和马秀峰,2022),各地区、各机构的老年教育信息化水平参差不齐(沈光辉等,2022),信息技术应用水平难以支撑老年大学在线学习的常态化(许玲和张伟远,2022),大量与老年教育业务相关的数据也还未实现电子化留存,数据资源的积累程度有限(沈光辉等,2022)。在这样的情况下,老年人通过网络接受教育的比例并不高。目前,在线学习的大多是那些经济宽裕、思想先进且年龄相对较小的老年人(王柱国和徐锦培,2020)。

四、数字教育对老年学习者的影响

数字教育给老年学习者带来了很多积极的影响。数字教育能够帮助老年学习者更好地使用数字设备,获取信息,提高自己的文化素养,扩大视野,增加知识储备,更好地融入数字社会。此外,数字教育可以增强大脑的控制决策和复杂推理的神经回路中大脑的反应能力(Small et al.,2009),增强记忆力,提高注意力,减少疲劳感,减缓老年学习者认知能力的下降(Kurita et al.,2021)。数字教育还可以促进老年学习者的社会交往,提高老年学习者的自我价值感,培养健全的积极心态,提高生活满意度,增强主观幸福感(王

---

① 皮库数据《中国老年文娱产业发展报告(2020)》显示,截至 2018 年底,中老年人群的智能手机普及率已经接近 100%。

② 日本基于电视、广播和网络技术开展学习的远程教育大学。

柱国和徐锦培,2020)。在家庭内部,数字教育对于祖代数字反哺有积极的促进作用,也增加了家庭的互动和凝聚力。

然而,数字教育也可能给老年学习者带来一些负面影响。由于缺乏数字技能和经验,老年学习者在学习和使用复杂的数字技术时容易遇到自己无法解决的技术难题,会担心自己的错误操作引发不良的后果等,这些负面的经历和情绪会带来挫败和沮丧,使他们不敢主动尝试新技术,最终形成技术恐惧症(汪斌,2024)。大量的信息和资源会使一些老年学习者感到信息过载,从而引发信息焦虑和困惑。受数字素养的制约,老年学习者在使用数字教育工具时,容易受到网络诈骗等安全威胁。此外,如果长时间使用电子设备会对老年学习者的眼睛和颈部造成压力,导致眼睛疲劳、颈部疼痛等问题。过度使用和依赖电子设备,会减少老年学习者的身体活动,导致老年学习者与现实生活中的社交活动脱节,影响身心健康。

第七节　ChatGPT 对学习者的影响

ChatGPT 的到来,是以学习者主动使用为突破点"入侵"教育,并逐渐引发教育体系的全面革新。ChatGPT 首先向学习者展示了其在教育方面的强大功能,这种"用户"导向的做法,无疑成为其进军教育领域的"利器"(陆道坤和李淑婷,2024)。简要地说,对于学习者而言,ChatGPT 主要带来了以下影响。

一、为学习者提供重要的学习支持

首先,ChatGPT 通过有针对性地提供学习资源,可以指导学习者进行自主学习,获得必要的知识和技能。ChatGPT 为学习者提供个性化的学习指导、开发自动评估项目与评价,并提供有效反馈,从而促进学习者的理解,确保学习的效果。已有研究表明,ChatGPT 及其衍生产品在个性化的学习指导方面具有一定的有效性,能进一步改善学习效果(Rawas,2024)。其对话功能可以及时纠正学习者的错误理解,并提供符合不同年龄段学习者知识理解水平的、为他们量身定制的解释。Surameery 和 Shakor(2023)研究了基于 ChatGPT 的智能辅导系统对编程教学的有效性。Sallam(2023)调查了 ChatGPT 在医学教育中的使用,并证明了其在增加学习者的知识和促进理解方面的有效性。

其次,ChatGPT 能在教与学中扮演数字导师角色,锻炼学习者多方面的技能。例如,在英语课程中,可以将 ChatGPT 作为对话伙伴,来练习学习者的口语、听力、阅读和写作技能,鼓励学习者参与讨论,从而加深学习印象;在历史课堂中,ChatGPT 可以针对一个历史主题,从不同角度为学习者提供相关材料,从而帮助学习者更加开拓性地思考与讨论;在写作方面,ChatGPT 能通过写作提示鼓励学习者更加深入地写作,提升其批判性思维;在辅助编程方面,ChatGPT 可以为学习者自动生成所需代码,促进学习者将精力聚焦于更具有创造性的想法上。由此可见,ChatGPT 能自动化辅助学习者完成多项任务。

再次,ChatGPT 可以结合不同的教学方式,如基于游戏的教学、基于项目的教学等,为学习者提供一些非常独特的范例,增加学习的趣味性,提高学习的投入度和体验感,提升学习的效果。例如,Ng 等(2024)在对学生使用类 ChatGPT 产品 Nemobot 学习科学知识进行研究时发现,Nemobot 能有效地为学生提供不同教学方法(例如,翻转课堂和游戏化),使学生获得积极的学习体验。ChatGPT 能够将学习者创作的故事重新组合成童谣、连续剧、儿童读物,潜移默化地在学习者创作的简短故事中添加其所想要增加的元素,例如机器人、随机角色等,从而构建出更丰富的故事,帮助学习者将写作内容描绘得更加生动和有趣;此外,ChatGPT 能使学习者认识不同的写作体裁与风格,以一种有趣的方式来帮助学习者克服写作时的畏惧感(王佑镁等,2023)。

最后,ChatGPT 能够激发学习者的思维能力和创造力,提升学习者的思考深度和广度,有助于学习者形成独立思考的能力。学习者可以通过 ChatGPT 得到丰富的学习资源,了解不同的信息和观点,从而有更多的机会对自己的知识体系查漏补缺,对自我的偏见进行质疑和思考,形成独到见解。这种开放、自由、包容、安全的人工智能学习环境,能够促使学习者进行新的尝试和新的探索,并推动学习者逆向思维、求异思维等创造性思维的生成。在 GPT-4 推出的同时,可汗学院宣布将在其开发的教育人工智能助手 Khanmigo 中引入 GPT-4 的技术以辅助学生解决问题(Sal Khan,2023)。Khanmigo 并不直接提供问题的答案,而是通过生成启发性的问题和对话来引导学生寻找答案,引导学生自己找出问题的答案,从而促进学生思考知识的本质与规律。

二、改变学习者对知识的体验方式

首先,对于一些在常规教学中受时空限制无法真正"看到"事物的知识,学习者往往只能依靠抽象的文字和机械的背诵进行理解记忆,难以获得对这些对象更为深入而有效的认识。ChatGPT 与其他互联网资源、人工智能技术结合,通过图片、视频、演示文稿、代码、网站或者其他更加复杂的功能进行展示,能够帮助学习者加深对不同事物的直观感受。ChatGPT 可以为学习者提供沉浸式的学习体验,以增强学习者的学习兴趣和参与度。例如,在进行英语对话练习时,可以在输入提示中为 ChatGPT 设定具体的对话场景,并要求 ChatGPT 扮演在该场景下的对话角色。如设置预订酒店的对话场景,让ChatGPT 扮演服务生的角色进行对话。配合语音对话功能插件,学习者可以使用英语与 ChatGPT 扮演的服务生进行互动,并即时接收反馈和纠正,从而提高学习者的语言表达能力和沟通技巧。这种沉浸式的学习体验将让学习者更加享受学习的过程,并在学习中获得更多的实践经验和技能。此外,当学习者分析自己感兴趣的问题并提出解决问题的方案和策略时,ChatGPT 不仅可以通过使用算法推断出相应的结论是否正确,还可以使用虚拟条件来模拟和评估这些方案和策略,以此帮助学习者验证问题解决的可行性。

其次,对于需要通过身体在社会实践的参与中直接获得的经验,ChatGPT 等数字化技术可能会减弱学习者的具身化经验。生活经验往往是人们通过过滤、整合信息和拼接事件来完成认识的整体性构成。而学习者在与 ChatGPT 的互动中获得的数字化经验是经过处理的二次材料,难以还原现实世界中相互交融的多模态信息。实践部分由技术代劳,可能会导致身体机能的退化以及生活经验的隐退。学习者在对 ChatGPT 的长期依赖下,日常生活被安置于技术的量化中。这种技术量化代替现实世界的直接参与,遮蔽了社会实践的复杂性与情境性。由此,学习者便失去了与客观世界和外部事物直接接触的机会,人的身体被技术从社会场景中抽离,认知和实践面临断裂风险(冯雨奂,2023)。通过 ChatGPT 唾手可得的知识不仅会使学习者逐步丧失能够进行深层思考的高阶思维,而且学习者可能会与人工智能一起陷入世界旁观者的陷阱。当知识与内涵、价值、意义不再挂钩,当学习者舍弃对知识的思考、领会、运用后,知识便成为僵硬的存在(曹辉和赵梓含,2023)。

再次,在与 ChatGPT 进行互动的学习体验中,学习者面临的一个问题是缺乏人际互动。虽然 ChatGPT 可以提供个性化的学习和反馈,但它不能取代学习过程中的人类互动(Rawas,2024)。在缺乏人际互动的情况下,合作学习、情感互动和社会交往的机会可能会受到限制,而这些都是学习经验的重要组成部分。人与人之间的沟通交流与情感互动被"去身体化"的符号取代,学习共同体或由人与人转向人与机,虚拟空间中对话的主动权和解释权交由 GPT 掌控,具身化体验的丧失最终将导致认知与实践的断裂。

最后,ChatGPT 会影响教育中的价值观念传递。现实的师生交往、生生交往绝不仅限于知识的互动,而是包含了双方价值观与世界观的交换、精神世界的碰撞等诸多层面的交往。在这一过程中,学习者的世界观不断破碎、重塑,呈现出动态性和未完成性的特征。而 ChatGPT 则将这一过程舍去,长此以往,学习者将沉浸在自己的虚拟世界之中,成为"数字海洋"中的孤岛和"数字牢笼"中的囚徒。此外,在 ChatGPT 训练的语料大数据中,可能会混入一些负面、消极、扭曲、暴力、偏激、歧视的信息,加上算法的偏见,会给"三观"尚未成熟的学习者植入不良的价值观念,改变其情感认知、伦理行为和整体行为的走向,最终成为社会的隐性危害。

三、对学习者能力提出更高的要求

第一,ChatGPT 对学习者的数字素养提出了更高的要求。在与 ChatGPT 的对话中,想要得到更优化的知识就需要学习者在人机对话中提供正确的提示,并提供准确的细节,这就需要学习者具备定义问题并提出合适问题的能力。另外,由于 ChatGPT 的核心机制是机器学习深耕大数据,而大数据又总是具有局限性,在数据不足等情况下必定会出现"一本正经地胡说八道"。"ChatGPT 和其他大型语言模型生成的文本虽然令人信服,但经常存在错误,因此它们的使用可能会扭曲科学事实并传播错误信息。"(van Dis et al.,2023)。而且,ChatGPT 和其他生成式人工智能系统一样可能会存在偏见,甚至发表带有歧视和侮辱的言论,并引发一系列伦理问题。ChatGPT 输出结果的准确性和真实性问题既可能无意产生误导,也可能被人故意利用,有意造成误导。随着 ChatGPT 的发展,人类发展的环境会在进化的同时相应复杂化。这意味着在 ChatGPT 为人类提供前所未有发展条件的基础上,人必须有更强的能力甚至更高的智慧才能对其加以合理利用。这就需要学习者具备对信息的敏感度和对信息价值的判断力,包括感知意识、应用意识、甄别意识、安全意识等。

第二,ChatGPT 对学习者的自我管理能力提出了更高的要求。尽管 ChatGPT 可以给学习者提供自然语言的互动,但是这种互动是被动的,缺乏自主响应和提醒功能。因此学习者需要主动提出自己的需求。此外,ChatGPT 在提供万能百科全书的同时似乎也呈现了一份唾手可得的"标准"答案库,这使得学习者在享受知识便利的同时,减少了直接参与思考的机会。长期"投喂式"的信息获取模式会在潜移默化中侵蚀学习者学习的主动性与好奇心,使其更习惯于被动接受,逐渐放弃自主的探索、思考、求证、总结,在无意识中让渡自身的真实性与能动性(邱燕楠和李政涛,2023)。因此,在面对技术可能弱化思维、异化教育的风险时,学习者应成为自我的教育者,将自我建构、人格发展当成自我教育的重要使命。

四、导致学习者主体地位发生异化

第一,ChatGPT 可能存在技术"算法"控制教育过程的风险。它将网络文本数据中海量内容筛选后精准"投喂"给学习者,在 ChatGPT 构建的"信息茧房"中,学习者无法接触到被过滤掉的信息,潜移默化之下,学习者的思想、行为和价值观念将受到人工智能的规训和塑造。人的内涵也好似被重新定义,成为附属于人工智能的延伸客体(曹辉和赵梓含,2023)。

第二,ChatGPT 在分析学习者信息与评价学习结果时,将复杂多样的学习者个体特征简化为一般性的学习数据,学习者异化为"可计算的人"。同时,对人进行全面跟踪与精准量化,人类的身体在虚拟空间中被数据化为可分离和重组的"数字化元件",个性化的身体特质成为可以随意复制、挪用与结合的"伪造物",其行为、活动、身体状态以多种维度映射在虚拟世界中,生成不同表现形式的"虚拟身体",不断"蚕食"着人的身体认同感与身份认同感。此外,师生主体间的双向互动被技术阻隔,异化为教师与学习者数据、学习者与虚拟导师间的单向互动。

第五章　数字教育中的学校组织

在数字教育实践活动中除了教育者和学习者之外,教育组织也成为一个重要的行动主体。学校组织作为传统的教育组织,在数字技术的加持下进行了数字化变革。本章将从数字教育创新的角度对学校组织的数字化变革进行分析。

第一节　数字教育创新中的学校组织

在数字教育中,教育的组织已从学校扩展到商业化、社会组织和公共服务的数字教育平台。而在学校组织的内部,由于数字技术的嵌入,学校组织结构、管理、目标及与其他组织的关系等也发生了变化。

一、学校组织的特点

学校组织是社会专为实施有组织、有目的、有计划的教育而创办的一种特殊的、正式的规范性社会组织(许菊方,2014)。在传统学校场域中,在工业社会批量生产的目标导向下,以效率为先的竞争逻辑成为教育的主要运行逻辑,以特定权力的施用和服从实现精密管理的科层制是传统学校场域中社会行动者之间客观关系的反映(刘晓琳和张立国,2021)。美国学者罗伯特·欧文斯(Robert Owens)认为,学校组织既具有松散结合特征,又具有科层制特征(徐瑞和刘慧珍,2010)。学校组织以学科为基础,学科之间彼此独立(徐瑞和刘慧珍,2010),教师与学生都是鲜活的个体,教师的学识、专业化程度、个性特征,学生的能力、知识储备、学习风格、接受程度、个性特征等均会在很大程度上影响教学的速度和质量,因此,学校管理层对教师的教学工作很难进行统一要求。而从行政管理上,学校组织结构自上而下呈现出金字塔式的管理模式(张磊,2013),上下级之间有明确的分工和权力等级关系,有学校管理的各项规章制度,强调自上而下的控制(许菊方,2014)。具体表现在,教育行政部门向学校高级管理层发送指令,学校高级管理层将指令下达到中层,由中层落实到教师层,教师落实到学生层面,这种层层落实使得学校各级带有较强的行政色彩(周举坤,2011)。

吴康宁(1996)采用帕森斯提出的五种模式变项对学校组织进行分析,并指出学校组织具有普遍主义(universalism)、成就本位(achievement)、情感抑制(affective-neutrality)、专限性(specificity)和集体取向(collectivity-orientation)的特征。学校组织的普遍主义表现在学校的教育内容所依据的是能够反映自然和社会规律的"普遍性"很强的科学知识体系,学生所处的环境具有"群学"和"共享"的特点,学校中交往的语言是官方认定的语言,学校所认可的文化是一种"普遍性"很强的文化。学校组织的成就本位体现在学校以学生所获得的成绩作为学生评价的关键指标。情感抑制及集体取向由普遍主义衍生而来,专限性由成就本位衍生而来。

在数字技术的渗透下,学校越来越依赖大量平台、应用程序和软件系统来履行行政和教学职责(Pangrazio et al.,2023)。学校组织内部的结构由原来科层体制中的上下级单线式沟通逐步向网络化发展(王海英,2006)。组织发布的信息和组织内部人员的信息和联系方式等都储存在网络中,信息的流通借助网络媒介在各个层级之间以及在同一层级顺畅流动。这种校内网络化发展形成的团队获得了更多的决策权,分解和弱化了连接学校组织上层和基层之间的各个职能部门的功能,从而形成一个中间层弱化的组织结构(王海英,2006)。除了组织内的结构网络化之外,各个学校组织之间借助数字技术进行联合办学,如多校的合作办学或虚拟网络学校等(王海英,2006),或者成立共享联盟,共享教学资源,从而形成校际联合。

 案例 5-1

高校课程共享联盟[①]

2013年,北京大学牵头与国内60余所高校成立了东西部高校课程共享联盟并推出了智慧树平台。截止到2020年1月,全国超2200所高校的4600万学子选修了东西部高校课程共享联盟的课程并获得学分。

在教学结构上,学校组织由原来的松散型逐步向团队型发展。在传统的教学模式下,教师更多的是"单打独斗",彼此之间的沟通和交流比较有限。数字技术给教师提供了更多合作的可能和沟通的渠道。教学资源的共享、课程的数字共建、线上的课堂观摩等打破了传统封闭的课堂教学空间,实现了真正的共享共建。对课程的信息化与数字化的要求也促使教师建立合作型团队以解决在数字化教学中遇到的诸多问题。

二、学校数字化使用

从制度的角度来看,学校的组织和管理依赖于大规模的"学习管理系统"和其他平台。大多数学校的流程和程序现在都涉及某种形式的数字技术(Selwyn et al.,2020)。在数字化背景下,对教学行为与成果进行客观量化,并进行实时跟踪、监测和预测分析成为教育组织管理的新范式(Williamson,2015)。在学校数字化过程中,教育组织的行政管理、教学管理、教务管理、学生工作管理、服务体系等方面的信息化、数据化成为教育管理的重要途径。

---

① 该案例来自王辞晓,等.高校在线教育的发展脉络、应用现状及转型机遇[J].现代教育技术,2020,30(8):5-14.

学校数字化依赖于数字化基础设施的建设。在我国"三通两平台"的建设过程中,学校的数字化基础设施建设取得了较大的进展。据《数字中国发展报告(2021年)》,截至2021年,我国中小学已全部实现联网,我国搭建无线网络的学校数量超过21万所,86.2%的学校实现了多媒体教学设备全覆盖。教育部(2021)发布的《中国教育概况——2020年全国教育事业发展情况》指出,小学与初中建立校园网学校的比例分别为70.4%和77.4%。普通高校校均上网课程428门,比上年增加167门,增长63.9%。其中,本科院校校均上网课程598门,比上年增加256门,增长75.0%;高职(专科)院校校均上网课程280门,比上年增加91门,增长48.2%。

学校管理者、教师与学生的思维习惯、主观性、社会实践、信息素养等均会影响学校数字化的使用。郭玉娟等(2020)在对河南省H县的学校管理者进行调查时发现,不同类别学校的管理者在促进在线教学和使用意愿上存在显著性差异,城镇学校管理者的促成条件和使用意愿最强,均大于农村学校和教学点。学校前期教育信息化应用得越好,未来使用意愿就越强烈。

三、学校的数字评价

学校的数字化为学校组织衡量教师的教学科研和学生的学习成果提供了标准的、可量化的、实时的指标。教育治理过程越来越依赖于学生信息系统和教学管理系统中存储的数据(Williamson & Eynon,2020)和可计算的"研究成果"(维尔蒙等,2018)。

除了在学校组织内部对教师与学生进行数字化评价,学校本身也被数字化衡量。新自由主义认为,像学校这类开放集体拥有的资源,需要市场来调节以提高效率,因此,要对学校进行排名,并将这些排名变为有价值的信息提供给消费者(主要是家长),同时,淘汰那些不那么成功的学校来提高教育的水平(Davies et al.,2017)。家长通常依赖网站来获取学校质量和与孩子"契合"的信号——在某些情况下,网站信息比考试分数更能影响家长对学校质量的感知(Haber,2021)。因此,确保所有学生取得良好的成绩对学校的生存和发展至关重要。Davies等(2017)对英国的学校进行分析发现,受新自由主义的影响,英国每年在报纸(及其网站)上公布的排行榜、监察局网站、政府教育和技能部网站上公布的数据都会公开每所学校的成绩。如果学校未能证明其学生正在取得进步,或者无法达到规定的出勤率或开除目标,则会受到纪律检查以及一系列干预和制裁,甚至被关闭。很多组织和机构也参与到对学校进行数字化评估的行列。学校和大学的排名表和全球标准化测试,为大众提供了直观的数字化评估。然而,这些排名和测试通常基于一些定量指标和声誉评估,而不是系统和全面的比较,却成为许多学校发展的风向标。

第二节　数字校园的建设

数字校园的概念最早源自20世纪70年代美国麻省理工学院提出的"E-campus 计

划"(黄荣怀,2009;黄荣怀等,2012)。1990 年,美国克莱蒙特大学教授凯尼斯·格林 (Kenneth Green)发起了"数字校园计划"(Campus Computing Project),对美国高等教育中信息技术的作用进行了持续研究①。从 1999 年开始,我国陆续有一些意识超前的中小学开始数字校园建设(蔡立德等,1999;黄荣怀,2009)。很多企业也推出了与数字校园有关的产品和解决方案。从 2018 年至 2021 年,教育部先后发布了中小学、职业院校和高等学校的数字校园建设规范。

一、数字校园的概念界定

目前,对数字校园的概念和内涵界定存在很大差异(赵兴龙和黄天元,2021)。有研究者分别从平台、空间、环境、过程等角度对数字校园的概念进行了界定(黄荣怀等,2012)。胡钦太等(2014)指出,数字校园的内涵是通过学校信息资源整合和信息应用集成,构建基于统一标准、各类信息充分共享和流通的学校统一数字平台。沈培华等(2002)认为,数字校园是以网络为基础,利用先进的信息化手段和工具,实现从环境(包括设备、教室等)、资源(如图书、讲义、课件等)到活动(包括教、学、管理、服务、办公等)的全部数字化,在传统校园的基础上,构建一个数字空间,拓展现实校园的时间和空间维度,提升传统校园的效率,扩展传统校园的功能,最终实现教育过程的全面信息化,从而达到提高教学质量、科研和管理水平的目的。黄荣怀(2009)认为,数字校园是为了有效支持学生学习,创新和转变教学方式,以面向服务为基本理念而构建的数字化资源丰富的、多种应用系统集成的、相关业务高度整合的校园信息化环境;其宗旨是拓展学校的校园时空维度,丰富校园文化,并优化教学、教研、管理和服务等过程。蔡苏和黄荣怀(2009)认为数字校园是一种依托现实校园而存在的以网络为基础的平台,通过数字化环境的支撑,实现从环境、资源到活动的数字化,辅助完成校园活动的全部过程。

笔者认为,数字校园不仅仅是一个数字化的平台,也不仅仅是一个数字化的空间,而是一个具备平台功能的、融合了物理空间和数字空间的复合空间。它的构建基础是物理校园空间,在这个物理校园空间中,嵌入了数字基础设施、数字软硬件设备和数字技术,为校园内的管理者、教师、学生提供教学、科研、管理、后勤等各项服务,为校园外的管理部门、企业、家长等利益相关者提供与校园互动的平台。数字校园的建设是伴随着技术应用的变化不断发展的过程。随着"数字"朝着"数智"方向发展,数字校园建设也越来越注重更高形态的智能校园和智慧校园的建设。

二、数字校园的建设目标

从整体上看,数字校园建设达成的基础目标有两个:一是数字化,二是互联互通(赵兴龙和黄天元,2021)。中小学、职业院校、高等院校由于在组织形式、教学目标、管理体制等方面的不同,数字校园的建设内容也存在差别。

---

① 详见 Green K C. Campus Computing Project[EB/OL].[2021-10-22]. https://www.campuscomputing.net/.

中小学教育（特别是义务教育）是一种"规定性"教育（张虹波和申军霞，2009），主要的目的是帮助学生完成国家规定的课程，掌握适应社会的基本的技能，加上中小学生尚未成年，因而学校与家庭、社区及学校之间的互动较多。因此在数字校园的应用中比较重视规范性和统一性，以及家校沟通。由于学校内部机构编制相对简单，工作任务主要集中在教学、管理与服务方面，同时中小学校一般缺少专业的信息技术建设、管理及维护队伍，教师的信息素养也有待提升（张虹波和申军霞，2009）。教育部2018年公布的《中小学数字校园建设规范（试行）》指出，中小学的数字校园建设内容包括用户信息素养、信息化应用、基础设施、网络安全和保障机制，目标是实现校园环境数字化、信息系统互联互通、用户信息素养提升和学习方式与教育教学模式创新。

职业教育的主要目标是为社会输送高质量的技术技能人才和高素质劳动者（姚树伟和谷峪，2014），更加强调学生信息化能力的培养、学生培养与产业之间的融合，以及对外服务的拓展。教育部2020年6月16日颁布实施的《职业院校数字校园规范》指出，职业院校数字校园的建设目标是充分发挥信息技术的优势，促进信息技术与职业教育教学的深度融合，发展院校师生员工的信息技术职业素养，创新教育教学模式，提高教学质量，再造管理与服务流程，增强学校的治理能力，提升校园文化生活品质，拓展对外服务的范围，引领学校现代化发展，为职业院校培养高素质劳动者和技术技能人才提供信息化支撑和保障。

与中小学的数字校园建设相比，高等教育的数字校园建设涵盖的内容更加广泛，一般主要包括数字化学习（e-Learning）、数字化科研（e-Research）、数字化管理（e-Management）、数字化公共服务（e-Service）和数字化社区生活（e-Life）五块（张虹波和申军霞，2009），而家校沟通的功能在高等教育的数字校园建设中则被弱化。2021年教育部公布的《高等学校数字校园建设规范（试行）》中指出高等学校数字校园建设的总体目标是：围绕立德树人根本任务，结合业务需求，充分利用信息技术特别是智能技术，实现高等学校在信息化条件下育人方式的创新性探索、网络安全的体系化建设、信息资源的智能化联通、校园环境的数字化改造、用户信息素养的适应性发展以及核心业务的数字化转型。

三、数字校园的建设模式

数字校园建设主要有三种模式：自主建设模式、区域统筹模式和校企合作模式（郭炯和杨丽勤，2019）。

1. 自主建设模式

自主建设模式是由学校利用自身的经费和技术开发能力进行数字校园建设。

采用自主建设模式的学校较少，主要是经费充裕、技术开发能力强的高校，其往往具有示范作用和辐射功能。例如清华大学在2010年设立了清华大学信息化领导小组，负责统领全校信息化工作。其计算机与信息管理中心（计算中心）建立了涵盖网上教学、科研、管理、服务的信息化平台，完成建设并投入运行近百个校级信息化应用系统，为清华大学的数字校园建设提供了重要的技术支持与服务。该中心在数字校园建设过程中提出的"数字校园""大学资源计划（URP）""信息化顶层设计""数字校园运行服务体系"等理念受到国内同行的高度认可。2012 年清华大学对电教中心、计算中心和网络中心进行合并,成立信息化技术中心,统一承担全校信息化建设、运维和服务。从 2013 年开始,清华大学将信息化建设经费和信息化设施运行维护费用分别纳入学校年度预算,实现经费投入常态化(教育部科学技术司,2018)。在清华大学信息系统的基础上研发的高校数字校园解决方案及其系列软件,如雨课堂等,在全国数百家高校甚至在中小学都有广泛的应用,推动了全国校园信息化的快速发展。辽宁警察学院自主研发的数字平台"全国公安教育训练网络学院平台"、数字化技术资源"视频图像智能分析和综合应用联合实验室"、数字化教学资源《公安部警务实战教学系列片》等在服务本校学生的同时也同样为全国的公安系统训练提供了支持(教育部科学技术司,2018)。

2. 区域统筹模式

区域统筹模式是将数字校园建设纳入区域信息化的整体规划,由区域统一部署,统筹规划建设(郭炯和杨丽勤,2019)。

采用区域统筹模式的主要是中小学,一般由当地的教育主管部门对本区域的数字校园进行整体的统筹规划,学校之间进行协同联合共建。有的地区将数字校园建设纳入政府工程(如沈阳市),将数字校园的建设与运行经费纳入年度常规运行预算,以确保服务的可持续运行(教育部科学技术司,2018)。

3. 校企合作模式

校企合作模式是采用学校与企业合作共建的方式进行数字校园建设,由学校向企业提出需求,企业根据学校的需求提供解决方案,或者学校根据需求直接购买数字校园的相关服务。

校企合作形式灵活,是目前采用最多的一种数字校园建设模式。在合作的过程中,企业承担了研发的成本,学校充当了试验田和应用者的角色。尤其对于经费不足的学校,校企合作探索了多种途径的解决方案。例如,广东省江门市第一中学景贤学校分别与科技企业、运营商和银行进行合作,获取外部的经费投入。学校与科技企业联合研发数码校园平台,因为应用情况良好,迅速被江门市教育局作为"江门市基础教育质量检测评价平台"在江门市广泛应用,从而降低了每套系统的平均研发成本。学校与移动和电信公司合作,开设"成长宝典"手机增值服务,开发智能校证手机 APP,帮助家长了解学生在校情况,由家长承担了部分数字校园建设的成本。学校与银行合作,将银行卡作为校园一卡通的载体,减少校园卡的制作和研发成本。通过多渠道合作,学校的自筹经费投入只占数字校园建设总投入的 20%(教育部科学技术司,2018)。在校企合作模式中,政府的牵头和搭台与学校组织的能动性都起到了重要的作用。例如辽宁石化职业技术学院借助创新政府、企业、学校三方投入的多元化投资方式,与企业共建共享资源,成功搭建了可以同时满足企业职工培训和学生实习实训需求的数字化学习与管理平台(教育部科学技术司,2018)。

四、数字校园的具体应用

数字校园的应用主要分布在教学、科研、行政三个方面。

数字校园在教学辅助和管理方面的应用主要如下。

1. 教参数字化应用

根据课程教学的需要,建设数字化教参,嵌入教师授课和学生学习过程,开展精准化专题资源服务。

案例 5-2

北京大学数字教参资料系统①

北京大学的数字教参系统由图书馆作为提供资源的主体,协同教务主管部门、教师和学生主体进行共建。主要的流程是教师为课程制定教参资料,教务主管部门收集教参资料元数据并提供给图书馆,图书馆根据元数据完成对应教参资料的数字化加工,尤其是纸质教参的数字化,教师和学生也同样可以根据课程需要动态添加教参。这些教参资料可为课程的教师和学生所使用。教师可以通过查看学生的浏览情况、读书笔记等掌握学生的学习情况。教务主管部门根据相关数据了解学科资源建设情况,进行学科评估。

2. 采用数字化手段获取学生的学习数据

采用数字化手段获取学生学习数据的途径包括:采用如"易班"等软件进行课堂签到,获取学生是否参加课堂学习的信息,并对旷课的学生进行点对点呼叫,提醒其参与课堂教学;通过智能设备采集学生的生理数据,判断其学习状态,进行个性化教育;建立学生的电子档案,对学生的学习数据进行追踪,为学生的学习路径及职业生涯规划提供指导依据。

案例 5-3

杭州市第十四中学数字彩虹工程②

杭州市第十四中学的数字彩虹工程建设始于 2012 年,通过数字"彩虹课堂"、数字化管理、多元"钻石评价"等实现学生的个性化教育。

数字"彩虹学堂"是基于微课的在线学习社区,课程包含高中三年所有学科内容近 60 个学科模块,难度分为基础课程、拓展课程、卓越课程三个层次以适应不

---

① 该案例来自张元俊,等."信息协同"视角下嵌入数字校园的高校图书馆数字教参服务——以北京大学数字教参资料系统为例[J].大学图书馆学报,2022,40(2):27-35.

② 该案例改编自教育部科学技术司.教育信息化优秀案例集(2017)[M].武汉:华中师范大学出版社,2018:262-265.

同能力水平的学生。学生作业采集、学情追踪反馈等系统能够：①帮助学生了解自己的薄弱环节，有针对性地进行查漏补缺；②帮助教师了解学生的掌握情况，及时调整自己的教学安排；③为学校教学管理部门制定政策提供依据；④为家长了解学生在校学习情况提供信息渠道。多元"钻石评价"根据学生在各方面的表现进行量化，帮助学生更好地认识自己，为学生的个性化教育和职业生涯发展提供有效的指导。

3.采用数字化手段获取教师的教学过程数据

采用数字化手段获取教师教学数据的途径包括：在教学平台获取教师的教学档案及教学资料，对教师的教学过程进行监督和管理；在教室中安装数字设备实时录制和共享教师课堂教学内容，供其他教师进行远程教学观摩。

案例 5-4

杭州电子科技大学教师教学发展中心①

杭州电子科技大学是一所以电子信息为特色的高等院校，学校向来重视数字化在校园中的引入，2020年学校被评为浙江省高校网络信息化建设先进单位，在数字校园管理方面进行过多方面的探索与实践。尤其是教师教学发展中心（简称"教发中心"），在采用现代信息技术手段重构教学环境、助推学校教学改革、提升教学质量方面作出了很多积极的贡献。

教师教学发展中心成立于2012年6月，主要负责教师教学能力的培养与提升工作，构建教学实践共同体。该中心在数字化方面主要采取的措施有：

一是利用网络平台为教师提供教研信息，提升教师的教研能力。2018年3月教师教学发展中心创建"杭电教发中心"公众号，发布教师培训、学术沙龙、教学观摩、教学讲座、数字教学技能提升等方面的信息。这些活动的内容重点集中在教师信息化教学能力的提升方面。

二是利用智慧教室、网络教学平台开展教师教学培训。学校建设有分组讨论式精品互动录播教室、通用型桌椅可组合式智慧教室、多功能型智慧教室等不同类型的智慧教室，这些教室可以实现分组讨论、课程录制、屏幕共享、钉钉直播等教学功能。利用这些智慧教室，学校开展了线上教学观摩，对教学名师的课堂进行在线直播，突破了传统观摩教学的空间限制和观察角度的限制，展现了原汁原味的真实课堂。

同时教发中心还引入校外教学资源，利用超星平台、钉钉、腾讯课堂等教学平台，邀请校外的名师分享教学经验，提高教师的教研能力，并将教师参加的校内外培

---

① 该案例来自杭电教发中心.教学质量监测与评估中心（教师教学发展中心）[EB/OL].[2023-04-21].http://teacher.hdu.edu.cn/.

训学分纳入教师发展的评价体系,作为教师晋升的参考依据。

教师教学培训对教师的发展起到了重要的促进作用,在各项教学技能比赛中获得了优异的成绩,学校多次获教学技能比赛的优秀组织奖。

三是利用数字化手段对教学质量进行监测和评估。2019年5月,教发中心专门成立了教学质量与评估中心,主要负责学校教育教学质量保证体系建设和本科生教育质量管理工作。每年10月份,教发中心会组织协调各部门采集教学基本状态数据,并通过数据采集系统进行汇总,在此基础上对数据进行分析和总结,为学校的决策与发展提供重要参考。

4. 采用数字化手段对教师的教学效果进行衡量

学校除了根据教学督导的随堂听课、学生的成绩等传统的方法对教师进行评价,还要求学生对教师的教学效果及满意感进行评价。这些评价以数字化的方式呈现,并通过网络更加及时和透明地反馈给教师。同时,学校根据这些数据可以对教师进行横向和纵向比较,为评估教师的教学能力和教学效果、为教师制定培训和成长计划提供参考。

然而,数字化的评价,尤其是学生对教师的评价也带来了一些问题。教育是一个长期目标,是一个细水长流、慢慢渗透的过程,而数字化衡量的反馈往往是即时或短期的反馈。教师为了获得较好的评分会放弃培养学生的品质、创造性等难以用数据衡量的教学目标,转向可用数据衡量的短期目标。研究发现通过学生评价老师的学评教政策带来了课程成绩与学评教分数的双重膨胀,导致教师和学生的关系发生异化,形成所谓的"合作"和"共谋"(哈巍和赵颖,2019)。学生对要求宽松的教师评分会比要求严格的教师评分更高,因此要求严格的教师往往迫于压力,为了获得学生"满意度"的高评分而简化学术内容,降低学业要求。这会促使学习者形成被动工具性态度,形成寻求"获得学位"而不是"成为学习者"的文化。尤其是那些将自己视为"教育服务消费者"的学生对学习投入更少,在创造自己的知识方面表现出较少的责任感,但是认为自己有权获得更高的分数(Bunce et al.,2017)。

学校在科研辅助与管理方面的数字化应用包括:为教师与学生提供数据库、最新研究进展、学术会议等信息,促进科研创新;对全校师生的科研状况进行汇总、分析、处理,对科研成果进行评估,并进行科研精准推送;促进科研团队的网络化聚合和科研论文的智慧协同协作。

学校在行政管理方面的数字化应用包括:利用数字化技术安排教学任务;通过数字化技术简化办公流程,加强沟通协作,提高学校日常管理的效率,降低运营成本;设置班级群、班级通信录、教学日程等,方便教师与学生之间的管理与沟通,解决了学校找人难、沟通难等问题;提高教师之间工作的交流、校区之间信息的上传下达、学校之间的信息传达速度和效率,加强教师之间、师生之间和组织之间的联系。

钉钉对学校组织的优化[①]

钉钉平台为学校组织提供了内部群、家校群、师生群与培训群。在钉钉平台上，学校组织建立的组织内部全员群可以同步学校组织的构架与员工名单，员工入职后自动加入钉钉群。在组织内部全员群中，可以很快找到同事和各部门领导、工作人员的工作电话和手机号码，也可以找到且可以隐藏指定高管的电话号码，避免信息泄露。此外，钉钉提供的电子化审批等功能可以帮助学校进行全面的校园管理，加强学校内部各部门之间的信息沟通和协作。在家校群、师生群与培训群中，钉钉提供了课程表、班级管理、在线课堂、通知、填表、成绩发布、打卡、请假等服务，便于教师与学生、家长之间的沟通。钉钉还提供了在线缴费、智能考勤、学生档案等功能，可以帮助家长更方便地进行学生管理和缴费操作。

第三节　学校数字化的挑战

在学校的数字化建设过程中，也出现了一些挑战，主要表现在有限的互操作性、资本的数字挤压和学生的数据隐私等问题上。

一、有限的互操作性

互操作性是指不同的信息系统、设备和应用程序在组织内和组织之间以协调方式连接，一起工作并共享信息的能力。学校数据基础设施和教育平台的建设为学校数字化管理提供了互操作性的基础。然而，学校数据基础设施和教育平台的使用总是与特定的实践相联系，是嵌入到教学和学习相关活动以及学校的日常运营中的。数据基础设施与教育平台的使用作为组织流程的一部分，需要与教育行为主体的行动相融合，以便适应现有的组织资源和实践（Pangrazio et al.，2023）。

由于很多数据基础设施和平台都是开发人员设计的，决定购买这些设施和平台的是学校的管理者，而使用者则主要是教学人员。这些利益相关者的感知需求存在差异。对于开发者而言，为了推销自己的产品，会更多地展示产品的酷炫功能，即使这些功能在教学实践中并不实用。同时，为了能够进行持续性地销售，开发者会采用商业化的营销策略促使学校相信更新的数据驱动系统会有更高的效率和优势。许多学校管理人员并不直接处理教学和学习数据，在购买系统时更多受到商业宣传的影响，因此他们更倾向于认为数据基础设施和教育平台与教学实践以相当无缝和直接的方式相互连接。而事实上，他们忽视了这样的一个事实，即学校内的数据基础设施和教育平台由多个数字和非

[①]　该案例来自笔者对钉钉APP的使用体验和功能探索。

数字系统组成,学校的数字化不仅在于软硬件的物质支持,还取决于使用这些数字设备和平台的人。对于教师而言,作为数字基础设施和教育平台的主要使用者,在教学的使用过程中,为了达到特定的教学效果,弥补设计和实践之间的裂缝,需要在不同的平台之间频繁地切换,以满足教学实践的需求。例如,目前在高校教学实践中使用频率很高的超星泛雅平台和清华大学设计的雨课堂在功能上各具优势。一些教师会在课堂中使用与 PPT 有效融合的雨课堂进行授课,开展实时的课堂互动,在课后采用超星泛雅平台给学生布置作业,掌握学生的学习情况,并对未完成作业的同学进行督促和提醒。学校一般只采购一种教育平台,并将学校的基础数据(如教务数据)与之进行对接。不同的平台之间由于商业竞争和技术锁定,数据之间往往无法进行共享和兼容,而迁移数据和服务配置需要大量的时间和精力成本。同样,在学校采购的数字基础设施和教育平台中,不断更新的系统也造成新旧系统之间的数据兼容问题。即使旧系统的数据迁移到新系统中,旧系统的数据也几乎"沉积"。这种有限的互操作性导致教师需要花大量的时间和精力采用人工操作的方式对不同平台之间产生的数据和新旧系统中的数据进行提取和使用,这使学校流程和教学实践变得更加复杂化。而教师并非决定购买数据基础设施和教育平台的最终决策者,教师对教学数据和平台的功能需求也得不到及时的反馈和回应,因此在教学实践中不得不进行将就和妥协。

二、资本的数字挤压

学校的数字基础设施和教育平台除了少数是学校自身独立研发的,其余大部分都来自学校外部的供应商。供应商采用的市场化通用设计导致很多学校在购买必需组件和功能的同时也购买了很多原本不需要的多余的组件和功能。同时,技术发展所带来的设备升级能够提高效率的话语体系使得学校不断增加成本用于数字设备和平台的维护和更新。在个性化教育、提升教育服务等话语的遮掩下,供应商不断获取、控制和使用用户(学校、教师、学生、家长等)的数据。用户在使用数字基础设施与数字教育平台的过程中无偿地付出了"数字劳动"(Bergviken-Rensfeldt et al., 2018),供应商获取这些数据之后,将其转化为有价值的信息,用以改进现有产品和服务,创建新的产品和服务,销售基于数据的产品,自动定制广告进行针对性营销,等等。数据的拥有者和控制者不再仅仅从事教育服务的销售,而是成为数字教育服务的"食利者"(rentier)(Komljenovic, 2021)。学校为获得数字产品和数字服务支付越来越多的"租赁"成本。最典型的例子是大学订阅电子出版物和数据库。在英国,2018 年罗素大学集团对学术期刊的平均订阅量为每年 400 万英镑,与 2014 年相比,成本在四年内增长了 19%。总体而言,英国大学在过去十年中花费了超过 10 亿英镑用于订阅学术期刊和其他出版物(Komljenovic, 2021)。对数据的所有权和控制权造成的数据垄断强化了定价的权利,挤压了用户的议价能力。用户的使用程度越深,供应商获得的数据越多,用户的议价能力被挤压得越厉害。

三、学生的数据隐私

在美国和英国,学校已经趋向于"让学生可见和可控"。数字技术能够持续和自动收集来自教室及其周围的个人数据并进行进一步的数据处理,而不仅仅是观察教室里发生了什么(Yu & Couldry,2020)。在教室中,学校使用摄像头、人脸识别、指纹识别、虹膜扫描和手掌静脉读取器等一系列生物识别技术对学生进行识别、验证、分类和跟踪。计算机系统利用其人工智能能力对教学进行辅助——提供重复测试、调整难度、随机提问、向老师发送警报等(Malakhov,2019)。在教室之外,通过身体活动监视器,如嵌入在学生的学校身份证和"智能制服"中的射频识别(Radio Frequency Identification,简称RFID)对学生进行数据监控(Taylor,2013)。在运动场或体育馆,教师使用 Fitness Gram、Sqord 和 Zamzee 等基于自跟踪技术的工具生成有关学生身体活动的数据,测量学生的活动强度和持续时间。通过在线网站和群体分析,跟踪学生的个人和群体的进度,以使学生达到教育所期望的正常健康标准(Lupton & Williamson,2017)。在人工智能教育中,为了提高学生的学习效率,采用情感人工智能对学生的情感进行监控。"情感学习分析"技术扩展了其捕捉学生情感和非认知学习体验实时数据的能力。利用面部摄像头、视频、眼球跟踪、皮肤温度和电导率等数据,结合可测量的行为指标以及其他学习过程与成果的量化指标,运用心理测量学、情感分析和自然语言处理实现对学习者情绪状态的自动检测、评估、分析和预测(Lupton & Williamson,2017)。这些情绪学习分析方法使学生的行为、情绪和非认知体验都能够通过数据监控技术进行监控。

Clarke(1988)将这种监控称为数据监控(dataveillance),这种数据监控克服了课堂上物理监控的局限性。在面对面的教学过程中,教师永远无法实现全视镜监控所要求的记录学生的全部过程。在数字环境中,大型数据系统可以实现实时获取和记录学生的表现,并进行实时的学习分析,给学生提供一个完全"个性化"的教育和学习环境(Yu & Couldry,2020)。

然而,在一些国家,学校内部的监测程序已经招致批评(Yu & Couldry,2020)。波斯特根据福柯的话语/权力和全景监狱理论,认为在信息方式下诞生了电子"全景监狱"(韩炜,2014),数字技术通过鼠标、键盘、触摸屏、语音识别、传感器等输入设备对人们实施监控,并储存在数据库中,这种"审查"比人类的狱卒更加全面、彻底和准确。大数据造就的数字化记忆作为一种全景控制的有效机制,不仅支持了对等级森严的机构和社会的控制,并且还会去寻求对他们自身的支持,从而巩固并加深现有的、不平等的信息权力分配(韩炜,2014)。

当学生进入学校就读时,他们别无选择,只能使用教育组织提供的特定平台。他们对自己生成的数据(包括去识别化的元数据)的同意和控制的自愿性是值得怀疑的(Komljenovic,2021)。如,在英国、美国和澳大利亚的许多学校使用了谷歌的教育应用软件(Lupton & Williamson,2017)。在 2015 年,电子前沿基金会曾投诉谷歌涉嫌"未经授权收集、维护、使用和共享学生个人信息,超出了教育所需的范围"(Perrotta et al.,2021)。因此,数据的所有权是归属教育管理部门、教育组织还是第三方机构? 哪些人可以访问这些数据? 数据最长的保留时间为多久? 应如何使用这些数据? 数据是否会被第三方机构私有化以获取金钱收益? 这些都是决策者需要研究的问题(Malakhov,2019)。

　　除此之外,学校数字化所采集的数据可能会带来用户的隐私安全问题。过度搜集数据、病毒及勒索软件对教育数据的攻击等,给用户数据的隐私安全问题带来了巨大挑战。据报道,2021年10月,山西忻州一小学推出一张学生情况统计表,按照11种类别对学生家庭情况进行统计,包括"领导子女""企业老板子女"等,造成较大的负面影响(赵伟,2022)。

第六章　新型数字教育平台

除了学校这类传统的教育组织,在数字技术的催生下还产生了大量新型的数字教育平台。从社会生态学视角来看,数字教育的每种组织模式和教育形态相当于一个物种,有各自的生态位。不同的数字教育组织模式和教育形态出于自身的利益诉求和生态位,采用生态位分离策略,形成差异化的错位竞争,形成相互适应、共同进化的数字化共生模式,并与其他数字教育平台协同发展,构成了互补共进的数字化教育生态系统。本章将分析新型数字教育平台的特点及其类型,并对不同数字教育供给主体提供的新型数字教育平台的平台特点、在所处生态位中所发挥的功能及典型案例进行进一步的探索。

第一节　数字教育创新中的新型数字教育平台

新型数字教育平台是一种重要的数字教育创新形式。数字教育创新通过教育组织类型的扩展扩大了数字教育创新的教育影响和社会影响。

一、新型数字教育平台的特点

除了传统的学校教育向数字化方向发展,新型的数字教育平台更是如雨后春笋般蓬勃发展,并成为主流话语体系中未来教育发展的重要方向。埃文斯(David S. Evans)与施马兰西(Richard Schmalensee)指出,平台是通过推动两组以上相互依赖的用户群体之间的互动来创造价值的实体(韩万渠等,2021)。新型数字教育平台是学习者、教育者、教育机构、家长、潜在学生、招聘代理和该行业其他参与者之间的新中介,是数字教育价值链中的新节点,也是扩展这些价值链的积极推动者(Komljenovic,2021)。它们为教育者、学习者、教育管理者及其他利益相关者(如家长、企业、政府、教育经费资助者等)提供了互动的空间,在创造知识、提升技能、促进合作、加强沟通等方面增加教育与社会价值。

首先,它们扩大了教育市场。例如,通过数字基础设施和技术,它们能够为全球范围内的新学生和新地点提供课程。其次,它们扩大了教育范围。例如,它们允许各种教育形式和各种类型的教育中介,而不仅仅是提供传统的课程和教育方案。最后,它们赋予了数字生态中参与者的多样性以及价值创造点。新型数字教育平台允许不同的利益相关者合作解决教育相关问题,从而扩大了教育生态的边界。

二、新型数字教育平台的类型

新型数字教育平台的组织模式和教育形态展现出丰富性和多样性的特征。根据功能来分,新型数字教育平台主要可分为教学型、知识服务型、数据租赁型、社区分享型四种。教学型平台主要为学生提供传统的教学服务,如各类网校、教学直播平台等;知识服务型平台主要为公众提供知识付费、知识问答的服务,如知乎、得到、看理想等;数据租赁型平台主要为教育组织提供数据的访问、操作和提取服务,如知网、皮库等数据库提供商以及爱思唯尔(Elsevier)、培生(Pearson)等学术出版商等;社区分享型平台主要为学习者提供相互交流的网络交流社区,如 CSDN 专业开发者社区等。根据运营模式来分,新型数字教育平台可分为 B2C、C2C 和 B2B 三种。B2C 模式是由专业的教师团队定期录制课程,向用户提供在线课程的服务,如慕课、网易云课堂直播平台、学而思网校等;C2C 模式下企业本身并不直接生产课程内容,而是借助教师和其他机构的力量,如 B 站、YY教育、小鹅通等各种直播和录播平台;B2B 模式是企业提供给教育组织的各项教育管理服务,如传统运营商向各地学校提供的翼校通和家校通等服务。根据教育平台服务的对象,可将其分为针对学生的教育服务平台、针对教师的教育服务平台、针对家长的教育服务平台、针对教育组织的教育服务平台。根据数字教育供给的主体,可分为政府部门主导、社会组织主导、学校主导、企业主导、家长主导五种类型的新型数字教育平台。

数字教育的组织模式与教育形态内嵌于数字教育供给主体,受数字教育供给主体所处环境、自身的组织特性及教育主体能力的影响。本章第二至六节将分别分析这五种类型的新型数字教育平台的平台特点和功能,并对典型案例进行展示和分析。

第二节　政府部门主导的数字教育平台

政府部门主导的数字教育平台一般由教育主管部门牵头,通过自上而下的行政手段搭建公共服务数字平台或由教育主管部门基金资助购买数字化教育资源,具备统一标准的建设体系、内容与国家课程相契合,资源内容经过筛选与审核,质量较为优质,服务对象以教育系统的教师为主,也设置了父母和家庭板块,将家长纳入服务对象。比较有代表性的如我国的国家教育资源公共服务平台(www.eduyun.cn),美国的参与纽约(EngageNY, https://www.engageny.org),澳大利亚的国家数字学习资源网站(The National Digital Resources Network, https://www.ndlrn.edu.au),新西兰的在线知识筐(Te Kete Ipurangi,简称 TKI, https://www.tki.org.nz)。

一、平台特点

政府部门主导的数字教育平台最大的优势在于自上而下的动员能力和行政干预能力,可以利用行政权力和跨部门、跨领域的影响力将所属辖区教育系统的优质教育资源进行汇总,并通过行政命令的方式进行推广。由于掌握教师的工作信息和学生的学籍信息,其对平台信息的管控能力也较强。

然而,与市场和私营部门相比,政府部门在创新和创业精神方面较为落后。政治冲突、既得利益的维护和对变革的高度抵制等问题都会影响政府部门主导的数字变革的性质和轨迹。因此,政府部门主导的数字变革充满了高度的模糊性,以及更高的风险和失败率(Addo,2022)。受制于组织层级分明、自上而下、指令性的传统教育治理场域,政府部门提供的数字教育服务存在业务管理效率低、信息流通慢、数据重复采集、反馈响应不及时、监管不彻底、服务体验差等弊端(陈丽和徐亚倩,2021)。此外,政府部门主导的数字教育平台资源以行政审核为主,参与评价的主体相对较为单一。柯清超等(2016)在调研中发现,在我国省市数字教育资源建设过程中,主要依靠专家对教育资源的质量进行评价,而用户的评价只作为辅助评价的手段。因此,政府部门主导的数字教育平台很少从使用者的角度出发建立有效的用户评价机制,缺乏市场竞争和快速迭代的机制。另外,此类数字教育平台以资源供给、搭建平台为主要目标,尽管给用户提供了个人空间,但用户之间的互动往往比较弱。

二、平台功能

政府部门主导的数字教育平台主要具有以下功能。

1. 提升教育质量,促进教育平等

政府部门主导的数字教育平台通过行政权力和权威认证将所属辖区内的优质教育资源进行数字化汇总和优选,为社会免费提供高质、高效、海量的数字教育资源,促进优质教育资源的普及共享。对于受到地域、资金等限制难以吸引和留住优质教师的贫困地区,这些免费的教育资源有效地解决了其获取优质教育资源的困难。即使在受到网络带宽等数字基础设施限制的地区,也可以通过事先下载资源,学习时离线观看相应的教育资源。政府部门主导的数字教育平台的开放性保证了优质教育资源的公平获取,提升了教育落后地区的教学质量,促进了教育的平等。此外政府部门的数字教育平台还掌握了管辖区内的教育大数据,可以通过对历年入学、升学、教育质量监测、区域人口分布以及社会需求等多维综合性数据的分析,对入学的政策、各区域学位数、学区划分、集团校管理以及师资调配等资源配置做出科学决策(陈丽等,2018),对辖区内的教育问题进行治理。

2. 树立教师榜样,提高教学技能

政府部门主导的数字教育平台通过优选的教育资源提供了优秀教师的教学范例,给教育者,尤其是教学经验不足和缺乏教学培训的教育者提供了教学的示范,为教育者提升自身的教学技能提供了模仿对象和参照标准,从而提高新手教师和落后地区教师的教学水平。

3. 确定教学标准,加强文化控制

政府部门主导的数字教育平台在优质教育资源的筛选过程中,确定了国家课程的标准和规范,促进了本国或本土文化的传播,加强国家在文化方面的控制,增加国家和民族的凝聚力和认同感。如新西兰的在线知识箧就是一个英语和毛利语的双语教育资源平

台,在此平台中,确定了英语与毛利语在教育系统中的地位,同时也保留和促进了本土毛利文化的传播。

 **案例 6-1**

我国的国家教育资源公共服务平台[①]

我国的国家教育资源公共服务平台是国家教育信息化"三通两平台"工程建设的两个重要平台中向公众开放的平台,是目前世界上最大的教育资源库。该平台由教育部基础教育二司指导,教育部基础教育资源中心、中央电化教育馆维护,于 2012 年 12 月 28 日开通试运行,其主要的目标是联合教师、学生、家长、教研员和专家,将国内教育优势地区的名校、名师资源集中起来,为全国师生提供个性化的空间和服务,促进"优质资源班班通"和"网络学习空间人人通",让优质资源和创新应用惠及人人。

国家教育资源公共服务平台依托现有的公共基础设施,利用云计算等技术,通过政府规范引导、企业开发、多方汇聚的运行机制,逐步推动与省级、市级、区县级等区域教育资源平台和企业资源服务平台的互联互通,共同服务于各级各类教育,为资源提供者和资源使用者搭建了一个网络交流、共享和应用环境,其体系架构如图 6-1 所示。

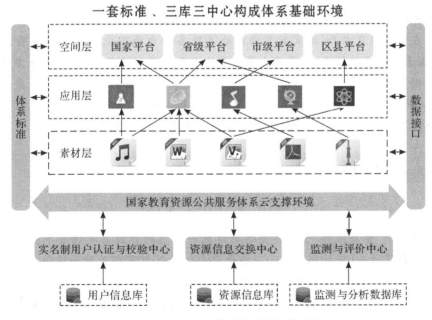

图 6-1　国家数字教育资源公共服务体系架构

① 该案例来自国家教育资源公共服务平台.国家数字教育资源·公共服务体系[EB/OL].[2023-11-29].https://system.eduyun.cn.

国家教育资源公共服务平台由中央电化教育馆网络部承担平台的运行维护工作。在平台的门户网站,设有新闻、资源、活动、培训、导航、发现等频道,着力于教育信息化的工作进展、教育资源的推送推广、各类教育活动的举办实施、教育资源信息的智能导航,并开通了客服400服务呼叫中心,设立实时监控,加固及加速网络服务设施,努力更好地为广大网络用户提供优质的服务。

作为全国性的权威教育资源平台,国家数字教育资源中心公布了平台接入规范、认证规范、数据规范、接口规范和数据交换规范。为确保资源的质量,便于管理,网站注册实行实名认证,对课程资源的审核从学校到区域管理员层层把关,并由专家对平台数字教育资源的质量进行评价,以确保资源内容的正确性与规范性。

在基础教育方面,国家教育资源公共服务平台通过"基础教育精品课"遴选,采用统编教材作为内容框架,提供了课堂模板、课程样例、制作要求和评价指标。截至2023年2月,平台汇聚了德育、课程教学、体育、美育、劳动教育、课后服务、教师研修、家庭教育、教改经验、教材等10个板块53个栏目共4.4万条资源,为身处不同地区的孩子,尤其是远在边疆和身处农村的孩子"同上一堂课"提供了保证。

在高等教育方面,教育部于2007年启动"高等学校教学质量与教学改革工程"中的精品课程建设,逐步形成"国家—省—校"三级精品课程体系。2018年,教育部认定首批490门国家精品在线开放课程。2019年,来自全国的801门课程入选第二批国家精品在线开放课程(王辞晓等,2020)。截至2023年2月,平台拥有7.6万名高等院校名师名家、2.7万门优质慕课课程、1800门国家一流课程,超过1300万国际用户注册,覆盖了166个国家和地区。

在职业教育方面,国家教育资源公共服务平台为职业学校教师开展混合式教学,探索运用虚拟仿真、数字孪生等数字技术和资源创设教学场景,解决实习实训难题提供了依托。截至2023年2月,平台上线专业教学资源库1173个、在线精品课6700余门、视频公开课2200余门,覆盖专业近600个,215个示范性虚拟仿真实训基地培育项目分布全国,为培养技术技能人才提供助力(怀进鹏,2023)。

案例6-2

美国"参与纽约"平台

纽约州"参与纽约"平台是美国创建统一标准的开放共享的数字教育资源的首批努力成果之一(舒秋明,2020)。该平台由纽约州教育部开发和维护,于2011年上线,其目标是为纽约州学前班至十二年级的教师和家庭提供实时、全面、专业的标准化课程、教学资源和其他支持(舒秋明,2020),以实施纽约州的共同核心学习标准(Common Core State Standards,简称CCSS)(Kaufman et al.,2017)。

纽约州教育部以美国国家教学材料审查协会发布的三种选择教学资源的标准作为平台资源开发商的教学资源的检验标准,对制作数字教育资源的组织进行了选拔,最终选中五家非营利组织机构负责开发数字教育资源,其中"伟大的思想"(Great

Minds)负责开发平台中的所有数学资源,"核心知识基金会"(the Core Knowledge Foundation)负责学前至二年级的英语语言艺术,"远征学习"(Expeditionary Learning)负责三至八年级的英语语言艺术,"公众咨询小组"(the Public Consulting Group)负责九至十二年级的英语语言艺术,奥德尔教育(Odell)负责六至十二年级的补充资源。为了提高开发商的积极性,这些数字教育资源的版权属于开发商,并允许他们将教育资源转换为其他形式来实现教育资源商业化。数字教学资源的质量由第三方独立性非营利组织(如 Ed Reports、Rand 等)来进行评价。

据报道,截至 2016 年 5 月,EngageNY 共有 5000 个教学资源,包括课程、教学模块、基础资源和文本等,下载量超过 4500 万次。该网站拥有 1300 万用户,使用人群也远远超出了纽约州的范围。在使用共同核心学习标准的州,有 44%的小学数学教师和 30%的中学教师在使用 EngageNY 提供的材料(Loewus,2016)。

第三节　社会组织主导的数字教育平台

社会组织主导的数字教育平台是由图书馆、博物馆、艺术馆和社区等公共文化组织、基金会、非营利组织、公益组织等社会团体提供的、不以获取利润为目的、面向社会公众的数字教育平台,旨在为特定公众,特别是弱势群体,提供开放、公平和负担得起的教育服务,提高信息通信和技术素养与社区连通性。

一、平台特点

社会组织分布广,以区域辐射为主,所处地区的受众在年龄、学历、经济能力、兴趣、需求等方面存在较大差异,因此更强调社会嵌入性。研究发现,组织的资金、信息技术、当地的基础设施、本地的内容资源和人力资源都会影响此类教育资源平台的普及和运用(Shaifuddin et al.,2022)。因此,社会组织主导的数字教育平台更具有灵活性。此外,社会组织的教育活动是公众自愿参与,而非强制性要求,因此,数字教育活动的社会关注度、获取的便利性、教育内容的针对性等均影响了数字教育的使用和效果。其中,协会也发挥了重要的指导和联合作用。

尽管社会组织主导的数字教育平台提供了许多教育资源,但这些教育资源的规范性与权威性都相对较弱,而且平台的影响力也相对较小,很多平台并没有引起人们的关注。韩耀萱和刘理(2018)对广州市某社区进行问卷调查时发现,大多数成年人都没有听说过社区教育网站与当地的社区教育平台。

二、平台功能

社会组织主导的数字教育平台主要有以下功能。

1. 提高全民素养

社会组织主导的数字教育平台承担着提高全民素养,尤其是数字素养的重要功能,是终身教育的重要阵地,对文化扶贫起到了积极的作用。

2. 调动地区资源

社会组织主导的数字教育平台往往基于一定的地域范围开展教育活动,即使是大范围开展的公益教育活动也往往需要受教育地区的配合。这些数字教育平台提供了教育的资源,同时也激活了受教育地区的辅助教育人员与学习者的能动性。

3. 传承地域文化

社会组织主导的数字教育平台需要考虑组织所处地域的文化、风俗等,考虑到所处地域的学习者能够接受所教育的内容,往往会使用当地的语言,教育的内容与当地的生活和发展具有密切的关联性,具有鲜明的在地化特征,在教育的过程中能够实现对当地流传文化的数字化和传承。

案例 6-3

数据鲸[①]

数据鲸(DataWhale)成立于 2018 年,总部设在浙江省杭州市。数据鲸借助杭州本地的数字化与数智化优势,汇聚了众多有开源精神和探索精神的开源贡献者,成为我国首个也是最大的专注于机器学习、深度学习等 AI 领域的开源组织,目标是建立对学习者最有价值的开源社区。数据鲸成员由核心成员、社群成员和社区粉丝构成。核心成员负责组织线上线下的学习项目、讨论组和研讨会,促进成员之间的交流和合作。工作主要涉及:①组织开源学习活动,邀请行业大牛和愿意贡献的社群成员制作教学材料,开展专题学习活动,如 Python 数据可视化、机器学习中的集成学习、自然语言、ChatGPT 等,帮助学习者提升知识与技能,开源学习活动过程如图 6-2 所示;②制作开源教程:将社群中的教学材料进行整理汇总,根据学习者的建议不断进行迭代更新,并根据学习者的反馈将评价高的教程整理成图书出版;③与 AI 行业的头部技术企业(如阿里云、百度、科大讯飞、华为云等)达成社区生态合作,帮助企业运营活动、组织比赛[②],搭建企业与优秀学习者和开发者之间的桥梁;④与高校进行合作,建立高校联盟,深入学校了解学生需求,帮助学生成长;⑤发布《中国数据竞赛年鉴》等研究报告,在世界人工智能大会等会议中策划主办/承办论坛、赛事、图书展、开源集市等板块。社群成员是学习者中的积极分子,是黏性和活跃度较高且在学习中得益最多的一批成员。他们通过在校/在职、高校、专业、兴趣等不同标签组成不同的社群,这保证了单个社群内部成员的同质性,便于主题交流;按照各自的兴趣参与各种主题学习,并对学习组织和学习内容提出反馈,以推动学习和内容

---

① 该案例由数据鲸组织负责人提供。

② 在两年内数据鲸服务了超 100 场的数据竞赛,内容涵盖电子商业、新零售、营销、金融、安防、工业、新闻、气象、物流、电力、农业、游戏、交通等行业。

的持续迭代；是竞赛、直播、线上线下沙龙等社区活动的主要参与者；是参与企业比赛、实践、活动的主要群体，并在活动中提供高质量的方案、实践项目等。社区粉丝是所有社区内部的成员统称，包括且不限于内容贡献者、社群成员、公众号粉丝、开源内容的学习者、教学视频的观看者等。他们定义了社区的边界——在数据鲸所属的媒体、媒介、平台上学习和关注了数据鲸的学习活动、学习内容、学习视频的用户。他们中的小部分成了社群中的活跃成员，更小部分成了核心成员。图 6-2 展示了数据鲸社区的开源学习活动过程。

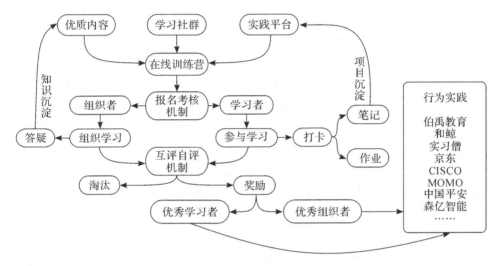

图 6-2　开源学习活动过程

　　数据鲸组织的学习活动具有以下特点：①学习活动的组织者、学习资料的提供者（不管是原创，还是搬运组合）基本上来自社区内部的成员；②所有学习资料开放共享，提倡共享协作、教学相长的理念；③强调自驱和自适应，鼓励学习者输出自己的学习经验，在促进自我成长的同时，分享给其他学习者参考，从而形成了学习者之间的联结与网络；④社区的学习者可以转化为组织者、贡献者，帮助其他人成长，保证了社区不断有活跃的成员做出贡献。

　　数据鲸组织的学习活动吸引了学习者的广泛参与。2023 年 3 月，数据鲸团队组织学习深度学习①课程，共吸引了 9027 人参与学习交流，来自全球 733 所高校，3910 人参与正式学习。2023 年 4 月，数据鲸团队和 Hugging Face② 联合组织了

---

　　①　深度学习（deep learning，简称 DL）是机器学习（machine learning，简称 ML）研究领域中一个新的研究方向，是一种复杂的机器学习算法。

　　②　Hugging Face 是 2016 年在纽约成立的创业公司，起初打算创业做聊天机器人，后来在 GitHub（一个存放软件代码的网站）开放了聊天机器人 AI 模型数据库，让用户自行开发服务。这个库在机器学习社区迅速大火，成为机器学习工具库中最重要的资源之一。Hugging Face 的知名度与影响力迅速提高，很快成为人工智能开发者的聚集地，创始团队将聊天平台转化为开发者社区，慢慢形成了全网最大的自然语言处理开源模型数据库，该项目也成为 GitHub 史上增长最快的 AI 项目。

AIGC①主题的学习,共吸引了10425人入群参与学习交流,来自全球529所高校,4745人参与正式学习,其中,在职学习者有2679人。

经过几年的发展,截至2023年5月,数据鲸已发展成为由300人左右的核心成员、6万以上的社群成员、30万以上的社区粉丝组成的开发者生态社群。在社区中,汇聚了超31万的AI人才,覆盖1000家以上海内外高校,与阿里云天池、百度、科大讯飞等AI行业头部企业达成良好的合作关系。

 **案例 6-4**

可汗学院②

可汗学院(Khan Academy)是美国工程师萨尔曼·可汗(Salman Khan)创立的一家非营利组织,旨在全球范围内提供免费的在线教育资源。可汗学院的创立之初是为住在远处的亲戚提供数学辅导,在视频录制发布后很快受到了广泛欢迎,并于2009年获"微软技术奖"中的教育奖。到目前为止,可汗学院已经为数千万学生提供了在线教育,涵盖了数学、考试准备课、科学、计算机、艺术与人文、阅读与语言艺术、生活技能等多个领域,且所有的课程均可免费使用。截至2022年6月,可汗学院的注册用户总数达到1.4亿。在2021—2022学年,全球有5000万学习者参与学习,累计学习时间25亿分钟。

可汗学院不仅提供了高质量和有深度的教学视频,还提供了练习、测验等,并采用可识别学习强度和学习障碍的自适应技术,根据学生的学习情况为学生提供个性化的学习界面,帮助学生更好地掌握所学知识。此外,可汗学院还为家长和教师提供了管理入口,帮助家长和教师了解孩子和学生的学习情况。除了为学习者提供免费的视频课程,可汗学院还与学校进行合作,将可汗学院的视频教学运用到学校日常教学中。在课堂上,学生根据自己的能力和水平学习适合自己的教学视频,教师在教室里进行巡视,随时发现和解答学生遇到的问题。此外,教师通过教师面板可以了解班上的学生知识点掌握的情况,并找到知识点掌握较好的同学来辅导知识点掌握有困难的学生。

为消除语言上的障碍,可汗学院与志愿者及世界各地的非营利组织进行合作,提供了英语、汉语、西班牙语、法语、俄语、日语、印地语、希腊语、哈萨克语、吉尔吉斯语、拉脱维亚语等50多种语言版本。

可汗学院的资金主要来自个人捐赠、公司赞助和基金会支持。日常工作由专职

---

① AIGC(AI-Generated Content,AI生成内容)是指基于生成对抗网络(GAN)、大型预训练模型等人工智能技术的方法,通过对已有数据进行学习和模式识别,以适当的泛化能力生成相关内容的技术。

② 该案例来自Khan Academy. Khan Academy[EB/OL].[2023-11-30]. https://khanacademy. org;网易公开课.【TED】可汗学院创始人:用视频再造教育[EB/OL].[2023-11-30]. https://open.163. com/newview/movie/free? pid=M77ESEJF8&&mid=M77ESRDC6.

员工与志愿者共同完成。其中,员工主要承担着可汗学院的管理、运营、教育和技术等方面的工作。而志愿者来自世界各地,他们包括有教育背景的专业人士、学生、家长、业余教育爱好者等,为可汗学院免费提供自己的时间和专业技能。他们帮助教育资源的翻译、校对、制作和修改等各种工作,共同推动了可汗学院的发展和壮大。同时,志愿者还担任着教育导师、社区管理员和推广大使等角色,帮助其他学生和教师更好地使用可汗学院的学习资源和平台。

案例 6-5

GenLink 平台①

　　GenLink 是一家总部位于印度加尔各答市的社会创业企业。GenLink 的创始人提出了使用 ICT 平台将两个边缘化群体——城市中的老年人和农村儿童联系起来的想法,从而利用它来同时解决两个群体的一些问题。具体而言,他们希望利用上一代人被忽视的智慧(老年人作为知识的源泉)来教育后代(农村儿童作为知识的传承者),提高农村儿童的教育水平,同时通过经济独立、改善自我价值感、减少社会孤立促进老年人的生产性老龄化。为了对接这两个群体,GenLink 用了制度拼凑(Institutional Bricolage)的方法克服了在教育实践开展过程中遇到的制度空白和资源的限制。

　　为增加新的教育模式在当地的合法性,GenLink 采取的具体策略有:①与当地非政府组织、俱乐部、自助团体、受过教育的年轻人等合作,以获得人们的信任;②创建混合学习环境,确保每所互联网学校都有一名准教师,可以亲自在场监督学生,澄清疑虑,进行评估,确保出勤率等;③尽可能优先考虑现有的补习教师作为互联网学校的所有者,以获得当地人的信任并减少这些补习教师的反对。

　　为加强利益相关者彼此之间的联系,GenLink 采取的策略有:①安排老年教师定期在周末访问互联网学校,并亲自上课,加强老年教师与家长和学生之间的接触;②组织定期教育以及前往附近地区进行趣味旅行,与父母及其子女互动;③现场协调员在互联网学校所有者的帮助下,利用互联网学校的基础设施来放映教育电影,邀请父母和他们的家人一起观看;④安排定期的家长会,讨论每个孩子的进步,邀请家长们在现场观察为孩子们上课的情况;⑤为父母及其家人组织免费的演示会议,邀请他们参加课程,展示监测和跟踪每个孩子进步的图表,并澄清他们对在线教育及其功效的任何疑问。

　　针对城市老年人,GenLink 采用的制度方法有:①帮助老年教师认识技术的好处,减少对计算机的恐惧情绪,鼓励其使用计算机;②聘请即将毕业的学生协助和培

---

　　① 该案例来自 Parthiban R,Qureshi I,Bandyopadhyay S,et al. Leveraging ICT to overcome complementary institutional voids:insights from institutional work by a social enterprise to help marginalized[J]. Information Systems Frontiers,2020,22(3):633-653.

训老年教师使用计算机,提高老年教师的数字素养。

为帮助提高边缘化社区儿童所接受的教育质量,GenLink 采用的策略是:①寻找热情和优质的教师;②使用视频、图片和动画等多媒体内容,增加学生对所学内容的兴趣;③使用标准化的模板对学生进行准确评估和跟踪进展。

第四节　学校主导的数字教育平台

学校主导的数字教育平台不同于数字化校园,是脱离了传统实体化校园的数字教学平台,主要包括针对成人学历的开放大学、远程教育以及新型的数字教育平台,如斯坦福网络高中、安大略省的独立学习中心、密涅瓦大学等。

一、平台特点

学校主导的数字教育平台与数字化校园之间的比较如表 6-1 所示。与数字化校园相比,学校主导的数字教育平台具有以下的特征:①学校定位由"教学管理组织"变为"教学服务平台"。②学校主导的数字教育平台突破了传统校园所设置的围墙,更具有开放性、互动性与连接性。③教学管理更加灵活。如斯坦福网络高中的教学班不像传统的学校按照年龄或年级水平来安排,而是按照学生的能力来设置。学生可选择全科课程、部分课程和单科课程进行学习。科罗拉多州立大学全球校园(Colorado State University-Global Campus)全年共有三个大学期(秋季、冬季、春季),每个大学期又分为 A、B、C、D 四个小学期。每个月都有一个新的学期开始,学习者可以在任意一个月开始新的课程。课程没有固定的时间表,持续时间为八周。这种灵活的安排使学习者能够按照自己的节奏和自身的条件获得学位。④对学生的自我管理能力提出了更高的要求。由于课程基本上是在线完成的,教师与学生的交流大部分通过线上交流进行。线上教育与物理交流相比,连接更加松散,教师对学生的约束力和影响力也较弱,学生受到的规范性影响也更弱。教育要顺利开展必须依靠学习者本身的自我管理和自我约束能力。年龄太小、自我管理能力和自我约束能力较差的学习者往往容易游离,最终脱离教学活动。因此,学校主导的数字教育平台一般是针对高中和大学的学习者。

表 6-1　数字教育平台与数字化校园之间的比较

比较项	数字化校园	数字教育平台
定位	教学管理组织	教学服务平台
开放性	相对封闭	相对开放
学生	按年级进行划分	按能力进行划分
学期	固定时间	相对灵活
对学生自我管理能力的要求	低	高

同时,学校主导的数字教育平台与其他新型数字教育平台不同,还保留传统学校的一些特征,具体体现在:①具有更严格的学习计划与课程安排;②入学有准入门槛,符合一定条件的学生方可入学;③毕业后能获得相应文凭。

二、平台功能

学校主导的数字教育平台主要有以下功能。

1.扩大学校的招生范围

传统的学校在全球招生时,往往会因为地域的限制及签证、难民、疫情等政治因素的影响将一部分学生排除在招生的范畴之外。数字教育平台将招生的范围更加扩大,使得行动受限的学习者能够接受来自远处的教育,而且更少受到政治因素的影响。同时,网络招生的辐射进一步提高了学校在全球的影响力。

2.提高学习者的反思性

学校主导的数字教育平台往往会给每个学生分配专门的学生顾问,与学生进行一对一的沟通,帮助和引导学生完成入学、学位规划、经济援助、课堂学习、职业指导等,帮助学生在学习和以后工作中取得成功。在交流的过程中,学生需要对自己有较为清晰的认识才能保证更有效的交流,这也不断促进学习者进行自我反思。此外,在教学过程中,学生的网络互动留下的网络足迹也有利于学生对学习过程进行进一步的反思。

案例 6-6

密涅瓦大学①

密涅瓦大学(Minerva University)成立于 2013 年,是一所提供本科阶段教育的文理学院式的新型高等教育机构。

密涅瓦大学的教学模式采用网络课程与游学世界相结合,要求学生四年走遍七个城市,利用所在国家和城市现有的实践资源开展学习,让学生熟练跨国的异文化场景沟通和远距离工作。同时,学校给学生提供终身的支持,学校合作网络遍布各地。对于网络课程,密涅瓦大学实行的是翻转课堂,运用自主研发的平台 Forum 去模拟面对面的互动式讨论,用线上教育平台的模式来弥补传统线下教育的不足,再用线下的活动来填补线上教育无法提供的体验。针对传统大学教育模式的缺陷和线上教育参与感不足的问题,密涅瓦大学的平台提供的解决方案是:

①采用小班课堂(每节课少于 20 人),让大家都感觉像坐在第一排,可以让彼此

---

① 该案例来自 Minerva University. Learn more about Minerva University's history, our unique pedagogical approach，and the people who work hard to make it the world's most innovative university [EB/OL].[2023-11-30].https://www.minerva.edu/;一读 EDU.上了 4 年网课,我后悔了吗? 密涅瓦毕业生对密涅瓦大学的反思[EB/OL].(2020-07-27)[2023-11-30].https://zhuanlan.zhihu.com/p/164379699.

看清每个人,增加课堂的参与感。

②所有课都采用研讨制形式,学生和教师实时参与,系统会自动跟踪学生迟到和出席情况,记录学生的发言时长,用不同颜色提醒教师关注发言少的同学。教师需要认真倾听学生发言,对问题进行答复,去挑战学生的观点,还要引导不同学生去发言,保证每个学生都有参与度。在课上发言的时候,学生和教师可以通过表情或点赞的方式给发言的同学提供实时反馈。

③在课堂上,学生被分成小组,进行头脑风暴,再向全班展示。分小组讨论时,大家都同时在文档上协作,先写下自己的观点,写的同时也能看到其他人写的观点,有疑问也会评论在别人写的内容后。所以短时间内就能清晰地看到需要讨论的地方,然后可以马上进入对观点的逻辑层次和内容的整理。

④每节课有课前测评和课后反思的问题,需要学生限时输入自己的答案。学生在每节课的表现都会被打分,并影响到最终成绩。学生在每节课上的表现和作业情况都会收到教师的反馈和建议。

⑤如果学生缺席一节课,就需要重新看课堂的录像,提交课前作业,还要另写一篇300~400字的课堂小结。

这些设计辅助带来高效的在线学习体验,包括教师在课堂上的引导角色、学生的活跃程度、课程的节奏安排、教学法(说明性学习、协作学习等)、在线评估方式等。

截至2020年底,密涅瓦大学招收了来自60个不同国家的934名学生。截至2021年1月,已有606名学生毕业,12%的学生选择继续深造,75%的学生毕业后从事相关的专业。

案例6-7

四川成都七中网校①

四川成都七中网校成立于2002年,由东方闻道网校与成都市第七中学合作创办,为其他学校提供高中全日制远程直播教学。

成都市第七中学是一所全日制公办完全中学,首批"四川省国家级示范性普通高中""四川省一级示范性普通高中""国家级示范性普通高中样板学校",教育部"拔尖创新人才培养基地学校",团中央"全国中学生志愿服务示范学校"。四川成都七中网校通过网络将成都七中的优质教育资源传送到远端合作的学校,使远端学生实时参与成都七中的教学活动,与七中教师进行实时双向交流。

成都七中的网络课程由远端的学科教师和成都七中的前端教师、把关教师、技术教师等四位教师共同协作完成,授课教师由成都七中一线骨干教师担任,成都七中资深教育专家担任把关教师,采用"同时备课、同时授课、同时作业、同时考试"的

---

① 该案例来自成都东方闻道科技发展有限公司.网校介绍[EB/OL].[2023-11-30].http://www.eastedu.org/.

方式进行教学。每周,授课教师与远端教师开一次联网备课会,共同商讨一周的教学安排、教学方法与学习方法,从而确保远端学校与成都七中本部的同学采用相同的教材、教辅材料,执行相同的作息时间表和课程表,一起异地同堂听课及同堂进行语音交流,在相同的时间段内完成由成都七中授课教师布置的作业,在同一时间使用同一份试卷考试,并由网校教学管理部统一管理学生的阶段性考试成绩。

目前,服务覆盖 10 省 3 区 1 市,合作学校 300 家以上,受益班级 1500 个以上,受益教师 9300 人以上,受益学生超过 9.2 万人。

第五节 企业主导的数字教育平台

企业主导的数字教育平台是除传统学校之外占主体的教育平台。参与提供数字教育平台的企业规模大小不等,有注册资本只有几万元、企业员工为个位数的新兴小微企业,也有历史悠久、实力雄厚的跨国集团。

一、平台特点

由于企业的产品要经过市场的检验和淘汰,企业主导的数字教育平台形式更加多样,市场更加细分,受众更具有针对性,技术与内容迭代更加迅速。

根据数字教育服务的对象来划分,企业主导的数字教育平台主要可分为针对用户的 C 端[①]平台,包括家庭启蒙数字教育平台(如乐高、宝宝巴士、小猴启蒙、斑马 AI、火花思维、编程猫、音乐壳等)、K12 数字教育平台(如学而思网校、猿辅导、作业帮等游走于学校和家庭之间的教育辅导平台)、为成年人提升自我素养的知识付费平台(如得到、喜马拉雅等)、为教师提供数字教学空间的教学平台(如超星学习通、千聊、腾讯课堂等);针对企业的 B 端[②]平台,包括为学习者与企业搭建桥梁的数字实践平台(如数据鲸)、为学习者与知识服务提供企业搭建桥梁的技术服务平台(如小鹅通)、为企业提供职业培训和定制化服务的在线平台(如英语流利说、中公网校、魔学院、混沌大学等);针对学校和教育管理部门的 G 端[③]平台,包括:为学校提供数据服务的各类数据库平台(如爱思唯尔、中国知网等),为学校组织提供智慧教学环境的服务平台(如青鹿教育科技等),为教育部门提供区域教育治理的平台(如科大讯飞、百度智能云等)。

---

① C 端是互联网行业的常用缩写,C 是 customer 的缩写。C 端是面向个人用户提供服务产品,是直接服务于用户的。

② B 端是互联网行业的常用缩写,B 是 business 的缩写。B 端是面向商家、企业、业务部门等提供服务产品,是间接服务于用户的。

③ G 端是 B 端和 C 端衍生出来的词语,G 是 government 的缩写。G 端是面向政府,包括和政府相关的党组织、事业单位、机关单位、军事单位等组织结构提供服务产品。

二、平台功能

企业主导的数字教育平台主要有以下功能。

1. 提供多元化教育服务

教育市场的多元化需求促使不同的企业为不同需求的教育组织、教育者、学习者和其他利益相关者提供各种多元化的、有针对性的教育服务，并形成了丰富的、相互补充的教育生态系统。

2. 促进数字教育的创新

对于企业而言，竞争和市场效率是创新压力的主要来源（Bhatt，2022）。企业为了更好更快地占领更多的市场，获取更多的利润，会不断地追求更新的技术，并不断对产品进行迭代，因此，企业主导的数字教育平台也是数字教育创新的主要试验场。

案例 6-8

"得到"平台①

"得到"是由罗辑思维团队出品的主要针对职场人士的一个知识付费服务平台，于 2016 年 5 月上线。"得到"的知识付费服务主要包括课程、听书、电子书、知识锦囊、知识城邦、得到高研院、得到训练营等板块。课程服务主要采用"得到"与各知识领域的专家、学者、知名自媒体、在线教育机构进行合作，通过视频、音频、文字等多种形式开设课程。课程涉及自我提升、职场、科技、管理、商业、文学、历史、经济学、自然科学、金融、心理学、医学健康、艺术、家庭亲子、法律等方面，每门课程都可以免费试听。"得到"的学习者可以在课程的讨论区中进行交流，课程教师会对学习者的提问进行回答，并调整课程的内容。学习者上完课程之后还可以对课程进行打分，评价高的、学习者多的课程会被推荐至榜单。此外，"得到"也会从社群中挖掘有潜力的学习者，将其培养成"得到"的教师，培育新的课程。除了课程服务，"得到"还提供了电子书与听书的会员，电子书会员可以免费搜索"得到"所有上架电子书中的内容，并能够阅读大部分电子书。听书会员可以享受由作家、出版人、行业专家、学者和书评人组成的解读团队对书的解读，并获得相应图书的思维导图。在知识锦囊板块中，学习者可以提出学习、工作、生活中遇到的问题，经过"得到"严选的可信回答者会对学习者提出的问题进行解答，其他的学习者也可以在留言区留言解答。在知识城邦模块，学习者可以将自己的学习成果进行分享，对其他学习者进行关注和交流。"得到高研院"是"得到"组织的线下项目，通过面试筛选出符合"得到"组织价值

———————————

① 该案例来自百度百科. 得到［EB/OL］.［2023-12-09］. https：//baike. baidu. com/item/%E5%BE%97%E5%88%B0/20394959；北京思维造物信息科技股份有限公司. 得到［EB/OL］.［2023-12-09］. https：//www. igetget. com/.

观的学员,通过线上课和线下活动,让学员之间产生连接和裂变。在得到平台中,学习者不仅可以获取和分享知识,还可以拓展社会网络和资源、机会边界,从中可能衍生出其他的价值活动。

从 2017 年起,"得到"开始发布《得到品控手册》,每年迭代一次。《得到品控手册》记录了"得到"日常做知识服务的心法和方法记录,并向全社会公开。在分享经验的同时,也引导了行业的标准。

在收费方式上,"得到"提供了免费和收费两种服务。免费的服务包含部分课程和直播、知识城邦、课程试听等,从而吸引大量的用户。收费的服务包括针对大众人群的收费课程、电子书和听书会员、锦囊,针对特定需求人士的得到训练营,以及针对高端人群的得到高研院。收费区间从几块钱的锦囊,到几十与几百块钱的课程,到几千块钱的训练营,到上万块钱的高研院,针对不同需求的人群提供不同的服务。2021 年,"得到"营收达到 8.43 亿元,净利润 1.25 亿元。

案例 6-9

Coursera 平台①

Coursera 是一家全球知名的在线教育平台,成立于 2012 年,由两位计算机科学教授 Daphne Koller 和 Andrew Ng 创办,总部位于美国加州。Coursera 的课程由 Coursera 分别与全球 200 多所顶尖大学和企业共同合作完成,共有 5200 多门课程,涉及数据科学、商业分析、计算机科学、健康、社会科学、个人发展、语言学习等主题。课程难度有专为零基础学习者准备的初级课程,也有为有基础的学习者准备的高阶课程。课程使用的语言包含了英语、俄语、中文、德语、阿拉伯语、南非语、波斯语等26 种语言,由企业合作或社区志愿者参与完成翻译。课程形式包括指导项目(project)、单独课程(course)、专项课程(specialization)、专业证书课程(professional certification)、研究生学分证书课程(MasterTrack® Certificates)和本科或研究生学位课程(bachelor's or master's degree)。指导项目是为了帮助学习者快速学习工作技能和行业工具,学习者通过云桌面技术,在视频的指导下进行实践,学习掌握某个工具,并创作相应的作品,花费 1～2 小时就能完成。单独课程是为了让学习者获取新的知识,很多课程是免费的,学习一门单独的课程需要花费 4～12 小时。专项课程是为了帮助学习者掌握一种特定的技能,学习内容包括 5～8 门单独课程和最后的实践项目,需要花费 1～3 个月的时间来完成。专业证书课程给学习者提供职业技能培训和职业认证,学习内容由 Google、Meta、IBM 等企业提供,一般包含 4～9门单独课程,需要花费 1～6 个月的时间完成。研究生学分证书课程帮助学习者获得大学颁发的证书和学位学分,学习内容由大学开发,一般包括 3～5 门独立课程,需要 4～7 个月完成。学位课程为学生提供了在线获得学士或硕士学位的机会,课

---

① 该案例来自 Coursera Inc. Coursera[EB/OL].[2023-06-07].https://www.coursera.org/.

程由大学开发,课程体系和在校学习完全一致,需要2~4年完成。除了为个人提供服务之外,Coursera还为企业提供员工培训,为政府提供公职人员、失业人员的培训等。

Coursera的主要盈利来源是在线课程的收费,尤其是Coursera平台与顶尖大学和企业合作推出的认证课程。Coursera上的一门课程价格在9.99美元和99美元之间,部分课程和专项课程按照时间收费(每月49~79美元),学分认证课程收费在2000美元到4500美元,学位课程价格在9000美元到25000美元。与此同时,Coursera也会向企业和政府等机构提供数据分析和智能化测评等服务,增加其他收入来源。除了收费课程,Coursera还提供了2000多门免费课程、学生援助和奖学金,使经济水平较低的弱势群体也能参与学习。2023年,Coursera总营收为6.358亿美元。

第六节　家长主导的数字教育组织

家长主导的数字教育组织一般是由几个教育理念接近的家庭组合在一起,借助数字资源,家长自己或聘请教师进行施教,给孩子提供非学校化的、微型的教育服务组织。美国教育家、作家约翰·霍尔特(John Holt)将其称为"在家上学"(homeschooling)(任杰慧,2017),我国也称之为"私塾"。

一、平台特点

家长主导的数字教育组织一般针对处于中小学阶段的学习者。全球大部分国家都将中小学纳入义务教育的范围,并制定了相关的法律和法规要求适龄儿童必须接受义务教育,因此,参与在家上学的家长往往不满足于现有的教育模式,并具备充足的社会资本、文化资本和数字素养,具有较强的能动性,能够从传统的结构中脱嵌。此外,负责组织的家长往往具有较强的组织规划能力和资源获取能力,在组织内部,家长的育儿理念基本保持一致,在彼此之间有较强的认同感和凝聚力,在现实生活中彼此之间有较多的互动。

在美国,在家上学的学生人数众多,还成立了美国在家上学联盟,所有的州都承认在家上学的合法地位,并获得当地教育部门认可,在完成一定的课程学习前提下,可以获取学历证书。此外,为了解决孩子的社交问题,在家上学组织会开展社区内的社交活动,例如:演讲、实地考察、美术课、音乐教学、运动和娱乐活动等;组建学习合作社,即家庭将团体聚在一起上课;参加游学研学活动等。大量的数字资源和在家上学联盟为在家上学的蓬勃发展提供了有效的支持。

在我国,从2011年开始,"在家上学"受到了学界的关注,并开始出现在家上学的热潮。21世纪教育研究院在2017年的调查结果显示,有5万人密切关注并有意尝试"在家上学",真正实践者约6000人。在这些实践者中,80%以上的家长为城市居民,其中

58.21%居住在大城市,80%以上的家长接受过高等教育,近一半的家长有一定的教学经验,互联网与信息技术的支持对家长选择让孩子"在家上学"起到了重要的促进作用(王佳佳,2017)。2017 年,教育部出于对教育公平和社会管理等方面的考虑,对"在家上学"进行了干预。在政府规制作用下,目前我国"在家上学"的现象转入低潮。

二、组织功能

家长主导的数字教育组织主要有以下功能。

1. 摆脱传统教育束缚

在家上学兴盛于美国 20 世纪 60 年代。随着城市权力、反战、反主流文化的运动的兴起,美国的教育体系受到了批判,公立学校受到了指责。很多美国的父母出于对环境、宗教和公立学校学术的不满,决定选择在家教育孩子,并引起了一股社会风潮(任杰慧,2017)。在家上学的孩子摆脱了传统教育环境,不再受制于学校的课程体系和价值观念,而是根据家长自身的信仰和教学理念对孩子进行教育。同时,数字教育资源的丰富性确保了孩子在脱离学校教育的同时不会脱离现代知识体系的发展。

2. 提供个性化的教育

这种教育组织一般规模都比较小,主要目的是解决自己孩子的教育发展问题。与传统学校相比,这种小型的组织更强调根据孩子自身的认知发展、学习风格、兴趣取向等特征制订学习计划,并根据学习者的学习情况及时进行调整。

案例 6-10

豆荚学校①

2020 年的新冠疫情期间在美国出现了"豆荚学校"(Learning Pods)。在"豆荚学校"中,只有 5~6 个孩子,由家长轮流照料,再聘请一两位老师,根据孩子的情况和需求制定课表,线上的课程资源成为学习内容的重要来源。

豆荚学校的最初创始人是美国加州一个 5 岁孩子的母亲玛丽莎·莱特纳。她觉得学校把教学转到线上,让老师和孩子通过 Zoom 视频远程沟通的方式是不够的,因为孩子更多是通过感觉来学习,并且需要有人帮助他培养学习习惯。于是,她说服姐夫,把姐夫家的 3 个孩子也接过来,然后有个朋友听说了也加了进来。这样就有了 3 户家庭的 6 个孩子,从 5 岁到 11 岁都有。他们还专门请了一位老师。在这个豆荚学校中,家长也参与教学。他们按照自己工作的忙闲时段来贡献课程。比如,这个时段,在科技公司工作的爸爸有空,那他就给孩子们上一节编程课。那个时

---

① 该案例改编自沈祖芸的得到课程:沈祖芸.沈祖芸全球教育报告(2020—2021)[EB/OL].[2021-10-20].https://www.dedao.cn/courseArticle/2m845Ln7q69yKOOnvdKrkebvGDYjgl;知乎专栏文章在线支点."豆荚学校"兴起,未来学校会越来越小么?[EB/OL].(2021-03-01)[2021-10-20].https://zhuanlan.zhihu.com/p/353677306.

段,在杂志社工作的妈妈有空,就给孩子们上一节阅读与写作课。此外,除了上课,老师更重要的职责是把不同来源的课程整合在一起,包括学校提供的在线资源、社会机构提供的课程、家长能开的课程,从这么多资源里提取出适合眼前这 6 个孩子的课程,再加上户外活动,然后和孩子一起协商,制定出每天的课表。

随着疫情的加重,这样的豆荚学校在美国如雨后春笋般生长起来。从一开始的个别行为,成了好几个州的普遍现象。2020 年 3—9 月,仅仅在亚利桑那州这一个地方就发展出了 3000 多个豆荚学校。豆荚学校还得到了美国教育部部长贝特西·德沃斯(Betsy DeVos)的关注和支持。丰富多样可选择的线上课程,可以满足不同学生按照自己的方式学习不同内容的需求,更加灵活地因材施教。传授知识和批改作业,这些占老师工作比重最大的部分,也是过去很多人认为的学校的价值,都可以被线上教育解决了。

第七章 数字教育的教学实践

课堂是教师进行教学实践的重要场所,本章以数字教育的课堂教学作为数字教育创新教学实践的主要分析内容。数字教育的课堂类型呈现出多样化的形态,为学习者提供了更加自由灵活的学习方式。根据教学所发生的时空不同,我们将数字教育的教学类型分为数字化线下教学、线上教学和混合教学三大类。在本章中,将先介绍教学实践的分析内容,然后根据不同类型的课堂分别进行分析。

第一节 教学实践的分析内容

关于课堂教学的社会学研究,主要从三个方面进行:课堂教学结构分析、课堂教学互动过程分析、课堂控制问题分析(马和民,2009)。

一、课堂教学结构分析

课堂教学的结构形态主要包括两类:一类是课堂教学的时空结构,包括课堂教学的时间结构和空间结构。课堂作为一种材料排序装置,以一种非常具体的方式组织教育时间和空间,塑造了教育者和学习者的时空体验,以及他们的存在方式(Decuypere & Simons,2020)。在传统的课堂教学中,时间是以同步、线性的方式进行组织的,在空间上具有共在性特征。另一类是课堂中的角色结构,涉及在课堂中教师与学生的角色关系(马和民,2009)。

1. 课堂教学的时空结构

首先,课堂教学的时间结构反映在课堂的教学时间安排上。对于在校上课的时间,每个国家有不同的规定,日本学生每天上学的时间刚刚超过 9 小时,美国学生上学时间略多于 7 小时,德国学生只有 5 小时(安德森,2011)。我国按照原国家教委《学校卫生工作条例》第五条规定:学生每日学习时间(包括自习),小学不超过 6 小时,中学不超过 8 小时,大学不超过 10 小时。数字技术在课堂教学中的嵌入并未改变学生在学校上学的时间,但是拓展了课堂外师生交互的时间,增加了校外的"微"互动时间,使得课堂教学向课堂外和校外延伸。不同学科在教学中的学时分配及时间安排反映了学科在教学中所处的地位,学科越重要,所分配的学时也越多,上课时间往往会安排在上午。如在大多数国家,国语、数学、现代外语这三门工具性学科的教学在课时总量上占有绝对的优势(吴康宁,2000)。数字技术的发展使得信息技术课程成为许多国家中小学的一门必修课程。从 2001 年起,我国教育部决定在中小学普及信息技术教育。在教育部印发的《义务教育课程方案和课程标准(2022 年版)》中,规定了各科目的安排及其在九年义务教育总课时中所占的比例(如表 7-1 所示),其中,信息科技已从综合实践活动课程中独立出来,占总课时数的 1%~3%。

表 7-1 各科目安排及其占九年总课时的比例

年级									占九年总课时的比例
一	二	三	四	五	六	七	八	九	
语文									20%~22%
劳动、综合实践活动、地方课程、校本课程									14%~18%
数学									13%~15%
体育与健康									10%~11%
艺术									9%~11%
科学						物理、化学、生物学(或科学)			8%~10%
道德与法治									6%~8%
		外语							6%~8%
						历史、地理			3%~4%
		信息科技							1%~3%

资料来源:教育部.《义务教育课程方案(2022 年版)》[EB/OL].(2022-04-21)[2023-12-10]. https://www.gov.cn/zhengce/zhengceku/2022-04/21/5686535/files/a12023d2b22c4dfa8e30a8c419ebb 375.pdf.

其次,课堂教学的时间结构反映在学习内容的时间分配上。学习内容的时间分配包括不同学科所花费的时间、同一学科不同主题所花费的时间等。在中小学的课程中,对数字技术的学习已经渐渐融入其他课程的课堂教学中,如我国 2022 年版的中小学课程标准强调,在教学中要加强信息技术的使用,丰富教学场景,同时提出学生要掌握数字技术,能够从互联网中获取数据,能够利用数字化平台、工具与资源开展学习活动等。

课堂教学的时间结构还反映在课堂互动类型的时间结构上。吴永军等(1995)将课堂交往的时间分为师生交往和生生交往时间。通过研究 28 个班级的数学、语文课堂发现,课堂交往分为师生交往独占型(师生交往的时间占总时间的 100%)、师生交往主导型(师生交往的时间占总时间的 75%以上,其余时间由生生交往和无交往构成)、混合型(师生交往、生生交往、无交往各占一定比例)三种类型,其中师生交往占绝对优势,而生生交往严重不足。数字技术嵌入课堂教学之后,课堂交往增加了师生与数字技术的交往。

课堂教学空间主要是指在进行教学时,师生所处的空间。在传统教学中,主要是指教室、操场等物理空间。数字技术的出现为课堂提供了更多的虚拟空间和物理交互空间。课堂的物理教学空间构成存在多种不同的格局,在不同格局的空间构成中,课堂位置的社会属性也不同,对课堂人际互动具有很大影响(吴康宁,1998)。因此,座位的安排也往往成为教师控制班级的一种手段(马和民,2009)。

传统的课堂空间是秧田形空间形态(如图 7-1 所示),即学生的座位呈纵横式排列,学生面向教师讲台。秧田形课堂空间存在"前排—中间效应",坐在前排和中间(T 形区域或三角形区域)的学生往往有更强烈的学习动机(刘清堂等,2021),参与课堂互动的积极性更高(Marx et al.,1999;Shernoff et al.,2017),学习成绩更好(Vander Schee,2011),更多地受到教师的关注与同学的认同,对班级的态度也更为积极(马和民,2009)。而坐在后排的学生往往无法得到教师的关注(郑鸿根,2005)。

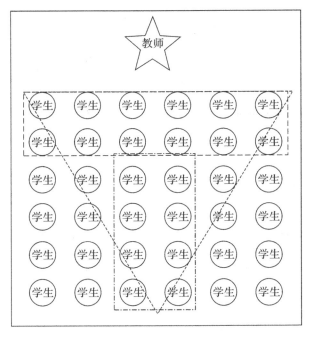

图 7-1　传统秧田形课堂空间

除了传统的秧田形课堂空间,还有马蹄形课堂空间(如图 7-2 所示)、半圆形课堂空间(如图 7-3 所示)和分组型课堂空间(如图 7-4 所示)。在马蹄形课堂空间中,在正面教师的位置就座的学生与教师的互动机会最多,在教师两旁的学生最容易避开教师的视野,互动机会最少(吴康宁,1998)。半圆形课堂空间并未发现如传统秧田形课堂空间类似的 T 形或三角形的"高交互区",在所有区域均表现出比传统秧田形课堂空间更多的互动(Marx et al.,1999)。在分组型课堂空间中,参与互动较多、较少和介于两者之间的学生座位的位置在各小组中并不相同。

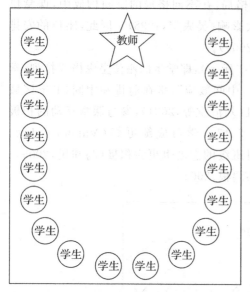

图 7-2 马蹄形课堂空间

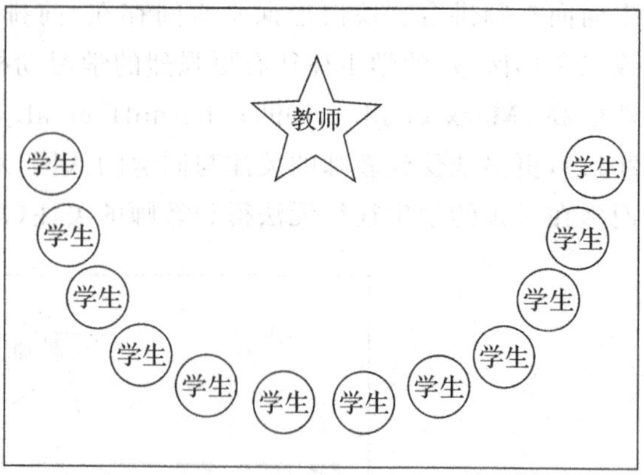

图 7-3 半圆形课堂空间

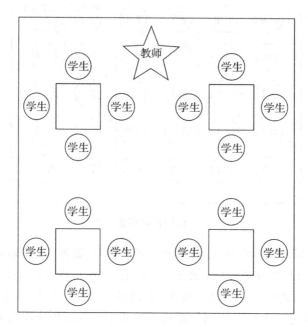

图 7-4 分组型课堂空间

　　表 7-2 总结了数字化线下教学、线上教学和混合教学三类教学实践的时空结构特点。

　　数字化线下教学以传统的物理空间作为教学实践活动的主要场所,学生与教师同时位于相同的空间,进行同步的教学活动。多媒体、大数据等数字技术和数字校园、智慧教室等数字基础设施嵌入课堂教学,为教师的课堂互动与管理提供了更多的工具。

　　线上教学以数字虚拟空间作为教学实践活动的主要场所,相对于数字化线下教学,线上教学的形式更加多样。根据线上教学的呈现方式与互动模式,我们可将线上教学的类型分为录播教学、直播教学、慕课教学、人工智能教育等。在这四种教学类型中，直播教学是教师与学生同时处于教学虚拟空间的同步教学，其他三种教学主要以异步教学为主，教师的教学与学生的学习并不是同时发生的。

混合教学融合了线下教学和线上教学的优势，一部分教学发生在传统的物理空间，一部分教学发生在数字虚拟空间。在线下教学时往往是同步教学，在线上教学的部分往往是异步教学。混合教学中在线教学的比例一般在 30%～79%，通常在 50% 左右（张倩苇等，2022）。

表 7-2　三类教学实践的时空结构特点

类型	数字化线下教学	线上教学	混合教学
教学时间	同步教学	同步或异步教学	同步与异步教学
教学空间	物理空间	虚拟空间	物理与虚拟空间

2.课堂教学的角色结构

在课堂中的角色主要涉及教师与学生两类。吴康宁等（1997）从角色功能与课堂教学任务的联系这一维度将教师与学生分为正式角色与非正式角色。教师的正式角色包括学习动机激发者、学习资源指导者、教学过程组织者、课堂行为与学习效果评价者，教师的非正式角色包括教育知识分配者。在课堂教学中，教师的课堂角色体现在教师的课堂行为中，主要扮演的是"课堂控制者"和"知识传递者"的角色。

学生的正式角色包括既定课程学习者、课堂活动参与者、课堂规范遵守者，学生的非正式角色包括主体地位谋求者、展示机会竞争者、肯定评价寻求者、同伴与教师行为制约者等（吴康宁等，1997）。

二、课堂教学互动过程分析

课堂教学互动的研究发端于贝尔斯（Robert F. Bales）。他在 20 世纪 50 年代提出"互动分类系统"（the system of interaction categories），用于记录和分析小群体内部的互动（Bales，1951）。在此基础上，弗兰德斯（Ned A. Flanders）开发了"弗氏互动分析类目系统"（Flanders' interaction analysis system，简称 FIAS），对师生在课堂中的讲话按照十个类别进行统计和分析，其中，教师说话有七个类别，学生说话有两个类别，第十个类别是沉默或困惑（Amatari，2015）。英国学者高尔顿（Maurice Galton）在"观察研究和课堂学习评估"（Observational Research and Classroom Learning Evaluation，简称 ORACLE）项目中以"互动者"为线索，对英国中小学的课堂活动进行了观测研究（Delamont & Galton，1986；Galton，1979；Galton et al.，1999）。他将师生的活动分为"有互动"和"无互动"两部分，并将教师"有互动"的部分再细分为"与学生个体的互动""与学生小组的互动""与学生全体的互动"三类，将学生"有互动"的部分细分为"与教师的互动"和"与其他学生的互动"两类，以此来了解师生课堂互动的基本情况（吴康宁，1998）。

钱民辉(2010)认为,在课堂中,教师与学生的互动渗透着双方各自的策略和目的,表面的和谐与实际的冲突是彼此之间不断"磋商"的过程。在这个过程中,如果表面的和谐能够掩盖实际的冲突,课堂气氛和学习效果会比较好,反之,就会出现学生违反课堂纪律,课堂发生混乱,学习无法有效地进行。对教师而言,需要通过分析学生的个性特征、习惯行为和家庭背景,真正理解学生的行动,并予以恰当的反应,保持课堂气氛的和谐。对学生而言,在课堂上与教师进行互动最重要的是"有策略"地"取悦教师":学生一方面要知道教师的需要和偏好,以便能投其所好,这样可以保证自己过得愉快和不丢丑;另一方面又要避免因取悦教师所需要付出的代价,如遭到同学们的议论和嘲笑。有研究者发现,所有师生互动均由教师发起(曹一鸣和贺晨,2009)。凯利(Kerry)分析了中学课堂里的1638次师生互动,发现54%的互动重点在管理,42%的互动是进行授课,4%的互动在激励学生进行更高水平的思考(安德森,2011)。在课堂中,学生之间的互动主要为竞争与合作:竞争行为包括在课堂中表现自我、贬低他人、取悦教师等(吴康宁等,1997),合作行为则包括讨论问题、共同完成教学任务等。

三、课堂控制问题分析

课堂控制是指教师为实现课堂教学目标对学生行为(也包括对自身行为)进行的有意识引导、约束和调整。马和民(2009)将课堂控制的类型按控制层次分为对个体的控制和对全班的控制;按控制手段分为强制性的硬控制和非强制性的软控制;按控制实现路径分为正面引导的积极控制与限制惩罚的消极控制;按控制方式分为明确要求、规定为本的显性控制与间接引导、暗设障碍为本的隐性控制。

在课堂中,教师采用的典型课堂控制策略主要有纪律、提问、话语权力、建立惩罚、考试评估(汪昌权和杜志强,2014)。纪律通过制度化的规范塑造了权力规训空间(程天君,2005),教师可以通过提问强制或引导学生参与到课堂中(吴康宁等,1994),运用表扬、批评、评价、贴标签等话语权力对学生进行引导,通过对期待行为进行奖励、对不当行为进行惩罚来引导学生做出符合课堂规范的行为,通过考试评估对学生进行裁决。

第二节　数字化线下教学

数字化线下教学是在传统线下教学中融入数字技术,其课堂教学的时空特征、角色特征、互动和控制过程在很大程度上与传统的教学有很多相似之处。在此基础上,数字技术的融入扩大了师生相互作用的空间和手段。

一、数字化线下教学的结构分析

1.数字化线下教学的时空结构

数字化线下教学的教学场所主要发生在传统的物理空间。与传统教室相比,智慧教室有更多的屏幕展示空间,教室内的桌椅摆放也更加灵活。同时,在智慧教室中,分组型课堂空间越来越频繁地被应用于教学实践。研究发现,智慧教室提供的结合多屏展示的分组型课堂空间营造了非正式、轻松、平等的课堂环境(Baepler & Walker,2014),扩大了师生交互"黄金区"的范围(陈向东和侯嫣茹,2018),提高了学生学习的自主性和课堂参与度(Clinton & Wilson,2019),促进了学生间的项目合作(Park & Choi,2014),使教学互动行为更加丰富、深入、高效(张屹等,2016),提升了课堂活动参与的效果(Baepler & Walker,2014)。

　　在数字化线下教学空间中,由于多媒体设备(如电子白板、显示屏等)可以在教室的不同位置或者是多个位置同时呈现,学生对位置的偏好及课堂互动的参与也受到了多媒体展示设备的影响。陈向东和侯嫣茹(2018)对华东师范大学某研讨型教室进行调查时发现,学生对位置的偏好一般围绕电子白板或显示屏幕展开,其黄金区域如图7-5所示。刘清堂等(2021)对 H 大学的智慧教室的布局与学生座位偏好及学习动机进行了调查,发现圆桌式布局下师生的活动空间和交互范围更大,学生偏好的区域覆盖面积更广,学习动机高的学生更喜欢高交互区域和距离讲台近的位置,而对距离屏幕的远近并没有偏好。

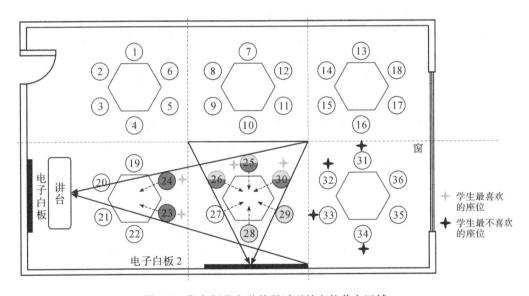

图 7-5　华东师范大学某研讨型教室的黄金区域

　　图片来源:陈向东,侯嫣茹.研讨型教室的黄金区域是如何形成的[J].电化教育研究,2018,39(6):75-82.黄金区域即学生最喜欢的座位所在的区域。

2.数字化线下教学的角色结构

　　在数字化线下教学中,教师与学生的角色并未发生重大的变化。教师的角色仍然是学习动机激发者、学习资源指导者、教学过程组织者、课堂行为与学习效果评价者和教育知识分配者。在课堂教学中,教师主要扮演的是"课堂控制者"和"知识传递者"的角色。学生的角色仍然是课程学习者、课堂活动参与者、课堂规范遵守者、主体地位谋求者、展示机会竞争者、肯定评价寻求者、同伴与教师行为制约者等。同时,数字技术为教师优化学习过程、提升教学效果评价提供了强有力的工具。

二、数字化线下教学的互动分析

随着教育信息化的不断发展、泛在技术支持的智能教学空间及活动场所的涌现,信息技术元素开始融入互动行为分类中。根据教学互动的主体来分类,可把有技术参与的课堂教学中的互动行为分为三类:人际互动(师—生、生—生)、人技互动(师—技,生—技)、基于中介的互动(师—技—生,生—技—生)(刘喆和陈霓,2021)。研究者在对教学互动进行分析和编码时,也在 FIAS 的基础上进行了改进和完善,增加了数字技术的内容。顾小清和王炜(2004)提出的基于信息技术的互动分析编码系统(information technology-based interactive analysis system,简称 ITIAS)增加了技术的类别,并对教师的提问进行了细分,增加学生语言行为的类别。方海光等(2012)以及韩后等(2015)对 ITIAS 进行了优化,分别提出改进型弗兰德斯互动分析系统(improved Flanders interaction analysis system,简称 iFIAS)和 1:1 数字化环境下课堂教学互动行为分析编码体系(one-to-one techno-based interaction analysis system,简称 OOTIAS)。此外,穆肃和左萍萍(2015)还开发了基于教学活动的课堂教学行为分析系统(teaching behavior analysis system,简称 TBAS),对师生如何操作技术和设备进行了细分。

很多研究者认为,智慧课堂的互动本质并没有超越传统课堂的问题(李利等,2018;刘喆和陈霓,2021)。具体表现为:①课堂互动仍以教师为主导,互动的发起者主要是教师,教学互动以师生互动为主,教师与技术的互动明显高于学生与技术的互动,技术主要支持的仍然是教师主导的教学行为(崔亮和董利亚,2017)。②技术的使用仍停留在表层应用上,师生互动、生技互动的深度不足,技术使用沦为教师讲解的注释。③受限于教师的技术能力,教师无法有效发挥数字技术的优势和软件的功能(李利等,2018)。刘喆和陈霓(2021)对"一师一优课"国家教育资源公共服务平台中十个初中数学优质教学视频课进行观察,证实了这一结论。在该研究中,将课堂上的教学互动分为教师言语、学生言语、沉寂、教师使用技术和学生使用技术等五类。研究发现,在教学过程中,教师表达自己观念的时间占比最长,接纳情感和提出开放性问题的行为较少。学生行为中的被动应答居多,用技术进行资源学习、个人实践创作的行为较少,主动提问行为比较缺失。此外,"人与技术互动"的"直接"行为较少,学生缺乏独立运用技术进行探究的机会,技术只起到辅助作用。

三、数字化线下教学的课堂控制

在传统的课堂中会经常使用体罚、命令作为课堂控制的策略(刘向辉,2008),而现代课堂的控制则更多采用纪律(朱剑瑛和李昭婷,2013)、贴标签(李德显,2005)、分数、鼓励(高学鹏和刘娟,2019)等更温和的课堂控制策略。此外,数字技术提供了更多更丰富的课堂控制手段,如虚拟奖品、发红包、虚拟形象和身份、可兑换礼品的数字代币等。如清华大学开发的雨课堂将插件嵌入 PPT 演示文档中,可以让教师在课前设置与教学内容相关的投票或在课件中插入选择、填空、主观题等作业,并可根据作业的难度给不同的作业赋予一定的分值。在课堂展示过程中给学生发放事先设计好的投票和作业,根据学生的答题速度设置和调整答题的时间,并可将学生的投票结果和作业答案以署名或匿名的形式呈现在多媒体上。对于客观题,雨课堂可根据事先设置的答案对学生的回答进行批改,并在结果中展示正确答案及学生回答的正确率。对于主观题,可以生成词云进行展示,还可将生成的词云发送到学生的手机终端。雨课堂还提供了弹幕功能[①],教师可以控制开放和关闭弹幕的时间。当弹幕功能开放时,学生可以发送弹幕,将自己想要表达的观点匿名展现在多媒体屏幕上,供教师与全班同学观看,教师可以通过后台实时监控弹幕内容和发送弹幕的学生信息,并给予反馈。此外,教师还可以通过雨课堂进行随时点名、随机分组等。

第三节 线上教学

一、录播教学

录播教学是教师事先录制好视频,学生在需要的时候观看。在教学过程中,教师的教学与学生的学习是异步的。我国政府部门建设的各种数字资源、著名的视频网站YouTube 和 B 站等都是以录播教学为主。

随着数字技术的发展,弹幕功能的出现,为录播教学从传统的单向信息传达向交互方向发展提供了技术支持。弹幕功能作为一种重要的数字教育创新,为学习者提供了发表自己意见和提出自己观点的平台,学习者可以观看其他学习者的评论内容,增加自己对该段视频内容的理解。此外,弹幕为学习者提供了情感支持与认知帮助(张文兰等,2022),有效地提高了学习者的参与度,激发了学习者的学习动机,增加了学习的临场感,缓解了学习者交流互动不足的问题,为教育者优化视频提供了重要的参考(李海峰和王炜,2015)。

1. 录播教学的结构

(1)录播教学的时空结构

在录播教学的录制过程中,课堂的时间结构基本以教师说话为主,一些课程会留下沉默的空白时间,用于学生思考与回答教师提出的问题。录播教学的时间是有弹性的,学生可以自主选择时间起点和时间流速,可以选择倍速播放、暂停、往前回拉重新播放。有一些录播教学还会在视频中间插入问题,只有正确回答问题,视频才能继续播放。

在录播教学的播放过程中,视频弹幕的出现使得录播教学呈现出两种时间维度:学

---

① 弹幕(danmu/bullet screen/overlaid comments)指由屏幕上即时出现的文本组成的大量、简短、重叠和快速滚动且形似密集子弹的评论,最初源于日本视频分享网站 NicoNico 动画,随着信息技术和新媒体环境迅速发展,以一种新颖的在线评论和互动方式出现(蔡辰等,2022),现在已经从视频网站拓展到现实的学习场景中。

习者观看视频的实际时间与视频播放的时间。学习者在不同学习时间发送的弹幕在同一个视频播放时间的重叠,使得学习者有了一种同步与异步同在的交互(张婧婧等,2017)。学习者构建了新的标记时空的符号系统,用"前面"和"前方"这些指代地理空间位置的词语,指代在视频播放时刚刚飘过的那条弹幕或者发送该弹幕的学习者,而这条弹幕往往是其他学习者在很早之前留下的。这些学习者交流的时间不再是实际的物理时间,而是基于视频时间的跨越时空的交互。这种特殊的语言风格表达了自己和其他学习者之间交互的时间和空间的特征。在这个语言使用过程中,学习者之间构成了彼此之间对时空标定的共识(张婧婧等,2017)。

(2)录播教学的角色结构

在录播教学中,教育者的角色只是知识的提供者和学习内容的组织者,而不再承担学习评价的角色。而学习者的角色则出现了扩大化,不仅需要自己来组织安排自己的学习进度,而且发布弹幕的过程同样也是知识生产的过程,在弹幕的互动中还承担了知识传递者、学习内容评价者、问题解惑者的角色。学习者通过弹幕实现了与教育者之间的角色转换。

2. 录播教学的互动

在录播教学的录制过程中,教师并不知道视频会被哪些学生观看,教师与学生之间也不存在实质性的互动。在录播教学视频发布之后,视频弹幕为录播教学提供了新的基于情境的实时交互。

视频弹幕包括师生互动和生生互动。在师生互动中,教师在视频录制时会使用一些交互性较强的语言,如在每节课的开头和学习者打招呼,并带领大家回顾上节课的学习内容,在每节课的结尾会说"谢谢大家"。学习者会在弹幕中对教师进行回应,并在课程学习中,常常以"老师"作为开头,对视频内容进行提问,或者喜欢讨论与老师相关的内容。在生生互动中,交互的内容包括与在同一时间学习的其他学习者打招呼以及就学习的内容进行讨论,甚至有的学习者会发出自己实际观看的时间,以便同时观看的其他学习者可以辨认出自己(张婧婧等,2017)。在师生互动与生生互动中,由于录播视频中的教师是无法真正回应学习者的,对于课程内容的教学讨论往往只发生在学习者彼此之间的交互中,教师极少参与并进行回复,师生之间以单向互动为主,教师无法及时参与学生的学习过程,无法为学习者解答困惑及提供适时的引导(沈浩和梁莹,2022)。

在弹幕中发表评论具有匿名性,因此,学习者在传统课堂中所遇到的因为提出不合适的问题或表达大众不赞同的观点而被其他学习者和教师嘲笑甚至批评的情况在弹幕中较少出现。相比传统课堂,在弹幕的交互中,学习者表达的观点更为个性化(李海峰和王炜,2015),情感交流较多且更为直接地表达自己在学习过程中即时出现的积极或消极的情绪(张婧婧等,2017)。总体而言,弹幕对于教学反馈的正向性评价较高,而负面的反馈往往提供了课程调整优化的赋能活动(沈浩和梁莹,2022)。

3. 录播教学的课堂控制

由于录播教学是事先录制的视频,教师无法根据学生的表现对学生行使表扬、批评、评价、贴标签等话语权力,对学生进行适时地引导。然而,教师对录播教学的课堂也并非毫无控制能力。录播教学的控制方式主要采用学分认证的方式,学生在学习完视频之后,可以获得相应的学分认证。在技术的支持下,教育者为了确保学生观看视频,可以运用后台程序统计学生学习的时间,控制学生是否可以加速或减速观看视频、是否可以拉动视频的进度条、是否可以切换观看视频的界面。

二、直播教学

直播教学是通过卫星和网络将教师在直播课堂中讲课的内容实时传送给异地的学生,学生通过热线电话或互联网与授课教师进行互动交流,教师在直播课堂中即时解答学生提出的问题而实现的交互式教学(吴鹏泽,2007)。直播教学最早在远程教育中采用,主要通过热线电话进行沟通,随着互联网的发展,通过网络沟通成为主流。早期的直播教学主要以一对多的师生互动为主,随着家庭对教育投入的增加,也出现了很多一对一的直播。直播教学可以让师生在空间分离的情况下实现实时的教与学,建立现场参与感,更接近课堂教学,进行及时交互。因此,在新冠疫情期间,直播课堂出现了爆炸式的增长,成为在线教学中最多采用的教学方式(穆肃等,2020)。浙江省教育厅调研发现,全省中学在疫情期间采用直播参与的课程总占比89.1%,其中纯直播形式占比最高,达51.8%(王小平和马婷,2020)。

1. 直播教学的结构

(1)直播教学的时空结构

直播教学尽管师生不一定在同一地点,但是在时间上具有同步性,在时间安排上更具刚性。研究发现,在直播教学中,课堂交往的时间结构存在很大差异。王莹莹等(2021)对山东省淄博市柳泉中学的在线直播课进行分析发现,有的直播课堂师生言语比例高达18∶1,教师以讲授和自问自答为主,而有的课堂师生言语比例只有1.7∶1,学生的话语权和主体性得到了充分的发挥。

直播教学发生的空间是虚拟空间,实时的同步在线对设备和网络的要求和依赖度极高。因此,网络的流畅性会影响互动的效果,具体表现为:网络越流畅,网络的时间延迟性越小,学生与教师之间的距离就越近;当教师提出问题时,网络更流畅的学生更容易"抢"到回答问题的机会,从而具有更大的话语权,而网络不好的学生,即使获得了连麦回答问题的邀请,也有可能因为网络的问题错失表达的机会。而当设备与网络出现故障时,容易造成无效和混乱的课堂时间,对整个教学进程都会产生巨大影响,甚至中断教学活动。

(2)直播教学的角色结构

在直播教学中,课堂具有相对开放性,因此也引来了更多的"场外凝视"。在这种相对透明的教育场域中,教师与学生之间的权力关系发生了变化。教师除了保持传统的学生学习动机的激发者、教学过程的组织者、资源学习的指导者、知识的传递者的角色之外,作为学生学习评价者的角色功能有所减弱。学生的角色除了保持传统的课程学习者、课堂活动参与者、展示机会竞争者、肯定评价寻求者之外,课堂规范遵守者的角色功能减弱,而主体地位谋求者、同伴与教师行为制约者的角色功能加强。在互联网技术的支持下,学生对教师的行为评价和约束能力增强,对于教师的批评和不当言论,学生可以直接通过在评论区回应或者将教师的直播视频发布到公开网络,借助网络的舆论对教师进行评判。甚至有学生通过雇佣其他网民对直播课堂进行入侵和攻击,实施"网课爆破"。

2. 直播教学的互动

在直播教学中,主要的互动形式是人机互动和师生互动,学生也可以通过聊天进行生生互动。研究发现,直播教学中的师生实时互动,其参与度与在场感均优于异步在线教学(郭文革等,2021)。与线下课堂相比,学生具有更多的机会和渠道与教师发生交互,教师能够看到学生提出的问题,并及时给予回应,师生交互呈现出双向性和多渠道的特点。学生与内容交互的发生时间和方式主要由教师决定,占比一般较少(穆肃等,2020)。

师生之间互动的频率受到直播规模大小的影响。在大规模直播教学中,教师面对的学生是大量的群体,整个教学过程以教师传授知识为主,教师和学生之间一对一的互动较少。尤其当大量学生一起发言时,容易出现刷屏现象,以至于教师无法接收到学生发送的有效信息。为解决大规模直播课堂互动不足的问题,学而思采用双师制来增加互动的渠道。双师制的班级一般由一个主讲教师与多个辅导教师构成。主讲教师一般是水平比较高的、比较有名的教师。主讲教师(明星教师)利用个人的魅力和专业能力面对大规模的学生进行直播,同时多个辅导教师将学生分成多个小组进行管理。在直播互动的过程中,主讲教师会采用发红包、对活跃的学生进行表扬、针对学生的应答率和回答问题的正确率在小组之间开展竞赛,以提高学习者的参与度。辅导教师会在正式直播课开始之前和直播课结束之后对学生的表现及作业情况进行点评,通过发红包、发表扬榜的形式对学生进行激励。在课后,辅导教师会通过班级群(一般为微信群)与学生或家长进行沟通,在班级群里组织一些拓展学习,通过发语音或视频的方式进行互动或点对点私下进行互动,批改班级学生的作业,进行点评,发布学生的学习情况,等等。在小班直播教学中,学生能够获得更多的发言机会,教师与学生之间的互动也更为频繁(吴玲娟,2022)。李爽等(2022)对小班直播教学中师生对话的互动模式进行了分析,发现在师生的对话中存在无技术参与、技术辅助反馈、技术操作回应以及被中断的对话等四类共12种互动模式。无论是否有技术参与,一对一的对话均占据了绝对主导地位。生生交互则呈现出一对多和多对多的特征,学生可以通过聊天区就某个问题展开讨论,并可以同时发言,而不必像线下课堂一样轮流发言。

王莹莹等(2021)对山东省淄博市柳泉中学的在线直播课进行了分析,发现"诱发—回答—反馈—学生提问"为直播课中师生主要的语言互动结构,设备和网络问题是导致教学混乱的主要原因;在互动层次上,教师主导型课堂的师生深层和浅层互动比例较佳;在互动氛围上,教师多以积极强化为主,教师主导型课堂的追问频率较高;在互动动态上,教师讲授和学生发言交替出现是直播教学的行为序对,而学生发言的频次、时间与教师的教学设计和平台使用能力有关。

在直播教学中,发言比较积极的学生往往更容易引起教师的关注。通过对学而思网校的直播课堂进行分析,发现更早进入"教室"、提交自己的学习笔记、与辅导教师的互动会影响辅导教师对学生的关注,而在课堂上答对题目、抢到了最大的红包、辅导教师本身的影响力则会影响主讲教师对学生的关注。在直播教学过程中,学生除了可以在讨论区之外发表言论、回答问题,还可以通过连麦与教师进行互动。与教师进行连麦的学生可以与主讲教师进行对话,不仅可以获得教师的关注,还可以被所有的同学听见,甚至被清楚地看见。连麦是否成功取决于学生的网速,当同时有多个学生请求连麦时,网速最快的学生更有可能在第一时间抢到连麦的机会,而网络的速度和稳定性决定了连麦时的话语是否能够被清晰地听见,从而影响连麦的效果。学生通过发送弹幕,在评论区进行评论、邀请连麦回答问题等方式与教师发生互动。同时,学生也会采用主动静音来掩饰在上课时的游离,如打瞌睡或做其他事情。

在直播教学实践中存在着一些问题,如:简单地移植线下教学模式(乐传永和许日华,2020;谢幼如等,2020);学生"主体性"地位未大幅提高,课堂以教师讲授、提问为主,教师仍是课堂评价主体(丁珍,2020);师生互动不理想,学生参与较为被动,且容易出现课堂违规行为(李爽等,2022);常有学生注意力不集中的行为出现,无法保证学生实质性的学习投入(刘司卓等,2021);难以处理突发情况(付卫东等,2020);学校和政府提供的在线教学技术支持不够充分(乐传永和许日华,2020);等等。

3.直播教学的课堂控制

在直播教学中,教师很少使用批评来管理学生,更多是采用数字技术来实现对课堂的控制和管理,如通过对学生进行静音和禁言、是否授权学生发布弹幕、邀请学生连麦、使用抢答器让学生抢答问题、发放金币进行奖励等方式对学生进行管理。

对于数字教育的课程管理不仅是教师的责任,数字教育的平台也往往肩负着监管的责任。数字教育平台会对不符合社会价值观的敏感言论或攻击性言论进行监管。例如在腾讯课堂上,如果有学生发表了不正当言论或敏感词汇,在讨论区就会显示只有教师可见,或者直接被禁言。

然而,在直播教学中教师对教学的课堂控制受到了教育者信息技术能力的限制。如在直播课堂被网民入侵时,信息技术能力较弱的教师无法对网课入侵进行有效干预,对干扰课堂的人进行禁言或踢除,从而失去对课堂的控制,甚至有教师在直播课堂中深受其扰,为此失去了生命。

三、慕课教学

慕课,即大规模在线公开课(massive open online course,简称MOOC),是一种运用数字技术和数据库,将教学视频、学习内容、在线测试题等课程资源存放在互联网平台的数字化课程(蔡宝来等,2015)。大多数慕课还提供资源来实现交互,如留言板和邮件列表(mailing list)[①],并以教学助理的形式提供支持,具有开放获取和无限参与的特点。与

---

① 邮件列表是一种在特定群组内群发电子邮件的服务,成员可以发送邮件给组内所有的订阅者。订阅者可以通过网页或者其他方式告诉邮件列表自己愿意接收向这个邮件列表发送的邮件,也可以随时退出,因此订阅者会发生动态变化。国外较大型开源社区一般使用邮件列表作为其沟通的工具。

其他在线课程相比,慕课拥有完整的课程体系结构,不但提供视频和文字的教学内容,而且包含教学活动的课堂设计,在师生和生生之间具有高度的交互性(刘静静和张立国,2014)。慕课对所有人开放(没有入学先决条件),但是对学生的自主学习能力要求较高,面向的对象主要是成年人。大部分慕课在注册时无须支付任何费用(Perrotta et al.,2015),这有利于经济条件较差与缺乏文凭的弱势群体获得学习资源,也能够更好地集中帮助学习速度较慢的学习者,减少了经济、文凭和能力带来的不平等。

1. 慕课的发展历程

最早的慕课是 2008 年在加拿大曼尼托巴大学(University of Manitoba)由乔治·西蒙斯(George Siemens)和斯蒂芬·唐斯(Stephen Downes)开设的一门学习理论在线开放课程①,有 25 名学生付费,2300 名学生免费参加(Perrotta et al.,2015)。慕课的概念被提出之后,2012 年在美国爆发式增长,《纽约时报》将 2012 年称为"慕课元年"(the year of the MOOC)(蔡文璇和汪琼,2013)。自 2013 年起,慕课在中国飞速发展。2013 年 10 月,清华大学推出我国第一个自主开发的慕课平台"学堂在线"(刘安然,2021)。2015 年,北京大学主办了以中文为主的慕课服务平台——华文慕课,为全球华人提供高等教育服务(王辞晓等,2020)。2022 年 12 月,世界慕课与在线教育大会的数据显示,中国慕课数量已经达到 6.19 万门,注册用户超过 3.7 亿人(教育部,2022)。

目前全球最著名的慕课平台是 Udacity、Coursera 和 edX,都是基于专有平台和软件,依赖于传统大学和技术供应商之间的商业协议。Udacity 和 Coursera 都是斯坦福大学与其他精英学术机构合作的分支机构,edX 则得到了哈佛大学和麻省理工学院的财政和学术支持。我国最具规模的慕课平台是中国大学 MOOC,由高教社联手网易共同推出。在线教育机构 Class Central 指出慕课的应用与发展经历了六个阶段:免费模式、付费证书、微专业、大学学分转换、微学位和企业培训(王辞晓等,2020)。

目前,慕课已经演变成两个不同的教学方向:基于内容的 xMOOC(content-based massive open online course)和基于联通主义的 cMOOC(connectivist massive open online course)(Andersen et al.,2014)。xMOOC 更关注知识的传播与复制,强调学生知识与技能的掌握,多采用视频、作业、测试等学习方法,如 Coursera、中国大学 MOOC 等都是典型的 xMOOC。cMOOC 则关注知识的建构和创造,强调学生的知识建构过程,多采用论坛、社会网络学习等学习方法,如北京师范大学远程教育研究中心开设的"互联网+教育:理论与实践的对话"系列课程,采用社区型在线课程新形态发展学习者的问题解决能力和创新能力(王辞晓等,2020)。此外,在慕课的基础上,又涌现出一些新的教育形态,如私播课(small private online courses,简称 SPOC)、超级慕课(meta-MOOC)、深度学习慕课(deep learning MOOC)、大众开放在线实验室(massive open online labs,简称 MOOL)、移动慕课(mobile MOOC)、分布式开放协作课程(distributed open

---

① 关于 MOOC 起源的专访,详见 Tamburri R. An interview with Canadian MOOC pioneer George Siemens[EB/OL].(2014-02-12)[2023-12-10]. https://www. universityaffairs. ca/features/feature-article/an-interview-with-canadian-mooc-pioneer-george-siemens/.

collaborative course,简称 DOCC)、大众开放在线研究课程(massive open online research,简称 MOOR)等(祝智庭和刘名卓,2014)。

2.慕课教学的结构

(1)慕课教学的时空结构

与传统课堂和直播课相比,慕课的时间更具有弹性。慕课作为一种异步教学,教师与学生不必在同一时间在线,因此对于时间的强制性较弱。另外,慕课教学中的视频教学材料可以根据学习者的偏好和接受程度自主调整播放速度,因此对于不同的学习者来说,慕课教学的时间更加灵活和个性化。在时间的控制上,学习者具有很大的自主权和控制权。不同的慕课平台提供的不同课程类型对时间的要求也不同。如 Coursera 平台提供的普通课程并未严格规定时间,学习者可以根据自己的时间调整学习进度,而学位和学分课程则需要按照规定的时间申请和上课,与传统的线下教学更为接近。中国大学MOOC 的课程提供了随堂模式、自学模式和直播模式等三种组织模式(刘安然,2021)。在随堂模式中,学习者需要在规定的时间内观看视频并完成作业和考试才能获得相应的分数与证书。在自学模式中,学生可以根据自己的时间随时观看视频、课程资料和参加测验,但无法取得分数和课程证书。在直播模式中,上课时间是固定的,学习者需要在直播时间参与课程,并且无法改变播放的速度,有些直播课在直播结束后提供了回看功能。

(2)慕课教学的角色结构

在慕课教学中,教育者主要的角色是知识的提供者和助学者,其课堂控制、学习评价的角色被大大弱化,学习者的角色被大大丰富。尤其是在 xMOOC 中,学生在与资料和其他学习者的互动中扮演了知识传播者、学习寻径者、问题解惑者、活动参与者、效果评价者等角色。

3.慕课教学的互动

在慕课教学中的互动主要是学习者与资源之间的互动,以及学习者之间的互动,而师生之间的互动则被大大地弱化。学习者与资源的深度互动是慕课教学中保证学习质量的关键(徐亚倩和陈丽,2021)。

基于内容的 xMOOC 通过视频演示和简短的测验和测试进行学习,其主要的互动模式是学习者根据预设的测验和测试回答问题,以验证其知识的掌握程度。由于在xMOOC 教学中学习者与教学资料之间的互动缺乏在场感,许多学习者自发地组织了线下活动来增加归属感。例如在 2012 年 6 月至 2014 年 4 月期间,在 Meetup 网站组织了至少 4300 多个与 Coursera 的课程相关的活动,这些活动分别在 141 个不同的国家举行,总共吸引了 25000 多名与会者(Bulger et al.,2015)。Bulger 等(2015)分析了在 Meetup网站上发起的 Coursera 相关的会议后发现,发达国家的参加 Coursera 慕课的学生更可能为了参与的课程本身发起线下聚会,而发展中国家的学生更可能围绕慕课的发展发起聚会。作者认为,发展中国家的学生比发达国家的学生更可能关注慕课所带来的社交与专业之间的联系。

而基于联通主义的 cMOOC 中的互动比其他学习环境更加复杂和多样化。乔治·

西蒙斯提出的联通主义学习理论认为,学习是通过扩展个人的社会网络来建立连接,是个人、网络、组织之间循环反馈的过程。[①] 只有与人或物建立连接并不断交互,学习者才能产生新的知识和观点,形成知识网络和社会网络(陈会民等,2021)。Wang Z J 等(2017)通过对 cMOOC 的互动分析发现,学习者在 cMOOC 的学习中存在由低到高四个层次的互动:操作交互(operation interaction)、寻径交互(wayfinding interaction)、意会交互(sensemaking interaction)和创新交互(innovation interaction),具体如表 7-3 所示。操作交互直接影响其他三种交互,是进一步学习发生的基础和先决条件,并贯穿整个学习的过程;其他三种互动根据学习者的需求、能力和反应发生。在整个学习的交互过程中,大部分属于意会交互,只有少数达到创新交互水平。交互级别越高,技术和时间要求就越具有挑战性。

表 7-3　cMOOC 的互动类型与实例

交互类型	交互模式	具体表现
操作交互	环境设置与测试	发送测试帖子来检查环境是否正常工作
	提供操作指导	提供特定学习环境的操作指导,帮助学习者建立和提升自己的学习环境
寻径交互	帮助他人寻径	学习者通过提供策略指导、共享站点来方便其他的学习者参与课程
	直接寻径	学生通过介绍和推荐课程、建立小组、组织活动以及邀请其他人加入来连接资源并建立社交网络
	间接寻径	学习者参与活动并加入现有网络以建立自己的社交网络
	其他寻径	学习者分享自己的社交需求、情感状态和情绪
意会交互	资源汇总和共享	汇总和分享有用和有价值的资源
	讨论协商	在论坛、博客等网络平台上发表自己的思考和辩论过程;回复他人的观点;发表自己的看法和态度
	反思	概括和总结
	决策	判断和过滤收到的大量信息,并及时调整自己的计划和贡献
创新交互	原创型创新	构建具有丰富创意和学习价值的视频或音频
	混合型创新	将原有的材料进行拼接从而创造新的想法和观点

资料来源:Wang Z J, et al. Interaction pattern analysis in cMOOCs based on the connectivist interaction and engagement framework[J]. British Journal of Educational Technology,2017,48(2):683-699.

黄洛颖等(2022)对 cMOOC 学习者在整个学习过程中互动的动态变化进行了分析,发现学习者在学习过程中的互动类型随时间的推移会发生相互转化,并具有层次间相异、层次内交叠的演化特征。交互转化更多地发生在同一教学交互层次内,主要包括寻

---

① 详见 Siemens G. Connectivism:a learning theory for the digital age[EB/OL].[2022-02-05]. http://www.itdl.org/Journal/Jan_05/article01.htm.

径交互层次内与意会交互层次内的交互转化;不同交互层次间的交互转化主要集中在上层交互扩展下层交互上,如意会交互扩展寻径交互。寻径交互在学习初始阶段较少产生交互转化;随着学习的深入,逐渐以寻径交互自身转化为主、上层交互扩展为辅的转化方式产生交互;自由学习阶段则通过寻径交互自身的转化和意会交互的扩展来产生新的交互。产生意会交互在初始阶段主要通过意会交互自身转化的方式生成新交互;后续进入以意会交互自身转化为主、创新交互扩展为辅的意会交互生成模式;自由学习阶段则通过寻径交互支撑、创新交互扩展和意会交互自身转化等多种方式来产生新交互。创新交互在初始阶段与意会交互相互转化,随着学习推进,产生创新交互的交互转化逐渐变少。

4. 慕课教学的教学管理

与大量用户相对应的是,由于缺乏对学习者的有效约束,慕课学习者的课程完成率并不高。研究发现,慕课的课程完成率仅为 4%～12%(Perna et al., 2014)。随着时间的推移,参与慕课课程的学生流失严重(Bulger et al., 2015),对课程内容的"参与度"在前几周就急剧下降(Perna et al., 2014)。随着慕课教学的发展,该问题并未得到很好的解决。如联合国教科文组织国际工程教育中心(International Centre for Engineering Education,简称 ICEE)在清华大学设立并推出的计算机微专业国际项目存在着同样的问题。该项目于 2020 年 3 月 1 日开放课程注册,至 5 月 31 日在线学习结束,在线学习者规模逾 700 人次,然而最终通过单科课程考评的学习者共 130 人,而通过全部四门课程综合考评的学习者只有 23 人(陈会民等,2022)。

因此,促进学习者完成课程成为慕课教学管理的重要目标。设置任务的截止时间、在视频中间插入问题测试学习效果、通过成绩评定获取学分认证等是目前慕课较多采用的管理措施。研究发现,设置学习进度和任务完成截止日期对于课程的完成具有很大的帮助(罗伯茨,2019)。

四、人工智能教育

人工智能教育是指利用人工智能(artificial intelligence,简称 AI)技术为学习者精准推送教育服务、提供个性化教育和自动化反馈的教育实践。

人工智能在教育领域的引入最早可以追溯到 20 世纪 70 年代。当时,研究人员对计算机如何取代一对一的人类辅导很感兴趣,这种方式被认为是最有效的教学方法(Miao et al., 2021)。在 1989 年出版的《国际人工智能教育杂志》(*International Journal of Artificial Intelligence in Education*)第 2 期中,Schank 和 Edelson(1989)声称 AI 在改善教育方面处于独特的地位,可以构建对教育产生积极影响的基于计算机的教学系统。在后续的发展中,逐步形成了智能导学、自动测评、智能代理等领域实践(杨晓哲和任友群,2021)。

目前采用人工智能技术提供个性化教学①主要有以下几种模式。

---

① ChatGPT 的出现使得对话式的人工智能教育成为可能,目前 ChatGPT 主要用于教学辅助,也开始出现了利用 ChatGPT 进行教学的工具,如 Albus。按照我们的分类,ChatGPT 参与的人工智能教学更偏向于自适应模式。

一是人工智能课堂模式。一般使用事先录制好的视频,在课中根据学生的表现或回答来拼接不同的视频或音频。具有代表性的如针对幼儿学习的小猴课堂、豌豆思维、叽里呱啦、斑马英语人工智能课等。

二是闯关型模式。一般会设置固定的课程学习路线,根据学习者的进度和理解力来控制课程的进度。例如旨在提高学习者英语听力与口语水平的英语流利说开发的人工智能课程共1~9级,每一级的课程内容都是已确定的。学习者先进行英语听力与口语测试来确定自己的英语等级(英语听说能力),根据测试结果来解锁相应级别的课程。学习者完成一个级别并通过测试之后才能进入下一个级别的学习。

三是自适应模式。该模式会根据学习者的能力适时地调整适应难度。例如北美ABOX网校提供的阅读和写作课程Achieve3000(简称A3000),会先对学习者进行阅读测试以确定其阅读的能力(以兰斯值为指标),然后根据学习者的阅读能力(兰斯值)智能推送适当难度的阅读材料和阅读理解,以检验学习者的阅读效果。每个月系统会根据学习者的阅读情况及阅读理解正确率动态更新学习者的阅读水平、阅读材料和阅读理解题目的难度。此外,人工智能系统还可以通过大数据累积与人工智能分析,对学习者进行有针对性的反馈。例如某智能钢琴采用人工智能系统收集学生弹奏时的力度、旋律和节奏,来判断学生的弹奏是否正确,并通过大数据累积与人工智能分析,针对新手型学习者经常出现的错误关键点给予提醒(杨晓哲和任友群,2021)。

四是兴趣推送模式。在该模式中,人工智能系统会根据学习者的浏览、学习的痕迹来推送学习的内容和课程。例如将课程中的视频分类成知识链,每个视频在一个相应的模块中展示一周。根据产生的流量,系统会为每个模块提取最受欢迎的视频,并更频繁地演示它们,或更长时间地演示它们。人工智能可以根据特定视频的优点编制播放列表,并就接下来要看的内容向学生提出建议。

1. 人工智能教育的结构

(1)人工智能教育的时空结构

人工智能教育是一对一的个性化教育,因此,教学时间与传统教学相比更具有灵活性和针对性。然而,在学习的进度和时间的把控上,人工智能的教学依据是大量学习者数据累积的结果,因此,学习者很难完全按照自己的意愿来选择学习的进度。例如,在英语流利说中,学习者根据自己的时间和精力自由安排学习时间,可以随时进入课程也可随时退出课程,在下一次进入的时候继续前面学习的课程。课程的学习是有一定顺序的,学习者只能学习最新解锁的课程或者复习前面的课程。学生学习完一小部分内容就会进行测试以检验学习的效果①,测试后评级达到1颗星及以上才能够解锁下一课。学习完一个单元之后该单元所有课程评级达到2颗星及以上才能解锁下一个单元。一个

---

① 人工智能会根据学习者回答问题的正确率和英语发音来进行评级,最高级别为4颗星。按照官方的说明,得分在0~74分为0颗星,得分在75~79分为1颗星,得分在80~87分为2颗星,得分在88~93分为3颗星,得分在94~100分为4颗星。分数计算方法为:当前课程的正确得分分数/当前课程满分分数×100。

级别学完之后,要求该级别所有课程评级达到 3 颗星并通过等级测试才能解锁下一个级别。

如果说前几种教学的时间像流动的水,那么人工智能教育更像在水流中间建筑了闸道。水可以在两端闸道之间随意改变流速,即学习者可以在某个学习阶段用任意的速度进行学习,但是要进入下一个阶段的学习必须等开闸。而开闸的时间,也即学习者在某个学习阶段学习的时间,则取决于人工智能的设定及学习者达到预期设定所需要的时间。

(2)人工智能教育的角色结构

在完全的人工智能教育中,传统的教师只充当了教学视频提供者的角色,而人工智能则充当了课堂的控制者、学习成果的评价者的角色。由于是一对一的教学,学生无须与其他学习者一起竞争知识的分配和展示的机会。尽管人工智能可以根据每个学生的水平和学习进度自动调整难度水平,并根据学生的优缺点提供提示和循序渐进的个性化辅导,但是人工智能提供的"个性化学习"通常只对特定学习内容的学习路径进行个性化设计,而非提供个性化的学习成果。因此,学生还是主要停留在被规划、被安排的被动角色上。这种被动的角色在 ChatGPT 出现之后有所改变,在与 ChatGPT 互动的过程中,学习者必须主动提出问题,或寻找适合的插件①,当 ChatGPT 给出的答案并不符合学习者的需求时,学习者必须主动思考如何改变问题的询问方式以得到想要的答案。此外,由于人工智能的评价标准往往是预设的、僵化的,对于具有创造性的学习成果是无法被衡量的。从这个角度上来说,学习者更多扮演的角色是"预设的正确答案的寻求者"。为了解决人工智能在教育中所扮演的教育者角色不够人性化的问题,很多人工智能教育的产品会增加辅导教师的参与。一般而言,辅导教师并不会嵌入人工智能教育产品,而是建立学习小组(一般为微信群),由辅导教师鼓励和引导学习者进行学习,展示学习者的学习成果,对参与度高的学习者进行表扬,提高学习者的学习动力。同时,辅导教师还会提供额外的学习内容和相关的一些拓展,如在小猴语文课中辅导教师会发一些中文的绘本故事,在英语流利说中,辅导教师会发一些与英文相关的资料,如英文歌曲,英语文化、词汇与语法的使用等,还会提供英文发音的个性化点评。在这个过程中,辅导教师主要扮演学习动机激发者的角色,学习者主要扮演学习活动的参与者与同伴学习的鼓励者的角色。当学生遇到问题时会与辅导教师进行私下沟通,辅导教师扮演了学习内容解惑者的角色。同时,在很多商业化的人工智能教育产品中,辅导教师还承担着课程销售的角色,学生则扮演课程购买者和消费者的角色。

2. 人工智能教育的互动

在人工智能教学中,互动主要发生在人工智能与学习者之间一对一的互动上,互动在什么时间出现,以何种方式出现,主要由人工智能预先设定。而 ChatGPT 的出现使得人工智能教育的这种"预设"性有所淡化,互动变得更加开放和灵活。在完全人工智能教育的环境中,教师与学习者之间以及学习者与学习者之间并不存在互动。在有辅导教师

---

① ChatGPT4.0 以上提供了很多专门的插件,如知识库检索插件、网络浏览器、代码解释器等。

介入的环境中,辅导教师与学习者以及学习者与学习者之间主要在学习小组中进行互动。如在英语流利说中,辅导教师会负责管理几个百人左右的学习微信群。在开课时,辅导教师会将同一时间段开课的学生组成微信群,并组织开学典礼,介绍课程情况,鼓励大家进行自我介绍、组成更小的学习团队进行打卡。在课程进行期间,辅导教师每天会安排三次互动:早安热身、午间学习、晚安问候。早安热身时,辅导教师一般会发前一天学生学习的榜单,一句英语名言和英语的选择题,学生在群里对选择题进行解答。午间学习时,教师会公布选择题的答案,分享一些语音发音的小课、发音跟读课程,并对学生的发音进行针对性点评。晚安问候时,辅导教师将当天的任务进行总结,并分享一些英语知识、词汇用法或英文歌曲等。周末,辅导教师还会组织一些如单词接龙之类的小游戏,鼓励学习者之间进行互动。在课程快要结束的时候,辅导教师会组织开班会,让学习者分享自己的学习经验。

3. 人工智能教育的课堂控制

人工智能教育常常采取营造游戏的氛围、及时提供积极反馈、设置关卡等形式来进行教学的管理。当学习者完成某项学习任务或达到某个标准时,人工智能往往会及时提供声音、虚拟代币奖励等反馈。当学习者表现良好,或是取得较好的分数时,人工智能会对学习者进行表扬和奖励;当学习者的表现未达到预期时,人工智能会对学习者进行一定的鼓励。如在某人工智能课堂中,先给学习者播放一段学习视频,然后向学习者进行提问,要求其进行回答。学习者回答完之后,人工智能采用语音识别技术对学习者的回答进行评分,然后将这个分数传递给算法进行匹配,对学习者进行不同的反馈。如果分数低于某个值或未回答到系统设置的关键词,系统会播放"老师"说"good trying"或"继续努力"之类的视频或音频。分数达到某个值或回答到系统设置的关键词,则会播放"excellent"或"太棒了"之类的视频或音频,同时提供代币给学习者奖励,学习者获得的代币可以在虚拟商城中兑换相应的奖品。

第四节　混合教学

混合教学是指线下面对面讲授式教学和线上学习相结合的教学模式(王辞晓等,2020)。它不是将线下教学和线上学习进行简单叠加,而是通过活动设计进行有机的组合(叶荣荣等,2012)。在混合教学中,学生通过与同学和教师面对面地学习与交流,用适合自己的速度独立地使用数字技术来获取知识(Danilov et al.,2020)。研究发现,混合教学可以激发学生自主学习的兴趣(Heilporn et al.,2021),培养学生自主学习的能力,并提高学生相关课程的学习成绩(彭学军,2017)。

随着微课、慕课等在高等教育中的应用探索,混合教学成为当前高校课堂教学改革与创新的重要实践方式(王辞晓等,2020)。翻转课堂(flipped classroom)和私播课(SPOC)是混合教学的典型代表。除此之外,混合教学将网络交流工具与网络教学平台拼凑在一起,形成了灵活多样的创新教学实践,如公众号＋翻转课堂(彭学军,2017)、整合慕课、私播课、腾讯直播课堂、微信群的"三位一体"混合教学(徐芳,2022)等。

　　按照线上与线下的任务类型,可将混合教学分为线上辅导与线下施教、线上协作与线下施教、线上自学与线下施教三种教学模式(陈革英,2021)。然而在学校的教学管理中,并非所有的混合教学模式与实践都受到官方的认可。李政辉和孙静(2022)在对20所财经类高校制定的与混合教学相关的政策文本进行分析时发现,学校政策仅关注线上自学与线下施教的混合教学模式,并且对教学资源的来源有较为严格的限定。根据混合学习复杂度由低到高,可将混合教学分为组合式(mixed)、结合式(component)、整合式(integrated)和融合式(hybrid)四种类型(穆肃和温慧群,2018),复杂度越高,对师生的信息素养的要求也越高。

一、混合教学的结构

1. 混合教学的时空结构

　　混合教学的时间分成线上和线下两个部分。在混合学习复杂度较低的混合教学中,线上与线下的时空是分离的。在线下施教与线上辅导的教学模式中,线上教学时间一般安排在线下课堂之后,线上辅导有两种形式:一种是在固定时间进行直播,其时间结构特点见本章第三节的直播教学;另一种形式是一对一的个别辅导,对学生而言,投入的学习时间取决于知识的掌握程度和与教师交流的意愿,而对于教师而言,面对学生随时可能提出的问题,其教学时间是不确定且碎片化的。在线上协作与线下施教的教学模式中,线上教学时间可能安排在线下课堂之前,也有可能安排在线下课堂之后,其时间的弹性取决于线上协作的形式是异步式还是同步式的。如果是异步式的,参与者可以根据自己的时间随时参与;如果是同步式的,则需要参与协作活动的参与者进行协商,共同确定。在线上自学与线下施教的教学模式中,线上教学时间一般安排在线下课堂之前,时间相对自由灵活,流动速度可根据学习者的需要发生改变。在线上自学时,学生学习教学资料,完成记忆、理解等浅层的学习活动。在线下施教时,教师可以分配更多课堂时间来组织学生开展围绕学习内容的深度讨论(王辞晓等,2020),完成应用、分析、评价和创造等高阶的学习活动。在混合学习复杂度较高的混合教学中,线上与线下的时空边界是模糊的,线上与线下有时在不同时空进行,有时在同一时空进行。温慧群和穆肃(2023)对四种混合学习复杂度不同的课程进行研究发现,混合学习复杂度越高的混合教学,线上学习的时间和交互的频次越多;在组合式混合教学中,学习者在线上学习和教师上线教学的时间主要集中在课表排定的教学时间;在结合式混合教学中,在课表排定的时间外,学习者在线上学习和教师上线教学的时段都分布较广;在整合式混合教学中,学习者在线上学习和教师上线教学的时段集中于课前和上课时间内;在融合式混合教学中,学习者在线上学习和教师上线教学的时段在课前和排课期间特别活跃,在其他时段也较为活跃且分布均匀,学习活动贯穿于整个教学过程中,课内和课外的线上线下教学没有明显的界线。

2. 混合教学的角色结构

　　在混合教学中,教师需要精心设计各个学习活动的目标、资源材料、学习步骤、学习要求等,提供学习支持服务,有效引导学习者进行主动学习和知识建构(徐亚倩和陈丽,2021)。与在线教学相比,混合教学更强调从教师的主导地位出发,关注如何帮助学生取得最优化的学习效果(李逢庆,2016)。与线下教学相比,混合教学更强调教师作为学习活动设计者、准备学习资源者和促进学生学习者的角色,而教师作为知识传递者的角色被大大弱化(陈丽,2016)。

在混合教学中,学生不仅仅是课程学习者和课堂活动参与者,还是同伴学习的合作者和促进者。

二、混合教学的互动

混合教学跨越了物理空间和线上虚拟空间,具有跨空间交互的特征;线上教学异步性和线下教学的同步性使得混合教学具有同步与异步交互的特征;混合教学的教学场景随着教学情境发生变化,具有多情境转化的特征(田阳等,2019)。

在混合教学中,在课前的线上学习主要是师生之间的互动(线下施教与线上辅导混合教学)、学生之间的互动(线上协作与线下施教混合教学)、学习者与学习资料之间的互动(线上自学与线下施教混合教学)。等效交互原理认为当这三类互动中的一种处于高水平时,其余两类互动可以处于较低的交互水平,并不会降低学习体验(穆肃等,2020)。学生与资料之间的互动包括视频内嵌互动、测试互动、评价互动和社会性学习互动等。

在混合教学中,由于学习者已经在课前掌握了相应的基本知识,在线下课堂的互动更多强调以学生为主体的自我展示与小组讨论,以学生为主体的师生互动与生生互动得到了加强。

三、混合教学的课堂控制

混合教学的课堂控制分为线上教学的课堂控制和线下课堂控制两个部分。线上教学的课堂控制主要采用记录学习者学习的时间、任务点设置、视频内嵌、机器自动评分并即时反馈结果、建立积分、学级修炼等机制来确保学生的学习。学生会采用刷课的方式对教师的课堂控制进行反抗。在混合教学中的线下课堂控制除了本章第二节提到的策略之外,还会注重与线上教学相互呼应,互为补充。

第八章　数字教育创新成果评价

尽管数字教育创新给教育场域带来了巨大的变化,但是要产生有意义和持久的社会影响,需要专注于教育这个复杂系统的长期变化是否在总体上朝着积极的方向发展,并引发系统性变革。数字教育创新的成果评价主要体现在可持续发展目标的实现、社会信任和凝聚力的增加、弱势群体教育的推进、教育不平等的消除等四个方面。

教育的可持续发展目标主要是通过变革来确保公平包容的优质教育以及终身的学习机会。本章第一节将从联合国教科文组织提出的可持续发展目标出发,分析数字教育在可持续发展方面取得的成效。此外,数字教育在增加社会信任和凝聚力、推进弱势群体的教育、消除教育不平等方面也出现了创新性的发展。数字教育引发跨时间、跨地区的交流与合作,促进数字教育学习共同体和服务联合体的形成,增强了社会信任和凝聚力。数字教育利用技术给公众提供了开放获取教育资源的机会,扩大了贫困人口、妇女、少数民族和残障人士等群体的入学机会,带来平等获取、包容、灵活的终身学习和国际流动(Allmer,2017)。数字教育希望实现的一个重要目标是借助数字技术来实现教育公平,并赋予教育公平新的内涵。然而在实践的过程中,教育公平的实现也遇到了教育制度环境、社会文化制度和教育主体能力等方面的制约。

第一节　数字教育与可持续发展

2015 年,在联合国大会第 70 届会议上,通过了《变革我们的世界:2030 年可持续发展议程》("Transforming Our World:The 2030 Agenda for Sustainable Development"),提出了 17 个可持续发展目标以及 169 个相关具体目标,其中第 4 个目标涉及教育的可持续发展。数字教育作为解决可持续发展相关问题的"催化剂",尤其是实现教育可持续发展目标的"变革推动者",发挥了重要的作用。

一、教育可持续发展目标

在联合国教科文组织发布的可持续发展目标中,提出了到 2030 年教育可持续发展的 7 个最终目标,分别是:确保所有女孩和男孩完成免费、公平和优质的中小学教育,并取得相关和有效的学习成果;确保所有女孩和男孩都能够获得优质的幼儿发展、看护和学前教育,为他们接受初级教育做好准备;确保所有女性和男性能够平等获得负担得起的优质技术、职业和高等教育,包括大学教育;大幅增加掌握就业、体面工作和创业所需相关技能(包括技术性和职业性技能)的青年和成年人数;消除教育中的性别差距,确保弱势群体如残障人士、土著居民和易受影响的儿童等,能够平等获得各级教育和职业培训;确保所有青年和大部分成年人,无论男女,具有读写和计算能力;确保所有学习者都掌握可持续发展所需的知识和技能,具体做法包括开展可持续发展、可持续生活方式、人权和性别平等方面的教育,弘扬和平和非暴力文化,提升全球公民意识,以及肯定文化多样性和文化对可持续发展的贡献。

二、教育可持续发展目标的实现

数字教育的发展为教育可持续发展目标的实现提供了重要的助力。在本书的第四章阐述了数字教育在幼儿发展、中小学教育、高等教育、在职教育和老年教育中所发挥的作用,而政府和社会组织提供的数字教育平台(见本书第六章第二节、第三节)则为各年龄阶段的学习者提供了免费、优质的教育。因此,数字教育对可持续发展目标第1至4条的实现具有积极的促进作用。在本章第四节将具体阐述数字教育在促进残障人士和贫困人口等弱势群体平等获得各级教育和职业培训方面作出的贡献(可持续发展目标第5条)。数字教育扩大了学校的影响力(第六章第四节)、促进了文化的传承和交流(第一章第一节、第六章第三节),促进了可持续发展目标第4至7条的实现。

数字教育促进可持续发展目标的实现需要嵌入当地的社会环境,主要采取的措施有以下几种。

1. 使用当地的语言

在数字教育中,尽管网络可以将教育内容进行跨地域、跨国界传输,然而,语言却成为数字教育传播中的重要障碍。因此使用学习者当地的语言成为数字教育内容传播的重要手段。目前有两种较为典型的方案。一种是采用人工智能语言翻译工具。如很多网页的浏览器带有自动语言翻译功能,可将网页上的文字翻译成当地的语言。这为减少语言障碍提供了便捷的解决方案。另一种是采用当地的语言来进行教学。如 Coursera 和可汗学院都提供了多国语言课程。这些课程有的是由翻译志愿者进行翻译并制作字幕,有的是直接与世界各地的非营利组织、学校组织进行合作,由教师直接使用当地语言制作的。针对我国方言众多、一些学习者听不懂普通话的情况,B 站上有很多用各地方言制作的教学视频。有调查发现,结合微信平台和方言进行健康教育获得了学习者的喜爱和认可(陈亦芳等,2018)。

2. 使用当地的资源

数字教育的在地融入需要与当地的政府、权威、原有的教育资源进行合作。如印度 GenLink 平台在开展数字教育的过程中,就与当地非政府组织、俱乐部、自助团体、受过教育的年轻人合作,获取当地民众的信任;与当地的领袖和受人尊敬的人物进行交谈,让他们说服学生的父母,促进数字教育的顺利开展。此外,该平台还和当地的补习教师进行合作,在进行远程网络教学的同时让当地的补习教师在场监督学生,澄清学生的疑虑,对学生的学习进行评估,确保学生的出勤率等(Parthiban et al.,2020)。在中国的中小学,针对教育资源不足地区实施的双师制结合了远程的优质资源和当地贴近学生的教师资源。

3.在当地开展活动

数字教育的学习者与教育者之间存在距离,因此在学习者的社区开展活动会增加与学习者之间的人际互动和在当地的社会影响。例如 GenLink 平台会通过组织定期教育以及组织前往附近的旅行,与父母及其子女进行互动。此外,GenLink 的现场协调员还利用互联网学校的基础设施来放映教育电影,邀请学习者与其父母参加。除此之外,GenLink 还安排了定期的家长会,邀请家长们在现场观察为他们的孩子上课的课程等(Parthiban et al.,2020)。而斯坦福网络高中虽然完全实行在线教学,没有实体校舍,但是学校会在学生所在地区的社区组织活动。如以美国的某个城市为据点,开展一场"机器人比赛",邀请附近的学生前来参加;在学生聚集较多的地方,学校会任命某个学生的家长作为协调员,负责联系当地的同学,方便一起做社区服务或者组织旅行。

第二节　数字教育与社会信任

社会信任是指一个规律的、诚信的、互相合作的共同体内部,成员基于共同认可的准则,对其他成员的期望(福山,2016)。随着数字技术的发展,社会信任从人际信任、系统信任逐渐发展为数字信任(吴新慧,2020)。"信任转移理论"认为,信任可从不同种类的来源发生转移。本节将先分析在数字教育中教育信任的提升,然后探讨数字教育在提高社会信任方面取得的成果。

一、教育信任的提升

在教育中的信任,即教育信任,是指教育主体对教育世界及其人事的可信性的肯定性反应(曹正善,2007),包括教育者和学习者之间的人际信任,两者对教育组织的信任,以及对包括教育内容和教育手段在内的教育媒介的信任等。在数字教育中,由于教育者、学习者、教育组织的扩大化,教育媒介的多样化,教育信任所涉及的主体也随之不断扩展。

人际信任是以人与人之间的互动构建彼此的熟悉感和共享的文化,数字教育通过为教师与教师之间、教师与管理者之间、教师与学生之间、教师与家长之间、学生与学生之间提供灵活和多样化的交流渠道,增加彼此之间的熟悉感,从而促进人际信任的提升。

在数字教育中,不仅包含人际信任,还存在人机信任的问题。随着技术的不断完善,相关应用的可靠性增加,数字技术与智能系统在教育系统中的普及化及数字教育的广泛传播,使得使用者对数字教育中的技术应用和人机对话日益熟悉,从而增加了人机信任,也进一步增加了教育实践中的数字采纳。此外,人机协作的教育实践也使使用者对于机器的能力有更现实的期待。

在数字教育中,政府、市场、第三方评估机构、区块链技术构建的数字教育资源评价机制,以及用户的使用数据和信息反馈的不断更新和优化,不仅降低了学习者挑选优质课程资源所需的时间成本,同时也增加了学习者对录制教育资源的教育者、提供数字教育的教育组织和平台以及提供数据支持的技术和机构的信任。

此外,越来越多的数字教育平台,不仅为学习者提供了免费的优质课程,还增加了严格的学术道德要求和防作弊机制。例如,Coursera、超星学习通等平台的部分在线课程会使用数字化防作弊工具来确保考试的公平性。对诚信的追求和维护增强了公众对平台和其提供的学术资源的信任。

二、社会信任的提升

数字教育对社会信任的提升主要体现在以下几个方面。

一是数字教育打破了地域、社会经济地位、语言等造成的隔阂,使得教育更加普惠。免费提供的教育资源增加了社会公平,更多的人,尤其是弱势群体,通过数字教育获取了优质的资源,高质量的教育不再只是少数人的特权和专属。数字教育的包容性有助于降低因教育资源分配不均所产生的社会不信任和异化感。

二是数字教育推动了全球合作,来自不同国家和地区的学生可以通过数字教育平台进行交流学习,加深对彼此文化的理解,培养包容与共情,促进对文化差异的开放态度,消弭负面的刻板印象。这种跨地域、跨文化的互动有助于消除猜忌和不信任,增进相互理解、接纳和信任。

三是数字教育学习共同体和服务联合体(详见本章第三节)的建立,加强了个体与个体之间、个体与组织之间、组织与组织之间的联结。通过广泛的交流和合作、互助与反馈、分享与协同,建立彼此认同的价值观念,增强共同体和联合体内部以及与外部世界的信任。

第三节　数字教育与社会整合

数字教育整合了与教育有关的社会资源,增强了社会的凝聚力。其主要表现形式为数字教育学习共同体和数字教育服务联合体的形成。

一、数字教育学习共同体

共同体是由德国的社会学家斐迪南·滕尼斯(Ferdinand Tönnies)提出的概念。滕尼斯在《共同体与社会——纯粹社会学的基本概念》一书中指出,共同体是建立在"本能""习惯""共同思想""共同记忆"上的"原始"的"天然状态"的统一体(纪河和朱燕菲,2019)。美国教育家 Boyer(1995)将共同体的概念延伸到教育中,提出了学习共同体的概念。学习共同体指的是由为实现共同愿景而担负共同使命、合作互动、共同学习的学习者组成的团体(余淑珍等,2021)。学习共同体通过支撑不同经验背景的学习者在持续对话、分享中激发灵感,实现问题解决和知识创生(陈丽和徐亚倩,2021)。

学习共同体有四个结构特征:①具有共同的目标。学习者在相互协商的过程中确定共同的学习目标和任务,形成"同舟共济"的共同意识,形成共同的理解来指导学习,并赋予成员的行动以意义(纪河和朱燕菲,2019)。②具有身份认同与归属感。学习者认为自己是学习共同体的一部分,对学习共同体具有较为强烈的情感依恋。③具有相互的卷入。学习者之间通过对话、协商、合作、参与等方式有深度的交流和较深的卷入,彼此之间具有较亲密的人际关系。④具有丰富的共享资源。学习者在相互交流的过程中创造出丰富的智力资源,包括术语、概念、工具、流程等,可供学习共同体内成员使用(余淑珍等,2021)。

根据数字教学实践的三种教学类型,学习共同体可分为线下学习共同体、线上学习共同体和混合学习共同体。研究发现,线上学习共同体和混合学习共同体的作用效果均优于线下学习共同体(余淑珍等,2021);与线下教学和在线教学相比,在混合式学习情境中,学习者更易产生较强的共同体意识(Rovai & Jordan,2004),并具有跨空间交互、多情境转换、身份多重互嵌和泛在性特征(纪河和朱燕菲,2019)。研究发现,学习共同体对师范类课程及师范生的作用效果最佳(余淑珍等,2021),能够帮助师范生迅速从新手型教师向胜任型教师过渡(郭绍青等,2020)。

由教师为主体组成的学习共同体也被称为教研共同体、教学共同体、教师专业学习共同体(teacher professional learning community)、教师实践共同体(teacher community of practice)等。在教师培训中,通过网络协作教研,教师在个人兴趣和爱好的基础上形成跨校、跨区的协作关系,并在此基础上进行讨论和相互传递信息与教学资源。2020 年 5 月 16 日,中国外语与教育研究中心和外语教学与研究出版社联合成立了云教研共同体(Cloud Teaching-Research Community,简称 CTRC)(文秋芳,2022)。研究发现,在云教研共同体中,学习者经历了安全感、自尊感、求知和自我实现的需求与满足,互动愉悦、认知满足、共同体信念认同、自我实现需求的满足使学员之间的情感连接更持久(张文娟和张伶俐,2022)。

二、数字教育服务联合体

数字教育是一项复杂的系统工程,需要政府、学校、研究机构、企业、家庭、社会等多方的协同参与。在数字教育的开展过程中需要多方联动,引导教育、工信、财政、通信、管理等多部门参与信息化建设,设置专门机构并配备专职人员,引导和鼓励企业和其他社会力量参与建设,实现多元投入、协同发展。在线教育行业针对 B 端的市场亦逐渐成熟和深化,在直播系统、管理系统、课程内容、招生就业、师资培训等方面为学校教育提供多样化的产品和服务支持。教育供给从普惠性统一服务走向广覆盖、多层次、高品质的创新服务(胡小勇等,2020)。

在数字教育的教学实践中,服务联合体对教学的顺利开展以及教研共同体的活动开展起到了重要的支持作用。尤其在新冠疫情期间,流畅的通信平台、适切的数字资源、便利的学习工具、多样的学习方式、灵活的教育组织、有效的支持服务、密切的政企校协同,这七个核心要素有效支撑我国"停课不停学"的顺利进行(黄荣怀等,2020)。这些核心要素不仅需要教育领域的专家提供优质的教育资源与服务,还需要硬件支持,尤其是数字基础设施的架构,以及教育服务平台、教育服务软件的支持。其中,政府发挥了政策引领、统筹协调、有效监管等多重作用,协调企业、学校、科研机构、家庭、社会等各方力量,组成了有效的数字教育服务联合体。在美国,教育部门广泛采用的最成功的信息技术ASSISTments是教育服务联合体的一个重要载体。该技术构建了一个"协作生态系统",在该系统中,教师、研究人员和计算机科学家一起工作,生成问题集和脚手架材料的集合,以教授高中数学、物理、化学和英语语法等各学科领域的知识(Perrotta & Selwyn,2019)。教研共同体的发展也离不开服务联合体的支持。研究发现,良好的技术支持、稳定的网络环境(赵健和郭绍青,2013)、"自上而下"的行政力量(张晓蕾和王英豪,2017)在建构共生型教师合作关系中起到了积极的作用。在北京市的"中学教师开放型在线辅导"项目中,教育规划主体、第三方评估机构、教育服务的生产主体和需求主体通过数字的勾连,协同完成在线教育服务。借助数据分析,学习者提供了准确的学习需求信息和效果反馈;教育者提供了相应的一对一或集体的教学活动;教育研究者进行了建言并提供了决策建议;教育服务组织提供了平台建设、维护和优化,进行了服务创新;学校进行了行为监管、需求收集和服务创新;第三方评估机构对项目进行了科学评估;规划主体对教学行为进行了监管,对教学效果进行了评价,对教育政策进行了调整。就"开放辅导"本身来说,优化发展主要体现在师生微观行为优化、学校应用效果优化、区域使用效果优化、线上线下教育融合场景开拓等方面(刘静等,2023)。

第四节　数字教育与弱势群体

一般而言,弱势群体是指"由于自然、经济、社会和文化方面的低下状态而导致其处于不利社会地位的人群或阶层"(姚远峰,2008),主要包括残障人士、老年人、贫困人群等。尽管女性群体在很多社会的传统教育中也属于弱势群体,但是在男女平权运动过去半个多世纪的今天,在一些社会环境中,女性已经不再是弱势群体,因此,教育的性别平等问题将在本章第五节中进行阐述。在国际上,弱势群体还包括国际难民,但国际难民在我国并不常见,因此本书并未就此群体展开分析。此外,由于老年群体的数字教育问题在第四章第六节已进行详细阐述,在此不再赘述。本节主要分析残障人士和贫困人群的数字教育。

一、残障人士的数字教育

残障主要分为视力残障、听力残障、言语残障、肢体残障、智力残障和精神残障。数字教育的多媒体技术为视听、言语残障提供了可替代的通道输入。对于视力残障的学习者,可采用电子设备呈现的缩放技术放大所呈现的信息,利用语音和文字转语音的技术进行学习。对于听力残障的学习者,可采用视觉信息进行学习。如美国科尔(Ronald A.

Cole)教授与聋哑学校教师共同研发了专为聋哑儿童学习语言服务的智能导学系统（Intelligent Tutoring System）。在该系统中有一位虚拟导师，根据呈现的物品图片向学生提出问题，聋哑儿童选择正确的图片后虚拟导师会说出物品名称，聋哑儿童通过观察虚拟导师发音时嘴唇和舌头的变化，进行模仿和复述。直到成功复述词语后，训练环节才会结束。通过该系统，聋哑儿童学会了识别和使用相关词汇，并提升了表达能力（朱莎、余丽芹、石映辉，2017）。对于言语残障的学习者，可采用键盘、鼠标、手写屏等数字设备进行输出。数字教育的人工智能对话技术和脑机交互技术为肢体残障人士拓展了对外交流的渠道。远程学习交流模式为残障人士清除了空间的限制，弥补了行动不便的不足，使之可以随时随地进行学习。数字教育所提供的个性化教育可以使智力残障的学习者能够按照自己的节奏进行学习，减少同伴压力和排斥。人工智能对于精神障碍的学习者也提供了新的学习途径。例如为自闭症的学习者设计和制造的会说话的类人机器人为学习者提供了可预测的机械互动，避免了会给他们造成困惑的人类互动，从而提高自闭症学习者的沟通和社交能力（Miao et al., 2021）。

此外，数字教育还通过针对性培训提高残障人士的就业能力。德国的"通过数字媒体将包容性纳入职业教育和培训"（Inklusion durch digitale Medien in der beruflichen Bildung）计划（2017—2022年）专门面向残障人士，旨在利用数字媒体使教育服务能够适应特殊的视觉、听觉和触觉需求，改善职业教育与培训机构的无障碍学习，推动残障人士更有力、更可持续、更平等地融入初级劳动力市场。该项目的资金用于资助那些利用数字媒体改善残障人士职业教育的研究成果、教学培训方案和应对措施（BMBF，2017）。在我国，阿里巴巴公司推出"淘宝创业公益通道""淘宝云客服"等网络创业项目，通过开展线上培训提高残疾人的职业技能，扩大残疾人就业帮扶规模（焦若水和李国权，2019）。

二、贫困人群的数字教育

数字教育提供了免费、开放、优质的学习资源，解决了贫困地区教育资源稀缺、师资力量不足等问题，使贫困地区的学生能够获得与发达地区的学生同等的高质量教育资源。国家级教育资源公共服务的建设、希沃的"万里同课"项目、"远程互动教室"、沪江互加计划、"专递课堂"、"名师课堂"和"名校网络课堂"等都为贫困地区获得优质教师资源提供了路径。

刘易斯（Oscar Lewis）的贫困文化理论认为，"贫困文化"是贫困阶层所具有的"一种独特生活方式，是长期生活在贫困之中的一群人的行为方式、习惯、风俗、心理定势、生活态度和价值观等非物质形式"（方清云，2012），因此要避免贫困人群返贫，需要改变贫困人口的思想观念和贫困文化。1996年，中共中央、国务院在《关于尽快解决农村贫困人口温饱问题的决定》中提出，"要把扶贫开发转移到依靠科技进步，提高农民素质的轨道上来"。教育文化的反贫困的功能，可以切断贫困的恶性循环链（李华、马静、宣芳等，2017）。在我国乡村振兴的推动下，阿里巴巴、抖音、快手等互联网企业采用数字教育帮助乡村培养人才。如阿里巴巴的"热土计划2022""村播计划""阿里健康公益基层医生培训平台""乡村教育计划"等，提供在线互动交流学习，包括直播培训课程、直播间现场实战演练、远程查房、职业教育等。截至 2021 年底,阿里巴巴乡村教育和职业教育计划已使 61 万乡村学生受益;截至 2022 年 4 月,累计在全国 71 个区域建立人才培训基地,开设超 800 个线下班次,覆盖超 15 万人(新华网,2022)。抖音通过"乡村守护人""乡村英才计划",助力乡村人才发展。截至 2022 年底,超过 1.5 万名主体加入"乡村守护人"项目,该项目覆盖全国 33 个省(自治区、直辖市),辐射全国 2000 多个县级行政区;而"乡村英才计划"覆盖 8 个省,师资库累计引入 100 余人,合作本专院校 700 余家,累计培训人次超过 20 万(新华社,2023)。快手通过"村播计划""村播学堂""幸福乡村带头人""村播大会"为农村青年主播的培育和扶持、乡村创作者的培养和孵化提供服务(新华网,2023)。这些项目促进了乡村贫困地区的人才培养,深度改变了乡村的文化氛围。

除了数字教育的扶贫,大数据的使用对贫困人群的精准扶贫起到了积极的作用。甘肃省作为我国的贫困大省,从 2015 年 6 月开始建设"甘肃省精准扶贫大数据管理平台",2016 年 1 月建成并投入使用。该平台作为我国第一个精准扶贫大数据管理平台,目前已完成全省 417 万贫困人口的信息采集,将省域内的建档立卡贫困学生信息纳入教育精准扶贫大数据库,实现了全省 88 万教育精准扶贫对象的清单式管理和动态监控,为全面把握教育扶贫现状,实现对象精准识别、决策精准制定、政策精准落实提供了依据(封清云等,2017)。

第五节　数字教育与教育公平

一、数字教育公平的新内涵

数字教育公平是数字教育创新的重要目标,它意味着确保每个学习者,无论其社会经济地位、语言、种族、地理位置、身体限制、文化背景、性别或历史上与不平等相关的其他属性如何,都能公平地获得先进技术、通信和信息资源以及学习经验。

教育公平的研究起源于 20 世纪 60 年代发布的《科尔曼报告》("The Coleman Report")(郑旭东等,2021)。目前,学术界普遍认同的是瑞典教育家托尔斯顿·胡森(Torsten Husén)提出的教育公平三阶段论(单俊豪等,2021)。他指出,教育公平发展需要经历三个阶段:起点公平、过程公平和结果公平。起点公平是指学习者接受教育的权利与机会的平等;过程公平是指学习者接受教育的经历和参与的性质和质量平等;结果公平是指学习者的学业成就和教育质量的平等(单俊豪等,2021)。

数字技术的发展为教育公平的三个阶段赋予了新的内涵,也为促进教育公平提供了技术支持。数字教育的起点公平关注学生享有平等的获取数字教育资源和教师资源的机会,包括获得优质数字教育资源和教师资源的机会。这首先要求数字基础设施配置的均衡。各国政府在数字基础设施的建设方面都做了很多的努力,如中国的"三通两平台"建设、美国的"信息高速公路"计划等,并取得了积极的成效。目前,中国校园网络接入率达到 100%,拥有多媒体教室的中小学校占比达 99.5%(怀进鹏,2023)。我国一直关注教育资源薄弱地区的精准帮扶,这使得我国教育基础设施差距逐年缩小。调查发现,我国的基础信息化学习设备和网络覆盖率可以满足绝大多数学生的在线学习需求,并使他们能够通过多种设备获得在线教学的机会(单俊豪等,2021)。其次,数字教育资源的开发和使用具有边际收益递增的特点,可以充分利用其非独占、可复制特性实现共建共享互换(熊才平等,2016)。我国建成的国家教育资源公共服务平台、"教学点数字教育资源全覆盖"项目、"一师一优课、一课一名师"活动等,为学生获得优质教育资源提供了保证。调查发现,我国的数字化学习资源供给方面及时性较高,绝大部分学生可以及时获得数字化学习资源以提升自己的在线学习品质(单俊豪等,2021)。最后,通过网络开放课程、教师远程同步授课、网络支教等数字技术手段,教师资源也能够实现多地共享,优质师资的辐射面也能扩大(熊才平等,2016)。如四川成都七中网校利用数字信息技术打开自己的围墙,将成都七中的优质教育资源输往教育薄弱地区的学校,促进其教师和学生的成长。截至2023年6月,四川成都七中网校的高中已与10省3区1市300多所高中学校合作,惠及9000多名农村学校教师及9万余名薄弱地区学生;四川成都七中网校的初中已与9省1区1市的300多所初中学校合作,惠及9000多名农村学校教师及1万余名薄弱地区学生。在新冠疫情期间,我国数字教育规模空前发展。2020年2月,我国正式开通国家中小学网络云平台和中国教育电视台空中课堂。仅3个月,国家中小学网络云平台浏览次数达20.73亿,访问人次达17.11亿;全国1454所高校开展在线教学,103万名教师在线开出了107万门课程,合计1226万门次课程,参加在线学习的大学生共计1775万人,合计23亿人次(教育部,2020)。

数字教育的过程公平关注教育过程中学生的发展需求,强调学生能够获得优质、丰富、个性化的数字资源和学习服务。这就需要教师的信息化教学能力能够为学生提供丰富、优质、多元的学习过程体验,保证教学工作的优质和高效完成,数字化资源在内容适切、优质和个性方面能够满足教学工作高效开展的需求(单俊豪等,2021)。教师的数字技能培训(如我国开展的"全国中小学教师信息技术应用能力提升工程")及各类教研共同体提高了教师的数字素养和教学水平,为教育的过程公平提供了保证。2022年暑假,我国国家智慧教育公共服务平台上线"暑期教师研修"专题,首次在线开展面向全国各级各类学校教师的研修活动,1313万名教师在线学习,约占全国各级各类专任教师总数的71.2%,其中北京、宁夏、浙江等8个省(区、市)的基础教育教师参训率在90%以上。此外,一些区域和名校通过组建跨地域的教学或教研共同体,依托名师资源,开展"同步课堂""专递课堂"等双师教学活动,组织不同学校和地区的教师进行"集体备课""课堂观摩""交流研讨"等网络教研活动,实现智力资源共享,促进薄弱学校教师发展和教育质量提升(郭炯和杨丽勤,2019)。例如杭州市援疆指挥部在阿克苏援建的"杭阿远程互动教室"项目为阿克苏的教师提供了真实的课堂观摩,并请杭州的特级教师为阿克苏的教师的课堂教学提供实时点评,提高了阿克苏教师的教学水平。成都四中等学校通过"双师课堂"方式,与其他高中牵手,以同步备课、同步教学、同步检测、同步课辅、同步管理的方式使偏远地区的学生们共享名校教育资源与服务(闫寒冰,2019)。重庆大学以"跨校互选课程""学分互认"方式在高校联盟内实现优质课程共享,促进校际优势互补,解决了学科课程资源的不均衡问题(郭炯和杨丽勤,2019)。

数字教育的结果公平关注学生个人潜能的充分发挥,强调学生在学习过程中能够满足其个性化发展需求,实现从知识到智慧的创生(单俊豪等,2021)。融合了人工智能技术的数字教育通过对学习过程大数据的获取和分析,构建技术融合的生态化学习环境,根据学习者的学习习惯、知识掌握程度等信息为学生推送适配的学习资源与师资服务及自适应的辅导,根据学生的学习过程性数据进行精准诊断和问题对焦,让教师开展高效教学,让学生获得个性化学习服务体验,促进学生核心素养的全方位提升及迎合学生个性的适性发展。一些在学校推广使用的教学服务平台(如杭州初中采用的新步伐平台①),具有自动批改试卷、学习分析和个性化题库功能,通过更为细微的测试与习题的分类、分层,根据学生的知识点掌握情况为学生提供个性化的学习推送和辅导。

二、数字教育公平的嵌入性

尽管数字教育的叙事逻辑是减少不平等(Tatebe et al.,2019),人们也普遍认为,数字教育有助于促进教育均衡发展,缩小数字鸿沟,但是,由于经济发展水平、受教育水平、个体信息素养等因素的限制,数字技术在教育领域的广泛应用不仅没有缩小数字鸿沟,反而有愈来愈扩大之势(朱莎、杨浩、冯琳,2017)。同时,数字教育在实施的过程中往往隐含着不平等叙事,忽视了结构性不平等限制的复杂性,如将个人和家庭的贫困归因于他们对贫穷的"选择",将父母和照看者视为孩子成长过程中所面临的不利条件和困难,并加以指责等(Tatebe et al.,2019)。这些无疑使得数字教育公平遭遇更严峻的挑战。

1. 数字教育与地区不平等

世界各地的学生越来越多地从数字教育中受益,然而,不同国家的数字教育发展存在巨大差别,数字教育对于学生的意义以及学生参与数字教育的结果取决于他们所在地区的数字化环境。如在一体化的欧盟,由于信息和通信技术基础设施及使用人数、电子商务和互联网接入成本等方面的限制,数字教育在国家之间的发展也很不均衡。Lamberti 等(2021)将欧盟的成员国分为数字领导者(丹麦、芬兰、卢森堡、荷兰和瑞典)、数字追随者(奥地利、比利时、德国、爱尔兰、马耳他、英国、波兰、葡萄牙、西班牙和斯洛伐克)和数字落后者(爱沙尼亚、意大利、拉脱维亚、罗马尼亚、保加利亚、法国、立陶宛、克罗地亚、斯洛文尼亚、塞浦路斯、希腊、捷克和匈牙利)。数字领导者在基础设施配备方面处于领先地位,不仅在数字发展因素上得分最高,而且在数字发展更平衡方面得分也最高。经济合作与发展组织《2018 年国际教与学调查结果》显示:来自数字落后的国家,存在更多学校互联网访问不足、教学设备(如软件、计算机和平板电脑等)短缺等问题,而在数字领导者中则很少出现此类问题(董丽丽等,2021)。

在不同国家,数字教育发展受到政治、经济、文化等因素的制约。在我国,由于政府的行政管理能力较强,对教育信息化也非常重视,国家级的教学资源共同服务平台建设

---

① 详见杭州新步伐教育科技.新步伐[EB/OL].[2023-12-09].http://www.new-steps.com/v2/index.html.

和普及非常迅速,并保持良好发展的势头。在印度,数字教育的发展取决于商业案例,随着教育市场围绕教科书内容开发软件包,数字教育的发展非常缓慢,智能板和电子教科书的普及仅限于少数公立学校。

数字教育在同一国家的不同地区之间也存在显著差异。调查发现,我国东、中、西部地区在互联网基础设施、数字化学习资源、对教育信息化教学的支撑和保障、教学过程、教学需求方面均存在显著差异,整体上东部显著优越,中部次之,西部落在最后(单俊豪等,2021)。在落后的地区,受到网络带宽、手机信号等限制,加上公共交通工具的缺乏,教师的专业能力及数字素养的提高也受到很大的限制(Leaton Gray,2017)。

数字教育的城乡差异也非常明显。调查发现,城乡学生在基本硬件条件、网络条件和场地条件方面存在显著的差异(胡艺龄等,2021),城镇的学生数字教育资源获取的比例高于农村(刘骥,2020)。在一些农村小学教学点,数字设备缺乏或是因出现故障未能得到维修而被弃用,数字教育资源也没有得到很好的应用(李华、刘宋强、宣芳等,2017)。即使是有较为先进的数字设备,也因没有能够利用这些设备的教师或担心设备被损坏而被闲置(李晓静,2019)。在乡村,不仅学校的数字教育资源不足,而且在家庭数字教育资源方面更显弱势(刘骥,2020)。如在新冠疫情期间,城镇学生在线学习主要使用的设备是各类电脑,而农村学生在线学习主要使用的设备是手机(赵宏等,2021)。手机在屏幕大小与功能实现上的限制影响了学生的学习体验和教学的效果。在教学过程中,农村学生出现网络问题的比例高于城镇学生(赵宏等,2021)。此外,与城镇学生相比,农村学生在互联网使用、社会支持、信息技术的自我效能感上的得分明显更低(朱莎、杨浩、冯琳,2017)。一项基于全国范围的网络问卷调研表明,城镇学生较农村学生对网上学习的态度积极、适应性强,原因在于城镇学生有更多机会拥有满足日常网上学习的设备且对电子设备的熟悉度更高(龚伯韬,2022)。社区层面的新媒体产业、教育机构等社会组织向教师与家长提供技术培训的社会支持差异是造成城乡儿童互联网使用鸿沟的重要原因(李晓静,2019)。城乡数字教育的差别导致了乡村学生在新冠疫情期间"线上失学"的比例显著高于全国一般水平,使处在辍学边缘的初中生面临长期辍学的风险(邬志辉等,2020)。

研究还发现,自我控制能力与城乡户口对在线学习效果的影响存在交互作用。在新冠疫情在线学习期间,自我控制能力强的城镇户口学生比自我控制能力强的农村户口学生的分数更高,而自我控制能力弱的农村户口学生比自我控制能力弱的城镇户口学生的分数更高(Ma et al.,2022)。自我控制能力强的学生能够更好地利用数字资源,抵抗无关信息的干扰,而自我控制能力弱的学生则更容易受互联网负向作用的影响。

2. 数字教育与阶层不平等

家庭所处的阶层会影响数字教育的获得及教育公平的实现。家庭所处阶层对数字教育的影响主要体现在以下三个方面。

一是数字教育资源获取的异质化。家庭的社会经济水平会影响家庭对数字教育投资的重视程度,而父母的受教育水平则影响着家中是否有电脑设备、学生对电脑设备的接受度与使用意愿等(刘骥,2020)。社会经济地位较高的家庭,父母使用计算机的比例更高,父母对数字技术的态度更为积极,给孩子提供高速宽带、智能手机或笔记本电脑以及更多的数字教育资源。这些孩子被伯恩斯坦称为"前瞻性公民"(prospective citizenship)(Leaton Gray,2017)。而贫困家庭学生缺少良好的互联网学习环境与条件,即使家庭拥有数字设备并有能力支付互联网连接费用,也会由于需要与其他家庭成员共享设备而进行社会协商(Katz et al.,2017),从而受困于隐形的数字鸿沟(龚伯韬,2022)。这些孩子被伯恩斯坦称为"回溯性公民"(retrospective citizen),落后于时间,被排斥在主流之外(Leaton Gray,2017)。

我国目前家庭数字教育资源不均衡、由设备短缺所致的数字鸿沟问题还较为突出,由家庭数字教育资源差异所致的数字鸿沟对实现教育公平有着较为显著的影响(刘骥,2020)。调查数据表明,中上经济水平家庭安装互联网的概率较劣势家庭高出1.4至4.4倍,而父亲学历是小学及以下的家庭安装互联网的概率仅为专科及以上的0.4倍(崔仕臣和杨刚,2021)。父母教育指数每提升一个标准差,家庭素质设备指数相应提升0.15个标准差。学校教育资源指数每增加一个标准差,家庭数字设备指数相应上升0.16个标准差。家庭数字设备情况和父母受教育程度呈正向叠加效应(刘骥,2020)。家庭数字教育资源差距的异质化放大了社会各阶层间在接受教育的质量、机会方面的差异,加剧了数字教育的不平等(单俊豪等,2021)。

二是数字教育资源使用的异质化。研究者发现,家庭经济社会文化地位对互联网使用偏好与学生学业成就都有显著的影响,并且是扩大教育结果不平等的最主要因素(陈纯槿和顾小清,2017)。有研究者指出,学生互联网使用本身就是和阶层相关的一种资本,从而复制甚至扩大了不平等(龚伯韬,2022)。学生互联网获得与互联网使用(偏好与程度)的群体差异存在同构性,即优势学生群体较弱势学生群体不仅获得更多的互联网资源,同时也形成了更优的互联网使用偏好以及使用更多的互联网教育资源。但实际上,学生互联网获得与使用的群体差异也可能存在较大的异质性,这是因为学生对互联网资源的拥有并不必然决定其使用偏好与程度,学校、家庭的引导与监督对学生互联网使用发挥重要甚至是决定性的作用(龚伯韬,2022)。

社会经济地位较高的家庭,父母会使用信息通信技术交流自己的价值观和愿望来影响孩子与信息通信技术的关系,他们也更能够为他们的孩子提供技术援助,并更有可能告知他们在线风险和正确使用互联网。学生接触计算机的机会较多,自我效能感较强,对自己的信息和通信技能的信心也较高(Vekiri,2010),更易于形成互联网学习偏好(张济洲和黄书光,2018),并通过在线交流建立社会网络(Leaton Gray,2017),学习的满意感更高,学习效果更好(龚伯韬,2022)。父亲从事技术、工程或管理工作对孩子在编程、技术和游戏方面的兴趣会产生积极影响(Davies et al.,2017)。在《不平等的童年》中,社会学家拉鲁(Lareau)(2018)考察了中产阶层家庭和贫困家庭、工人阶层家庭的孩子在学校和家里的生活,并发现中产阶层的家庭普遍采用"协作培养"的教育模式,而贫困家庭、工人阶层家庭的孩子采用"自然成长"的教育模式。在"协作培养"模式下,家长和孩子最多的感叹是时间不够用。而数字教育的到来,一些课外班可以直接采用网络学习的形式,从某种程度上可以减少中产阶层奔波的时间。此外,由于在"协作培养"中,父母更多地介入孩子的发展,父母会花更多的时间对孩子的未来进行规划。

来自低社会阶层家庭的家长尽管认为孩子学习计算机很重要,但是由于缺乏计算机知识,家长无法帮助子女获得技能和接触数字技术,也没有能力监督子女使用数字技术。低社会阶层家庭的孩子更多地会在网吧而非家里使用计算机,主要从熟人、朋友那里获得技术支持。来自低社会阶层的学生使用计算机的机会相对较少,从而导致对自己的信息和通信技能的信心较低,使用数字技术进行学习的比例显著小于社会经济地位较高的家庭(Vekiri,2010),更容易形成娱乐偏好(张济洲和黄书光,2018)。因此,生活在贫困地区、来自相对贫困背景的青少年可能会处于双重不利地位,因为他们获得技术的机会有限,在教育上利用技术的能力或倾向也有限(Leaton Gray,2017)。研究者发现,如果家庭处境不利的学生养成了互联网学习的偏好,则可以缩小家庭背景导致的成绩差距,起到缩小教育结果不平等的作用(陈纯槿和顾小清,2017)。与同伴的沟通与社交可以帮助低社会阶层家庭的孩子弥补家长数字技术的不足。

三是父母干预的异质化。随着数字教育的普及,网络成瘾和数字设备的不当使用对青少年的学习产生了负面的影响。研究发现,过多的家庭数字设备会抵消家庭教育资源对于学生成绩的部分正向影响,降低家庭整体教育资源的边际效率(刘骥,2020)。当有着父母的恰当指导时,更多数字设备能够产生更强的学习促进作用(刘骥,2020)。父母干预对抵抗数字媒体带来的负面影响起到了一定的效果。

父母干预理论将父母干预行为划分为三种基本类型:一是限制型干预(restrictive mediation),即制定规则,对媒介内容和使用时间进行限制;二是积极型干预(active mediation),指父母向子女解释媒介内容,并且传达教育性、批判性的看法和意见,可发生于使用媒介的同时或之后;三是共同使用(co-use),指家长与子女一起使用媒介,观看电视、电影等(黎藜等,2022)。研究发现,对儿童的互联网使用,采用限制型干预比积极型干预和共同使用能够更有效地降低儿童面临的网络风险(Livingstone & Helsper,2008)。然而,当父母的数字媒介素养较低时,他们便会失去媒介教育的话语权。有研究表明,当青少年感知到父母在媒介使用中没有自己专业时,他们很难接受父母对于媒介的言论,父母干预的有效性会被削减(Fletcher & Blair,2014)。很多时候家长由于自身数字技术能力的欠缺,对孩子文明上网缺乏指导,更多地采用"一刀切"的强力措施,从而加深了双方的隔阂。当孩子利用技术优势进行抗争时,家长会因为心有余而力不足,采取更暴力的方式切断孩子与技术或信息世界的关联。两代人之间的技术鸿沟导致的冲突会影响彼此之间的沟通和理解,从而使家庭教育陷入彼此"看不见"和各自"改不了"的沉默当中(方程煜,2022)。

3. 数字教育与性别不平等

研究发现,男性与女性在数字设备的占有率、使用频率、使用目的、数字能力等方面存在显著差异。男生家庭数字设备资源指数显著高于女生家庭,随年龄的增长,家庭数字设备指数逐年降低(刘骥,2020)。也有研究发现,女性占据更多学习型设备且数字学习偏好成为正向影响学习成绩的重要因素(Jackson et al.,2008)。男性比女性对编程更有信心,且更频繁地参与编程,具有基本数字技能的男性比例也高于女性(董丽丽等,

2021)。在整个学术出版过程中同样存在性别边缘化，因为女性在已出版作者中的代表性与学术领域的总体代表性不相称，并且当主要作者为女性时，出版时通常会收到较少的引用（Gallagher & Knox，2019）。

Cooper 认为，数字能力的性别差异归根结底是计算机焦虑的问题，女性的计算机焦虑显著高于男性（朱莎、杨浩、冯琳，2017）。欧盟认为，固有的偏见和社会文化规范限制了女性从数字化转型中获益（董丽丽等，2021）。也有研究人员认为，女性在计算机和技术领域被排斥和抹杀是某些主导意识形态（如男性化）、社会系统性忽视以及文化/意识形态冲突的结果（Ball et al.，2017）。一些学者研究了被排除在媒体技术之外对个人的影响，认为技术获得的空间和时间限制将塑造自我概念和思维方式，阻止弱势青年将来使用技术（Robinson，2009）。换言之，社会和个人因素都可能导致与技术获得相关的不平等，从而影响 STEM 领域少数民族和女性的代表性不足（Ball et al.，2017）。

Hilbert（2011）对 12 个拉丁美洲国家和 13 个非洲国家的女性使用互联网的情况进行了调查分析，结果发现：由于工作、收入、教育程度等因素的影响，女性很少访问并使用互联网。然而，当这些因素被控制后，女性比男性更积极地使用信息技术工具。由此可见，如果给女性更多的接触信息技术的机会，且信息技术能成为改善女性生活条件的工具，则发展中国家的女性在收入、受教育水平等方面的不平等就有可能得以改善（朱莎、杨浩、冯琳，2017）。

第九章　数字教育的前景展望

著名未来学家托夫勒(Toffler)(2018)在《未来的冲击》的序言中写道:"探讨未来的问题时,运用适当的想象力及洞察力远比预测百分之百'确定'的事更为重要。"在本章中,我们将根据数字教育的发展趋势对未来进行展望,以对未来教育发展起到抛砖引玉的作用。

一、学习需求驱动更受关注

随着数字教育创新带来的教育变革不断深入,教育越来越从"以教师为中心"向"以学生为中心"(学习者主体性)转变,从重视"教学结果"向重视"教学过程"(重视学习过程评价)转变,从"知识本位"向"能力本位"(强化体验学习、具身学习)转变,从关注"标准化、灌输式"向"精准、定制、个性化"(强调系统灵活性)转变,从"供给驱动"向"需求驱动"(资源丰富性、多样性)转变。所有这些转变的本质在于学习需求驱动。综合来看,需求驱动范式可以概括诸多发展取向,数字教育体现出一种需求驱动的数字化教育范式跃迁趋向(祝智庭,2022)。一方面,由于学习者在性别、年龄、知识背景、所处社会地位、政治和文化环境等各方面存在差异,其学习需求是多层次和多样性的,不仅包括个人发展的需求,还包括了人才市场的需求、国家战略的需求和人类发展的需求。另一方面,随着社会的发展,学习者的经历、社会地位、兴趣取向等不断发生改变,其需求结构也在不断发生弹性变化。此外,数字教育供给呈现出多样化、个性化、碎片化等特征,有时反而使学习者失去了明确的需求范围和需求指向,从而在需要还是不需要的问题间徘徊,甚至有可能陷入工具"结构性缺失"的困境,很难找到一种得心应手、适合自己学习习惯和学习风格的工具(赵兴龙和李奕,2016)。这就需要借助大量的、动态的学习过程数据对学习者的需求进行深度、精准的引导和诊断分析,挖掘学习者核心需求及相应的衍生需求,预测和创造未来需求,帮助学习者快速、有效地形成智慧性解决方案,提高学习质量。因此,数字教育这个复杂的生态系统,借助其灵活开放、动态适调、不断创新、持续进化等特征,未来仍需持续进行需求驱动的系统创新研究(祝智庭和胡姣,2022a)。

二、学习体验更富有沉浸感

在当前及未来的数字教育中,临场感是影响教育效果的一个重要因素。教育元宇宙(Edu-Metaverse)作为元宇宙在教育中的应用,为教育者、学习者和管理者等教育系统的相关者创建数字身份,在虚拟世界中构建教学场所(华子荀和黄慕雄,2021),为教育临场感的提升提供重要的虚拟教学场景。教育元宇宙为用户提供了一个沉浸体验、具身交互的虚拟现实深度融合系统，能够让用户利用海量资源和技术工具实现"可见即可感知""可想即可尝试"等抽象思维表象化的过程（刘革平等，2022）。在元宇宙的学习中，调用了视觉、听觉、触觉、嗅觉等多种感官，呈现出沉浸式的探究环境，为学习者投入学习提供了较强的代入感（华子荀和付道明，2022）。数字技术从虚拟现实（VR）向增强现实（AR）、混合现实（MR）乃至扩展现实（XR）方向发展，师生间的交互将变得更加紧密。由于虚拟场景、交互界面、物联设备、5G网络等数字技术的支持，教师与学生之间能够通过动态观察、感知互动与感知协同实现低延迟甚至无延迟的互动，实现强在场的教育效果。元宇宙的高度拟真化，使得这种虚拟体验带来具身认知与具身学习，将有效促进虚拟世界与现实世界的弥合，打破学习信息与学习体验之间的壁垒。

三、自组织主导更具普遍化

在数字教育中，学习者与教育者通过数字技术的赋能，采用数字资源支持下的自主学习、问题驱动的协作教研和基于整合技术的教学实践，运用自我导向和灵活的数字教育工具（如学习论坛、学习群和各类教育应用等）进行教学交互。在交互网络的演化过程中自组织地汇聚、分散形成多个小的网络结构，通过互动确定网络地位和身份，通过群体内部与群际的非线性相互作用与外部环境进行持续的元素交换（徐晶晶和张虹，2018），通过群体智慧汇聚促进知识涌现。在自组织教学过程中，作为学习活动组织者的教师，促进和激发学习者的内驱力，辅助和引导学习者随时随地主动选择和创建知识内容，并和其他学习者进行积极协商、交流和讨论。由于学习者的主体地位与主体意识不断得到加强，教育环境更加开放、灵活、自主，学习者有更大的自由度和好奇心去探索问题和解决问题。数字教育提供的智适应学习系统为学生提供个性化学习路径、资源、伙伴等，支持学生根据自己的兴趣、爱好等开展自主学习。学习虚拟空间的场景化赋能，促进学习者实现高频、高创、高感知的学习（袁凡等，2022）。

四、教育产品迭代愈发迅速

数字教育产品继承了数字技术创新所具有的快速迭代和颠覆创新的特点（曹培杰，2016）。技术颠覆带来了一个"数字达尔文主义"时期，数字教育通过持续数字化战略实现生存模式进化，包括社会数字化转型浪潮下的自然进化和主动适应变化以求生存的人为进化（祝智庭，2022）。教育问题和教育理念在教育实践的过程中会不断发生变化，系统进化和创新突破更是一个动态变化的过程，而不是靠单次的教育实践活动就能获得想要的结果。数字教育产品通过不断发现和挖掘新的问题，分析问题并逼近目标，搜索有效信息和外部资源，在解决问题以实现目标的过程中不断进行迭代优化。在这个迭代优化的过程中，前面的迭代优化会影响后面的教学行为与评估结果，后面的迭代过程需要基于前面的教学评估结果。因此，数字教育就需要在价值评估的基础上进行迭代优化来适应变化。价值评估不仅可用于确定教学实践的意义，也可用于诊断教学实践的效果，比较实际效果和目标效果之间的差异，从而塑造策略和决策，推进实践过程（祝智庭和胡姣,2022b)。数字教育产品根据价值评估的结果调整教育实践活动,并通过迭代来保持、加速和放大实践效果。由于数字技术的迅速发展和价值评估结果数据的即时可得性,数字教育产品的快速迭代成为可能。而教育产品的丰富性和市场竞争的压力也迫使数字教育产品不断进行迭代,以提升使用者的体验,提高数字教育产品的可用性和用户的满意感。

五、应用生态更加丰富多样

要想实现数字教育的可持续发展,绝不能仅靠数字教育平台系统本身,而要不断加入更丰富的应用生态(祝智庭等,2022)。纵观教育信息化的发展历程,技术及其带来的新方法为教育教学实践带来了很多新的可能性。目前,人工智能、大数据、虚拟现实、物联网、区块链等数字技术在教育教学中已经有一些创新应用。由于社会形态、政治体制、经济水平、社会环境、文化背景的不同,目前并没有一种通用的数字教育模式或方法。因此就需要将数字技术整合到教育领域的各种活动中,根据所处的社会形态和环境进行生态化调整和适应性创新,以孵化立足本地、面向未来的数字教育教学新模式。随着数字教育的推进和深入,教育变革和创新的进一步推进,开发适合本地生态位的数字技术赋能的教育产品、形式和服务创新,以及创新教育实践模式,成为数字教育实践的基本要求与内容。建设立足本地的新型教育基础设施和平台,围绕教学、管理、服务、研究等不同教育应用场景,创新知识图谱、智能学伴、智能评测、网络教研、数字办公等教育应用,是教育应用生态发展的必由之路(祝智庭等,2022)。在数字教育中,知识与应用模块的颗粒度更小、拼凑更灵活,为定制和开发适应不同生态位的教育应用系统提供了重要的基础与技术支持,由此产生的各种教育应用将更加丰富多样和灵活多变,也具有更强的扩展性、进化性和适应性。

六、教育工具更趋人工智能

人工智能作为一种教育辅助工具,在数字教育中发挥着重要的作用。随着人工智能技术的发展,教育辅助也变得越来越智能化。尤其 ChatGPT 的出现,使得教育辅助的智能水平有了质的提升及更为广阔的应用空间。作为最先进的自然语言处理技术之一,ChatGPT 改变了人们与计算机交互的方式,其在教育领域的应用将为学生和教师带来更多的个性化、智能化的学习和管理体验,极大推动教育的发展,促进教育质量的提升。

对于教师而言,ChatGPT 可以帮助教师制定课程计划或开发课程、设计课程活动方案,寻找或生成教学案例、教学材料、视频微课、演示文稿、代码,管理教学资源和课堂(如将学生作业、课堂笔记、授课视频等资源进行自动分类、归档和检索),自动批改学生的作业,提供智能化的学习推荐和反馈,使教师更加方便地进行备课、评估学生学习进度和制定个性化教学计划。对于学生而言,ChatGPT 可以模拟人类对话,并根据学生的回答生成智能性的回应,使学习过程更加自然和个性化。ChatGPT 可以帮助学生更好地理解和掌握相关的知识,解答学生在学习中遇到的困惑,提供对一些问题的看法和解决方案,促进学生的思维发展,提高学生的学习兴趣和积极性。ChatGPT 充当了智能教师和学习伴侣的角色。

可以想见,ChatGPT 只是教育辅助工具更趋人工智能的一个具有里程碑意义的开端,随着人工智能的不断进化,将会有更加智能化的类 ChatGPT 产品不断涌现。教育辅助工具的智能化改变了我们教育的方式和评价的方式,更需要人类的创造力来探索如何使用人工智能增强教学、学习和评估,以及如何最好地在研究过程的各个方面使用人工智能工具。如何借助教育辅助工具帮助学习者更好地学习,是在未来教育中需要重点思考的问题。

此外,人工智能教育辅助工具的使用也带来了抄袭、真假信息难以辨认、算法黑箱带来的价值污染及歧视和偏见、隐私和安全等问题,对教育方式提出了巨大挑战。因此,需要教育工作者、研究人员和管理层适应这个快速变化的数字环境,以创新的方式重新思考课程,帮助学生学会提出有效的问题,更好地利用教育辅助工具获得高质量的信息,培养学生的数字素养、批判性思维、创新能力和超越人工智能的独特技能,加强信息安全和隐私保护意识。教育者还需要考虑对学习者教育学习成果和评估标准的调整,给出人工智能不容易解决的作业或利用有效使用教育辅助工具解决现实中的实际问题。教育机构还应对这些工具的使用程度制定明确的政策,并确保学生数据得到适当保护,免受巨大的网络安全风险(Dwivedi et al.,2023)。

七、超级教师不断发生进化

数字孪生给我们带来的一个非常有诱惑力的场景是将人类进行数字化,从某种意义上来说,人类在数字世界里获得了永生。对于数字教育来说,积累了人类知识的智能体在虚拟数字空间里可以提供无限的时间,同时给无数人提供指导,甚至在人工智能的帮助下创造出具有自我进化功能的"超级教师"。ChatGPT 成功复制了教师与学生的交流模式,为未来的超级教师提供了参考模板。超级教师基于传感器和大数据等技术,结合专家知识库,能够将兴趣、能力、情感、认知风格等个人因素与社会需求相结合,为学生量身定制个人成长规划,为学生推荐符合个体和社会发展需求的学习路径。然而,这个超级教师是否会进化出另一个自我意识,对人类的教育和发展意味着什么,还需要进行进一步的探索和研究。在此,借用著名科幻作家阿西莫夫提出的机器人三大定律和第零定律,对数字教育中超级教师进化过程中所应遵循的伦理规范进行展望:第零定律,即超级教师应尊重学习者的学习和发展需求,不得越俎代庖;第一定律,即超级教师不得伤害学习者,或者目睹学习者将遭受危险而袖手不管;第二定律,即超级教师必须服从学习者提出的要求,当该命令与第零定律和第一定律冲突时例外;第三定律,即超级教师在不违反第零、第一、第二定律的情况下要尽可能保护自己的生存,提升自身的能力,确保自身的发展。

八、教育环境更加公平包容

尽管数字教育的发展为学习者(尤其是一些弱势群体)提供了更为开放和包容的学习环境和技术支持,并在实现低位教育公平方面取得了重大的进展,但在实现高位教育公平方面还需要更多的教育实践创新。因此,数字教育平台的生态系统建设必将更加强调开放包容、互联互通的价值导向,通过公平合理地配置教育数字资源,打造更具全纳性的未来教育环境。具体而言,要建设和进一步普及数字基础设施,使身处不同环境的人都能够有平等地获得教育资源的机会和渠道;建立数字中台的数据统一标准接口,使平台之间具有更全面的互操作性,使得使用者能够在不同的应用之间平滑地过渡;开放更智能化的数字教育应用,根据使用者的特点提供个性化的指导;使用语音识别、眼动追踪、触摸屏、手势识别、触觉等更自然的交互方式和用户界面,为不同的人群提供功能更强的、无障碍的全纳学习环境;利用脑机接口、动作捕获和表情识别等技术,采集注意力、情感和认知状态等多模态数据,与学习行为数据结合,准确地对学生的学习情况进行建模和分析,生成学生的个性化学习画像,为学生提供个性化的学习环境构建、学习资源配置和学习伙伴推荐等支持和服务,以满足学生的学习需求。数字教育的发展可以为那些受限制的学生(如缺乏资源、残障或有学习障碍者)、生活环境多样的学生(如上班族、家庭主妇或非母语人士)、学习方式多样的学生(如用视觉、听觉或动觉学习者)创造包容的学习环境。

此外,数字教育将更加强调与学习者当地政治、经济、文化的融合,更加关注教育的嵌入性问题和个性化的指导。尤其对于贫困人群,可以利用大数据对数字教育的成果进行动态监控和清单式管理,进行教育精准扶贫(聂竹明和施羽晗,2021)。数字教育不仅要关注贫困人群知识和技能的提升,更要关注其观念上的减贫,阻断贫困文化的传递;联合教育、交通、农牧、国土、财政、民政、人社等机构的数据,分析贫困人口的致贫原因,识别社会对人才的需求,实现教育资源的科学、精准布局,获得更公平的教育成果。甘肃省利用大数据技术进行教育精准扶贫的探索(封清云等,2017),为实现更大规模的教育公平提供了蓝本。

九、教育边界变得更加模糊

在数字教育中,不同类别技术之间、不同组织之间、各种活动之间的相互关联性日益增加,原先存在的空间边界、组织边界、学科边界、活动边界、身份边界等重要边界将不断地被打破、被跨越、被融合,逐渐变得模糊。

传感器、数字孪生、虚拟现实等技术将物理空间和现实中的人际关系映射到数字虚拟空间,并实现物理空间、虚拟空间、社会空间的彼此互融,教育生态系统向着物理空间、虚拟空间、社会空间无缝融合的方向发展(祝智庭和胡姣,2022a)。

随着数字技术的发展,学习者能够接触来自全球各地的知识分享者与学习者,学习者不再像过去一样,从教师和父母那里寻求反馈,而是更愿意从同龄人和陌生人那里寻求反馈。这使得专家和业余爱好者、朋友和导师之间的界限变得模糊。

传统学校组织边界被进一步打破,优质教育资源、优秀教师、社会优秀人才能够被更大范围、更多人群所共享(郭炯和杨丽勤,2019),跨区域、跨校协同教学将成为常态。数字教育将进一步加强组织和组织之间、组织和用户之间在广度和深度上的联结,促进其开展多维度的互动和合作,实现共治、共创、共享。

教育治理是多主体参与、共同治理教育的公共事务(褚宏启,2014)。互联网、大数据、人工智能、可视化技术、区块链等新一代信息技术的迅猛发展,信息流通和信息反馈的路径大大缩短(陈丽和徐亚倩,2021),为教育治理结构的创新变革提供了技术层面的可能性,有助于教师、学生、管理人员、科研人员、财政拨款者(政府)、校友、科研经费提供者、产学研合作者、学生家长和社会公众等利益相关者在工具理性中实现"关系"交往的网格化、扁平化与去中心化(张双志和张龙鹏,2020),实现多元共治(陈丽和徐亚倩,2021),治理主体的边界逐渐模糊。

未来的数字教育将从以学科为边界的教育逐步向以项目和问题为导向的教育方向发展,技能培养也更注重跨越不同职业和职位的、相互关联的"横向技能"(欧阳忠明等,2022)。STEM 教育和在此基础上发展而来的 STEAM[①] 教育为学科融合的教育提供了一个范本。在此基础上,未来的数字教育还需要融入人文与社会科学,尤其是技术伦理、文明发展、文化包容、人际理解等内容,形成技术与文明并行、各学科兼容并包的数字教育生态。

学习方式的改变(如通过游戏和社交网络进行学习)模糊了学习与休闲、娱乐与知识获取之间的边界,知识生产方式的改变模糊了知识的生产者与消费者、教育者与学习者之间的边界,这种边界的模糊将随着数字教育的深入发展而得到进一步加强,直至边界消失。

---

① STEAM 是科学(science)、技术(technology)、工程(engineering)、艺术(art)、数学(mathematics)五门学科英文的缩写。

参考文献

艾媒未来教育研究中心. 艾媒咨询|2023 年中国知识付费行业现况及发展前景报告[R/OL]. (2023-03-27)[2024-04-06]. https://baijiahao.baidu.com/s? id=1761512948012384046&wfr=spider&for=pc.

安德森. 教学[M]. 郭华, 綦春霞, 译. 重庆: 西南师范大学出版社, 2011:32, 69.

安德森. 社交媒体在高等教育中的应用: 挑战与机会[J]. 肖俊洪, 译. 中国远程教育, 2020(2):21-31.

巴兰坦, 海默克. 教育社会学——系统的分析[M]. 熊耕, 等译. 北京: 中国人民大学出版社, 2011:9-12.

巴深, 等. 教育智能体情绪线索对大学生学习情绪与动机的影响研究[J]. 远程教育杂志, 2021,39(6):48-57.

白蕴琦, 等. "互联网+"时代教育服务供给模式改革的趋势和策略[J]. 终身教育研究, 2021,32(2):13-19.

波兰尼. 大转型:我们时代的政治与经济起源[M]. 冯刚, 刘阳, 译. 北京: 当代世界出版社, 2020.①

波斯特. 第二媒介时代[M]. 范静哗, 译. 南京: 南京大学出版社, 2000:3,5,88.

伯恩斯坦. 教育、符号控制与认同[M]. 王小凤, 等译. 北京: 中国人民大学出版社, 2016:179-180.

伯恩斯坦. 社会阶级、语言与社会化[M]//张人杰. 国外教育社会学基本文选. 上海: 华东师范大学出版社, 2009:331-348.

布拉斯科, 等. 自我决定学习教育学与数字媒体网络: 引领学生踏上终身学习之旅[J]. 中国远程教育, 2020(3):5-16.

布莱克莱吉, 亨特. 当代教育社会学流派——对教育的社会学解释[M]. 王波, 等译. 北京: 春秋出版社, 1989:284-285.

蔡宝来, 等. 慕课与翻转课堂: 概念、基本特征及设计策略[J]. 教育研究, 2015,36(11):82-90.

蔡辰, 等. 弹幕用户的偶发学习过程模型构建——一项现象学研究[J]. 现代情报,

---

① 此条及以下缺少页码的书的引用来自得到电子书和京东读书的电子书。由于是重新制作的电子书版本,因此缺少页码。

2022,42(1):108-118.

蔡立德,等.建设数字化的校园[J].上海微型计算机,1999(39):26.

蔡苏,黄荣怀.服务是数字校园新的需求[J].中小学信息技术教育,2009(11):59-60.

蔡文璇,汪琼.2012:MOOC 元年[J].中国教育网络,2013(4):16-18.

曹辉,赵梓含.ChatGPT 的特质研判、教育审思与风险应对——基于"知识—主体—立场"的视角[J].现代教育管理,2023(7):75-84.

曹培杰.未来学校的变革路径——"互联网+教育"的定位与持续发展[J].教育研究,2016,37(10):46-51.

曹一鸣,贺晨.初中数学课堂师生互动行为主体类型研究——基于 LPS 项目课堂录像资料[J].数学教育学报,2009,18(5):38-41.

曹正善.信任的教育学理解[J].四川师范大学学报(社会科学版),2007,34(4):46-50.

陈纯槿,顾小清.互联网是否扩大了教育结果不平等——基于 PISA 上海数据的实证研究[J].北京大学教育评论,2017,15(1):140-153.

陈纯槿,郅庭瑾.信息技术应用对数字化阅读成绩的影响——基于国际学生评估项目的实证研究[J].开放教育研究,2016,22(4):57-70.

陈革英.基于智慧校园的线上线下教学融合实践与创新——以宁夏"互联网+教育"示范区标杆校为例[J].中国电化教育,2021(12):117-122.

陈桂生.教育原理[M].上海:华东师范大学出版社,2000:10-26.

陈会民,等."一带一路"沿线国家工科大学生中国在线教育的选择动因及学习效果[J].高等工程教育研究,2022(2):100-104.

陈会民,等.计算机微专业国际项目的实施与发展——以疫情期间的实践为例[J].现代教育技术,2021,31(1):119-125.

陈丽,等."互联网+"时代我国基础教育信息化的新趋势和新方向[J].电化教育研究,2017,38(5):5-12.

陈丽,等."互联网+教育"的知识观:知识回归与知识进化[J].中国远程教育,2019(7):10-18.

陈丽,等.新时代信息化进程中教育研究问题域框架[J].现代远程教育研究,2018(1):40-46.

陈丽,纪河.开放、联通:互联网思维与开放大学创新发展——访北京师范大学副校长陈丽教授[J].终身教育研究,2017,28(3):12-15.

陈丽,徐亚倩."互联网+教育"研究的十大学术新命题[J].电化教育研究,2021,42(11):5-12.

陈丽."互联网+"时代教育哲学与教育原理的演变与发展[J].中国远程教育,2019(7):9.

陈丽."互联网+教育":知识观和本体论的创新发展[J].在线学习,2020(11):44-46.

陈丽."互联网+教育"的创新本质与变革趋势[J].远程教育杂志,2016,34(4):3-8.

陈向东,侯嫣茹.研讨型教室的黄金区域是如何形成的[J].电化教育研究,2018,39(6):75-82.

陈晓珊,戚万学."技术"何以重塑教育[J].教育研究,2021,42(10):45-61.

陈亦芳,等.利用微信平台传播一种金山方言健康教育视频的效果评估[J].健康教育与
    健康促进,2018,13(4):333-335,348.

程天君.无穷小的细节与无限大的权力——学校纪律与日常规范的社会学分析[J].当
    代教育科学,2005(6):8-12.

褚宏启.教育治理:以共治求善治[J].教育研究,2014,35(10):4-11.

崔亮,董利亚.中学课堂教学互动的实证研究——以初中数学课堂为例[J].电化教育研
    究,2017,38(5):123-128.

崔仕臣,杨刚.公共危机事件中家庭背景对高校学生在线教育公平的影响[J].苏州大学
    学报(教育科学版),2021,9(2):68-77.

德兰迪.知识社会中的大学[M].北京:北京大学出版社,2019.

丁瑞常.经济合作与发展组织参与全球教育治理的权力与机制[J].教育研究,2019,40
    (7):63-72.

丁珍.网络直播学习环境下高校课堂互动行为研究[J].中国教育信息化,2020(20):
    6-10.

董丽丽,等.后疫情时代的数字教育新图景:挑战、行动与思考——欧盟《数字教育行动
    计划(2021—2027年)》解读[J].远程教育杂志,2021,39(1):16-27.

董香君.国际老年教育:演进逻辑、演进特征与价值向度——基于联合国老年教育文本的
    审视[J].现代远距离教育,2020(1):3-10.

董晓迪,李军.中国K12在线教育发展研究[M].北京:中国传媒大学出版社,2019:
    104-106,111,115,142,148.

董泽芳.教育社会学[M].武汉:华中师范大学出版社,1990:5.

杜威.民主主义与教育[M].王承绪,译.北京:人民教育出版社,1990:25.

杜威.民主主义与教育[M]//张人杰.国外教育社会学基本文选.上海:华东师范大学
    出版社,2009.

段朝辉,洪建中.网络视频课程中师生交互与大学生网络学习绩效的关系:学习自我效
    能感与学习动机的序列中介作用[J].心理发展与教育,2019,35(2):184-191.

段俊吉.教育数字化转型中的数字代沟:数字反哺的教育镜像[J].中国远程教育,2023,
    43(3):46-54.

方程煜."休眠"的主体:在线教学的主体性困境与反思——基于县城A中学的调查[J].
    开放教育研究,2022,28(1):85-92.

方海光,等.改进型弗兰德斯互动分析系统及其应用[J].中国电化教育,2012(10):109-
    113.

方清云.贫困文化理论对文化扶贫的启示及对策建议[J].广西民族研究,2012(4):
    158-162.

芬利森.哈贝马斯[M].邵志军,译.南京:译林出版社,2013.

封清云,等.大数据支持的甘肃省教育精准扶贫科学决策研究[J].电化教育研究,

2017,38(12):21-26.

冯雨奂.ChatGPT 在教育领域的应用价值、潜在伦理风险与治理路径[J].思想理论教育,2023(4):26-32.

福山.信任:社会美德与创造经济繁荣[M].郭华,译.桂林:广西师范大学出版社,2016.

付卫东,等.疫情期间中小学教师在线教学的现状、满意度及持续使用意愿调查研究——以湖北省咸安和崇阳试验区为例[J].现代教育技术,2020,30(8):113-119.

复旦大学传播与国家治理研究中心.《中国青年网民社会心态调查报告(2022)》重磅发布![R/OL].(2023-04-26)[2023-11-29].https://fddi.fudan.edu.cn/79/d1/c189 85a489937/page.htm.

傅维利,刘伟.培养目标、教育要素与教育成本[J].高等教育研究,2007(10):52-56.

高学鹏,刘娟.高中地理合作学习中教师的课堂调控策略实践——以甘肃省永靖县某中学为例[J].地理教学,2019(4):34-37.

高毅哲.服务师生锻造数字教育新名片——我国教育数字化工作取得积极成效综述之五[EB/OL].(2023-02-13)[2023-12-09].http://www.moe.gov.cn/jyb_xwfb/xw_zt/moe_357/2023/2023_zt01/fzzs/202302/t20230213_1044115.html.

格兰诺维特.社会与经济:信任、权力与制度[M].北京:中信出版社,2019.

龚伯韬."互联网+"教育公平的起点、过程与结果——基于中学生互联网获得、使用及其学业影响的全国性数据分析[J].华南师范大学学报(社会科学版),2022(2):104-118.

龚先念.中国老年文娱产业 20 年(2001~2020)[M]//中国建银投资有限责任公司投资研究院,等.中国老年文娱产业发展报告(2020).北京:社会科学文献出版社,2020:25-40.

顾明远.教育大辞典[M].上海:上海教育出版社,1998:939.

顾小清,王炜.支持教师专业发展的课堂分析技术新探索[J].中国电化教育,2004(7):18-21.

郭海,杨主恩.从数字技术到数字创业:内涵、特征与内在联系[J].外国经济与管理,2021,43(9):3-23.

郭娇.数字鸿沟的演变:从网络接入到心智投入——基于疫情期间大学生在线学习的调查[J].华东师范大学学报(教育科学版),2021,39(7):16-26.

郭炯,杨丽勤.教育信息化促进教育系统性变革路径研究——基于教育部首批教育信息化优秀试点案例的分析[J].中国电化教育,2019(5):41-48.

郭绍青,等."互联网+"条件下"五位一体"协同教研模式研究[J].电化教育研究,2020,41(12):35-42.

郭文革,等.同时"在场"与在线"面对面"——对国外 26 篇在线同步视频教学研究的综述[J].中国远程教育,2021(2):27-35.

郭玉娟,等.疫情下农村地区在线教学的现状、问题和建议——基于河南省 H 县"停课不停学"的调研分析[J].现代远距离教育,2020(5):81-88.

国家统计局.2021年城镇非私营单位就业人员年平均工资106837元[EB/OL].(2022-05-20)[2022-07-03].http://www.stats.gov.cn/xxgk/sjfb/zxfb2020/202205/t20220520_1857635.html.

国家统计局.2021年城镇私营单位就业人员年平均工资62884元[EB/OL].(2022-05-20)[2022-07-03].http://www.stats.gov.cn/xxgk/sjfb/zxfb2020/202205/t20220520_1857636.html.

国家统计局.2021年规模以上企业就业人员年平均工资情况[EB/OL].(2022-05-20)[2022-07-03].http://www.stats.gov.cn/xxgk/sjfb/zxfb2020/202205/t20220520_1857637.html.

哈巍,赵颖.教学相"涨":高校学生成绩和评教分数双重膨胀研究[J].社会学研究,2019,34(1):84-105.

韩后,等.1:1数字化环境下课堂教学互动行为的分析研究[J].电化教育研究,2015,36(5):89-95.

韩敏,孙可欣.数字情感劳动:银发群体再社会化[J].青年记者,2022(6):59-61.

韩万渠,等.平台型政府:作为一种政府形态的理论构建[J].上海行政学院学报,2021,22(5):58-67.

韩炜.大数据时代公共图书馆消除数据不平等的路径选择[J].图书馆论坛,2014,34(3):14-21.

韩耀萱,刘理.慕课时代社区成人教育的教学模式应用研究[J].成人教育,2018,38(10):39-45.

杭电教发中心.教学质量监测与评估中心(教师教学发展中心)[EB/OL].[2023-04-21].http://teacher.hdu.edu.cn/.

何伏刚,等."互联网+"环境下实训生成课程开发模式的设计研究[J].中国远程教育,2019(9):32-42.

侯钧生.西方社会学理论教程[M].天津:南开大学出版社,2017:385.

侯仕军.社会嵌入概念与结构的整合性解析[J].江苏社会科学,2011(2):86-94.

胡慧.心理社会治疗模式介入青少年网瘾问题的个案研究[D].南宁:南宁师范大学,2021.

胡佳怡.欧盟推动数字教育改革的战略及启示——以《数字教育行动计划》为例[J].中国电化教育,2020(10):67-72.

胡金平.家长干预学校教育行为的现象分析——一种嵌入的视角[J].湖南师范大学教育科学学报,2012,11(2):32-36.

胡钦太,等.教育信息化的发展转型:从"数字校园"到"智慧校园"[J].中国电化教育,2014(1):35-39.

胡小勇,等.信息化促进新时代基础教育公平理论研究:内涵、路径与策略[J].电化教育研究,2020,41(9):34-40.

胡艺龄，等.从机会公平走向发展公平——疫情之下我国中小学大规模在线教育的城乡对比分析[J].中国远程教育，2021(5)：13-21.

胡谊，郝宁.教育心理学[M].3版.上海：华东师范大学出版社，2020.

胡英君.智慧教育实践[M].北京：人民邮电出版社，2019.

华子荀，付道明.学习元宇宙之内涵、机理、架构与应用研究——兼及虚拟化身的学习促进效果[J].远程教育杂志，2022，40(1)：26-36.

华子荀，黄慕雄.教育元宇宙的教学场域架构、关键技术与实验研究[J].现代远程教育研究，2021，33(6)：23-31.

怀进鹏.数字变革与教育未来——在世界数字教育大会上的主旨演讲[EB/OL].(2023-02-13)[2023-02-15].http://www.moe.gov.cn/jyb_xwfb/moe_176/202302/t20230213_1044377.html.

黄洛颖，等.cMOOC学习者教学交互转化的特征及演化研究[J].中国远程教育，2022(5)：18-25.

黄荣怀，等.超大规模互联网教育组织的核心要素研究——在线教育有效支撑"停课不停学"案例分析[J].电化教育研究，2020，41(3)：10-19.

黄荣怀，等.智慧校园：数字校园发展的必然趋势[J].开放教育研究，2012，18(4)：12-17.

黄荣怀.中小学数字校园的建设内容及战略重点[J].北京教育(普教版)，2009(8)：6-7.

JnuWolf.防疫大课堂观后感生成器的前生后世[EB/OL].(2020-03-14)[2021-06-04].https://mp.weixin.qq.com/s/YdIyJN2jQfjZCmp5gyusZg.

纪河，朱燕菲.继承与创新：由共同体走向学习共同体[J].中国远程教育，2019(10)：74-79.

焦建利.ChatGPT：学校教育的朋友还是敌人？[J].现代教育技术，2023，33(4)：5-15.

焦若水，李国权.残疾人就业：互联网时代的机遇与挑战[J].残疾人研究，2019(4)：45-53.

教育部.2016年全国教育信息化工作专项督导报告[R/OL].(2016-10-31)[2021-09-15].http://www.moe.gov.cn/jyb_xwfb/gzdt_gzdt/s5987/201610/t20161031_287128.html.

教育部.2022世界慕课与在线教育大会在线上举行[EB/OL].(2022-12-09)[2023-12-10].http://www.moe.gov.cn/jyb_xwfb/gzdt_gzdt/s5987/202212/t20221209_1028748.html.

教育部.疫情期间在线教学得失几何——代表委员谈疫情影响下的在线教育(上)[EB/OL].(2020-05-26)[2021-12-31].http://www.moe.gov.cn/jyb_xwfb/s5147/202005/t20200526_459041.html.

教育部.中国教育概况——2020年全国教育事业发展情况[R/OL].(2021-11-15)[2022-10-13].http://www.moe.gov.cn/jyb_sjzl/s5990/202111/t20211115_579974.html.

教育部科学技术司.教育信息化优秀案例集(2017)[M].武汉：华中师范大学出版社，

2018：34-41，190-195，289-297，230-233.

金一虹，杨笛．教育"拼妈"："家长主义"的盛行与母职再造[J]．南京社会科学，2015
（2）：61-67.

卡尔．浅薄：互联网如何毒化了我们的大脑[M]．北京：中信出版社，2010.

柯林斯．教育成层的功能理论和冲突理论[M]//张人杰．国外教育社会学基本文选．上
海：华东师范大学出版社，2009：35-54.

柯清超，等．国家教育资源公共服务平台评价机制研究[J]．中国电化教育，2016（9）：
8-15.

拉鲁．不平等的童年：阶级、种族与家庭生活[M]．宋爽，张旭，译．北京：北京大学出版
社，2018.

乐传永，孙立新．回顾与展望：2015 成人教育理论研究综述——基于对 2015 年人大复印
报刊资料《成人教育学刊》的统计分析[J]．高等继续教育学报，2016，29（1）：13-23.

乐传永，许日华．高校在线教学的成效、问题与深化[J]．教育发展研究，2020，40（11）：
18-24.

黎藜，等．数字游乐园的家庭博弈——父母干预与青少年手机游戏行为的质性研究[J]．
新闻与写作，2022（4）：79-90.

李德显，李海芳．论交往视域下的教育要素[J]．教育科学，2013，29（2）：1-6.

李德显．课堂控制：一种社会学的解读[J]．教育理论与实践，2005（23）：18-21.

李芳雪，尹洪洁．人工智能赋能学前儿童早期阅读[J]．新阅读，2021（3）：46-47.

李锋亮，王亮．远程高等教育收益的部门和地区差异分析[J]．中国远程教育，2020，41
（4）：12-18.

李逢庆．混合式教学的理论基础与教学设计[J]．现代教育技术，2016，26（9）：18-24.

李海芳，李德显．论学习手段作为教育要素的合理性[J]．教育理论与实践，2014，34
（4）：57-60.

李海峰，王炜．弹幕视频：在线视频互动学习新取向[J]．现代教育技术，2015，25（6）：
12-17.

李红美，等．后 MOOC 时期高等学校教学新模式探索[J]．高等工程教育研究，2014
（6）：58-67.

李华，刘宋强，宣芳，等．教育信息化助推民族地区教育精准扶贫问题研究[J]．中国电化
教育，2017（12）：33-40.

李华，马静，宣芳，等．基于精准视域下甘肃省少数民族地区教育扶贫研究[J]．电化教育
研究，2017，38（12）：27-31.

李利，等．智慧教室环境中的课堂互动教学现状分析——基于小学数学课堂教学个案的
研究[J]．电化教育研究，2018，39（3）：115-121.

李强，刘强．互联网与转型中国[M]．北京：社会科学文献出版社，2014.

李世瑾，顾小清．中小学教师对人工智能教育接受度的影响因素研究[J]．现代远距离教
育，2021（4）：66-75.

李爽,等. 直播教学中师生对话互动模式与特征分析[J]. 现代远程教育研究,2022,34(4):91-103.

李伟言. 工作嵌入理论视角下独立教师形成的归因及启示[J]. 教育科学,2019,35(3):35-42.

李晓静,等. 我国青少年数字素养教育的现状问题与提升路径——基于东中西部中学生深度访谈的 NVivo 分析[J]. 中国电化教育,2023(4):32-41.

李晓静. 数字鸿沟的新变:多元使用、内在动机与数字技能——基于豫沪学龄儿童的田野调查[J]. 现代传播(中国传媒大学学报),2019,41(8):12-19.

李奕,赵兴龙. 教师队伍建设的新动能——北京市教师走网带来的启示[J]. 教育研究,2019,40(1):153-159.

李政辉,孙静. 我国混合式教学的运行模式与对策研究——以中国财经慕课联盟 44 所高校为对象[J]. 中国大学教学,2022(Z1):88-95.

联合国教科文组织. 反思教育:向"全球共同利益"的理念转变[M]. 联合国教科文组织总部中文科,译. 北京:教育科学出版社,2017:8.

梁林梅,孙俊华. 知识管理[M]. 北京:北京大学出版社,2011.

林崇德. 发展心理学[M]. 杭州:浙江教育出版社,2002:127,134-136,159,224.

刘安然. 中美高校慕课比较研究——以"中国大学 MOOC"与 Coursera 为例[J]. 高教探索,2021(9):88-94.

刘革平,等. 教育信息化 2.0 视域下的"互联网+教育"要素与功能研究[J]. 电化教育研究,2018,39(9):37-42.

刘革平,等. 教育元宇宙:特征、机理及应用场景[J]. 开放教育研究,2022,28(1):24-33.

刘慧珍. 教育社会学[M]. 沈阳:辽宁教育出版社,1988:13.

刘骥. 数字鸿沟下的教育公平——基于 PISA2018 中国四省市的分析[J]. 国家教育行政学院学报,2020(9):35-43.

刘静,等. 治理视野下的在线教育公共服务供给设计——以北京市"中学教师开放型在线辅导"项目为例[J]. 中国远程教育,2023,43(5):35-42.

刘静静,张立. 混合学习环境下 xMOOC 应用模式探究——以 Coursera 平台为例[J]. 现代远距离教育,2014(5):9-16.

刘清堂,等. 智慧教室中座位偏好与学习动机的相关性研究——以"圆桌式"、"秧苗式"两种智慧教室的布局为例[J]. 现代教育技术,2021,31(8):67-75.

刘三女牙,等. 数据新要素视域下的智能教育:模型、路径和挑战[J]. 电化教育研究,2021,42(9):5-11.

刘司卓,等. 直播课学习行为投入评价的实证研究[J]. 中国远程教育(综合版),2021(2):36-45,58.

刘文清,曾祥跃. 论开放大学的十大关系[J]. 成人教育,2023,43(4):40-45.

刘向辉. 课堂场域的权力审视与课堂控制[J]. 全球教育展望,2008,37(12):34-37.

刘晓琳,张立国. 智能时代"何以为师"——对智能教育场域中教师专业资本的考量[J].

电化教育研究,2021,42(11):27-33.

刘艳. 基于知识图谱的国内数字鸿沟研究现状与演进趋势[J]. 国家图书馆学刊,2020,29(1):99-113.

刘永超. 知识付费视角下学习类短视频的创新发展策略——以抖音为例[J]. 传媒,2022(13):79-82.

刘增辉. 国家开放大学党委书记、校长荆德刚:守正创新再出发　提高质量创特色[J]. 在线学习,2022(7):29-33.

刘喆,陈寙. 智慧教室环境下的课堂教学互动行为分析——以10个初中数学优质教学视频课例为观察对象[J]. 现代教育技术,2021,31(9):28-36.

刘宗宝. "座位空间"中教育要素的挖掘与利用[J]. 教学与管理,2016(20):9-11.

柳海民. 教育学概论[M]. 北京:北京师范大学出版社,2015.

陆道坤,李淑婷. 是"神马"还是"灰犀牛":ChatGPT等大语言模型对教育的多维影响及应对之策[J]. 新疆师范大学学报(哲学社会科学版),2024,45(2):106-124.

罗伯茨. 我的慕课学习之旅:终身学习的自我人种志研究[J]. 肖俊洪,译. 中国远程教育,2019(11):66-78.

骆风. 海内外学者有关家庭教育要素述评[J]. 学前教育研究,2005(6):31-33.

吕晓峰,王英. 大学生网络行为失范及其应对策略[J]. 教育探索,2010(6):118-119.

马和民,高旭平. 教育社会学研究[M]. 上海:上海教育出版社,1998:28-30.

马和民. 新编教育社会学[M]. 2版. 上海:华东师范大学出版社,2009:7,132-135,149.

马前. 教育要素的矛盾视角分析[J]. 西南农业大学学报(社会科学版),2008,6(6):213-217.

马晓斐,王东. 自媒体时代下成人非正式学习的特征、价值与路径[J]. 成人教育,2022,42(4):1-5.

马晓斐. 新媒介文化视域下成人学习的危机表征与优化路径[J]. 成人教育,2022,42(7):7-11.

默顿. 社会研究与社会政策[M]. 林聚任,译. 北京:生活·读书·新知三联书店,2001:297-303.

穆肃,等. 在线同步教学中交互的设计与实施[J]. 中国电化教育,2020(11):52-59,66.

穆肃,温慧群. 适应学生的学习——不同复杂度的混合学习设计与实施[J]. 开放教育研究,2018,24(6):60-69.

穆肃,左萍萍. 信息化教学环境下课堂教学行为分析方法的研究[J]. 电化教育研究,2015,36(9):62-69.

聂竹明,施羽晗. "互联网+"促进教育精准扶贫:问题、方向与路径[J]. 电化教育研究,2021,42(12):48-54.

欧阳忠明,等. 终身学习何以贯穿生命历程?——经合组织《2021年度技能展望:终身学习》之思考[J]. 远程教育杂志,2022,40(2):15-23.

彭学军. 微信公众号＋翻转课堂的创新型教学模式研究——以《数据库基础》课程为例[J]. 职教论坛，2017(15):77-80.

钱民辉. 教育社会学概论[M]. 3版. 北京：北京大学出版社，2010:72.

钱民辉. 教育社会学研究:学科·学理·学术[M]. 北京：社会科学文献出版社，2014:5.

钱扑. 教育社会学的理论与实践[M]. 南宁：广西教育出版社，2001:54-56.

钱小龙，黄蓓蓓. 基于MOOC平台的优质教育资源关键活动解析:以加州大学欧文分校为例[J]. 现代远距离教育，2018(1):66-74.

秦丹，张立新. 人机协同教学中的教师角色重构[J]. 电化教育研究，2020,41(11):13-19.

秦如祥. 教育信息化的概念、特征和目的[J]. 理论探索，2004(3):63-64.

邱燕楠，李政涛. 挑战·融合·变革:"ChatGPT与未来教育"会议综述[J]. 现代远程教育研究，2023,35(3):3-12.

人民日报. 习近平在中央党校建校80周年庆祝大会上的讲话[EB/OL]. (2013-03-03)[2022-09-03]. https://www.chinanews.com.cn/gn/2013/03-03/4609979.shtml.

人民网. 人社部拟新增10个新职业　促进劳动者就业创业[EB/OL]. (2020-05-13)[2022-06-30]. https://news.eol.cn/yaowen/202005/t20200513_1726750.shtml.

任杰慧. 中国式在家上学:R学堂的教育人类学研究[M]. 北京：社会科学文献出版社，2017.

任平，孙文云. 现代教育学概论[M]. 2版. 广州：暨南大学出版社，2016:5.

任仕君，等. 教育学基础[M]. 北京：北京师范大学出版社，2013.

单俊豪，等. 我国信息化促进基础教育公平发展现状研究——基于近42万份学生在线学习体验的调查分析[J]. 教育发展研究，2021,41(6):1-9.

深圳市长青老龄大学. 老年教育的中国实践[M]//新时代　乐长青. 北京：社会科学文献出版社，2021.

沈光辉，等. 基于大数据的省域老年教育发展成效PCA-DEA模型构建与实证研究[J]. 远程教育杂志，2022,40(4):92-101.

沈浩，梁莹. 在线教学有效策略探索——基于哔哩哔哩网站在线开放课程"教育学"的弹幕文本分析[J]. 电化教育研究，2022,43(11):69-76.

沈俊强. 再论"教育要素"——新一轮基础教育课程改革背景下的重新解读[J]. 上海教育科研，2006(4):17-19.

沈培华，等. 清华大学数字校园建设与思考[J]. 管理信息系统，2002(2):18-19.

石天星. 智慧课堂，教育无边界[EB/OL]. (2016-04-26)[2022-07-02]. https://zj.zjol.com.cn/news/326380.html.

舒秋明. 美国"Engage NY"数字教育资源平台的资源开发与应用研究[D]. 重庆：西南大学，2020.

司晓. 数字社会创新:以数字解决方案应对社会问题新挑战[J]. 中国发展观察，2021

(14):35-37.

斯宾塞.教育论:智育、德育和体育[M].王占魁,译.北京:中国轻工业出版社,2016:
　　9-46.

宋海龙,任仕坤.从教育要素的视角看人工智能对教育的冲击[J].理论界,2019(8):96-
　　102.

宋萑,林敏.ChatGPT/生成式人工智能时代下教师的工作变革:机遇、挑战与应对[J].
　　华东师范大学学报(教育科学版),2023,41(7):78-90.

宋其彪.国家教育资源公共服务平台的应用思考[J].中国现代教育装备,2016(16):
　　16-17.

苏泽庭.信息化背景下的智慧教育推进策略研究——以宁波市为例[J].中国电化教育,
　　2015(2):46-50.

孙喜亭,等.教育学[M].北京:中央广播电视大学出版社,1987:25.

索恩伯格.学习场景的革命[M].徐烨华,译.杭州:浙江教育出版社,2020.

覃红霞,等.大学生在线教学满意度和持续使用意愿的性别差异研究[J].大学教育科
　　学,2022(1):44-53.

唐雅琳.阅读起跑线:荷兰婴幼儿阅读推广项目探析[J].图书馆学研究,2021(12):
　　77-85.

田阳,等.面向混合学习的多模态交互分析机制及优化策略[J].电化教育研究,2019,
　　40(9):67-74.

涂尔干.道德教育[M].陈光金,等译.上海:上海人民出版社,1973:309.

涂尔干.教育及其性质与作用[M]//张人杰.国外教育社会学基本文选.上海:华东师
　　范大学出版社,2009:1-19.

托夫勒.未来的冲击[M].黄明坚,译.北京:中信出版社,2018.

汪斌.数字红利视角下老年数字失能表现、成因及治理新路径[J].云南民族大学学报
　　(哲学社会科学版),2024,41(2):60-67.

汪昌权,杜志强.教师微观权力的活动影像及策略运作[J].教育导刊(上半月),2014
　　(2):13-15.

王辞晓,王浩,尚俊杰.学习科学如何教?——基于37门国际著名高校学习科学课程的
　　分析[J].现代教育技术,2019,29(8):25-33.

王辞晓,杨钋,尚俊杰.高校在线教育的发展脉络、应用现状及转型机遇[J].现代教育技
　　术,2020,30(8):5-14.

王道俊,郭文安.教育学[M].北京:人民教育出版社,2009:17-20.

王海英.从"封闭"到"开放"——信息社会中学校组织的重构[J].教育理论与实践,2006
　　(15):25-29.

王洪才,等.ChatGPT对教育带来的挑战与机遇(笔会)[J].苏州大学学报(教育科学
　　版),2023,11(2):11-24.

王佳佳.中国"在家上学"调查研究报告(2017年)[R/OL].(2017-06-23)[2023-06-09].

https://www.sohu.com/a/151439184_100974.

王家源. 教育部发布《关于实施全国中小学教师信息技术应用能力提升工程 2.0 的意见》构建教师信息素养发展新机制[EB/OL].(2019-04-03)[2023-04-06].http://www.moe.gov.cn/jyb_xwfb/s5147/201904/t20190403_376571.html.

王俊敏,等. 数字素养的研究现状与启示[J]. 数字教育,2018,4(1):15-21.

王利平. 富有理念的现实主义教育——陶孟和论教育的社会性[J]. 教育学报,2020,16(6):3-14.

王然,等. 基于现代信息技术的远程教育要素研究[J]. 成人教育,2013,33(5):44-45.

王思瑶,马秀峰. 人工智能与老年教育深度融合研究[J]. 成人教育,2022,42(9):43-50.

王素,姜晓燕,王晓宁. 全球"数字化"教育在行动[EB/OL].(2019-11-15)[2021-07-14].http://www.edu.cn/xxh/focus/zctp/201911/t20191115_1693164.shtml.

王天恩. ChatGPT 的特性、教育意义及其问题应对[J]. 思想理论教育,2023(4):19-25.

王文,等. 百年变局[M]. 北京:北京师范大学出版社,2020.

王文智,等. 媒介化时代的自主学习——对自习直播的在线民族志考察[J]. 教育发展研究,2022,42(12):23-29.

王小平,马婷. 浙江省疫情期间中学线上教学情况调查研究[J]. 中小学数字化教学,2020(3):66-69.

王义保,等. 疫情期间大学生在线教学接受度调查研究——以江苏某大学为例[J]. 现代教育管理,2021(5):100-106.

王莹莹,等. 在线直播课堂师生言语互动案例研究——以山东省淄博市柳泉中学在线直播课为例[J]. 教育研究与实验,2021(1):70-74.

王佑镁,等. "阿拉丁神灯"还是"潘多拉魔盒":ChatGPT 教育应用的潜能与风险[J]. 现代远程教育研究,2023,35(2):48-56.

王宇,汪琼. 慕课学位项目的基本特征及价值分析[J]. 现代远程教育研究,2019(1):96-103.

王越,杨成. 教育数据挖掘对教育要素的影响研究[J]. 中国医学教育技术,2020,34(1):12-15.

王柱国,徐锦培. 如何使老年开放教育更具吸引力——日本放送大学对我国老年开放大学办学的启示[J]. 中国远程教育,2020(6):52-59.

王卓,等. ChatGPT 类阅读平台对研究生学术阅读能力的影响[J]. 开放教育研究,2023,29(6):60-68.

王子舟. 图书馆学是什么[M]. 北京:北京大学出版社,2019.

网经社.2020 年度中国在线教育市场数据报告[R/OL].(2021-05-19)[2021-08-25].http://www.100ec.cn/zt/2020zxjybg/.

网易教育频道综合."中国独立教师联盟"在京成立　开启独立教学"合力时代"[EB/OL].(2017-10-26)[2022-01-27].https://www.163.com/edu/article/D1MJHBL000297VV9.html.

威利斯.学做工:工人阶级子弟为何继承父业[M].秘舒,凌旻华,译.南京:译林出版社,2013.

威斯顿,格兰顿.教学方法的分类及各类方法的特征[J].陈晓瑞,译.外国教育研究,1993(3):14-17.

韦伯.经济与社会[M].上海:上海人民出版社,2005:1141-1142.

维尔蒙,等.论学术出版不平等[J].复旦教育论坛,2018,16(2):105-112.

温慧群,穆肃.殊途如何同归?——不同复杂度混合教学实践效果的分析[J].中国远程教育,2023,43(2):64-72.

文军.当代社会学理论[M].北京:中国人民大学出版社,2019.

文秋芳."云连接论"的构想和应用[J].外语教学与研究,2022,54(1):66-78.

邬志辉,等."疫情下的教育公平与均衡发展"笔谈[J].基础教育,2020,17(3):32-39.

吴峰.美国高校远程研究生教育及启示[J].开放教育研究,2016,22(2):25-29.

吴红耘,皮连生.学与教的心理学[M].6版.上海:华东师范大学出版社,2020.

吴康宁,等.教师课堂角色类型研究[J].教育研究与实验,1994(4):1-8.

吴康宁,等.课堂教学的社会学研究[J].教育研究,1997(2):64-71.

吴康宁.教育社会学[M].北京:人民教育出版社,1998:35-38,59,211-213,340-345.

吴康宁.学校组织的价值取向:一种社会学分析[J].教育理论与实践,1996(4):50-52.

吴康宁.知识的控制与分等:课程结构的社会学释义[J].教育理论与实践,2000(11):24-25.

吴康宁.转型:信息时代学校教育的选择[J].人民教育,2007(20):2-4.

吴兰岸,等.促进还是阻碍:全球视域下信息技术早期教育应用的SWOT分析及对策[J].学前教育研究,2016(10):3-17.

吴兰岸.数字媒体使用对学龄前儿童发展影响的实证研究[D].武汉:华中师范大学,2017.

吴玲娟.外语视频直播课堂的多模态教学行为研究及启示[J].现代教育技术,2022,32(10):53-60.

吴鹏泽.网络直播课堂应用策略[J].电化教育研究,2007(7):41-43.

吴新慧.数字信任与数字社会信任重构[J].学习与实践,2020(10):87-96.

吴永军,等.我国小学课堂交往时间构成的社会学分析[J].上海教育科研,1995(5):36-39.

向华,杨爱花.教育学[M].北京:科学出版社,2016:10.

谢幼如,等.疫情防控期间"停课不停学"在线教学方式的特征、问题与创新[J].电化教育研究,2020,41(3):20-28.

新华社.抖音集团发布2022年企业社会责任报告:乡村发展、古籍保护是重点[EB/OL].(2023-03-14)[2023-12-09].http://www.xinhuanet.com/tech/20230314/ce878fa543884c149c5bf2ec6723f44d/c.html.

新华社.习近平向2022年世界互联网大会乌镇峰会致贺信[EB/OL].(2022-11-09)

[2023-02-16]. http://china.nmgnews.com.cn/system/2022/11/09/013371871. shtml.

新华网.阿里巴巴发布"热土计划2022" 18项举措扎扎实实助力乡村振兴[EB/OL]. (2022-07-25)[2023-12-09]. http://www.xinhuanet.com/tech/20220725/3ac7efa 30a0a4af58bc6d5ffc4ecd48e/c.html.

新华网.快手启动"村播计划",推出30亿流量、四大IP赋能乡村创作者[EB/OL]. (2023-01-08)[2023-12-09]. http://www.xinhuanet.com/tech/20230108/4bf2d1d9 c1244054b5930fc180532906/c.html.

新华网.习近平致信祝贺国际教育信息化大会开幕[EB/OL]. (2015-05-23)[2021-07-19]. http://www.xinhuanet.com/politics/2015-05/23/c_1115383960.htm.

熊才平,等.信息技术促进教育公平整体推进策略的转移逻辑[J].教育研究,2016,37 (11):39-46.

徐芳."三位一体"混合式线上教学模式的实践探索——以现代汉语为例[J].大学教育, 2022(6):174-177.

徐晶晶,张虹."互联网+教育"视域下的新型师生关系:内涵、嬗变及形成机制[J].教育 理论与实践,2018,38(35):29-31.

徐敬宏,等.知识付费发展现状、问题与趋势[J].编辑之友,2018(5):13-16.

徐瑞,刘慧珍.教育社会学[M].北京:北京师范大学出版社,2010:75-79,169.

徐天坤.教育培训行业现状分析(十五)[EB/OL].(2016-01-02)[2022-01-27].http:// www.360doc.com/content/16/0102/09/1800_524757318.shtml.

徐亚倩,陈丽.生生交互为主的在线学习复杂性规律探究[J].中国远程教育,2021 (10):12-18.

许菊方.现代学校组织特点的透视[J].新高考(升学考试),2014(7):28-29.

许玲,张伟远.互联网时代老年大学学习环境的实证研究——基于1923名老年学习者 的调研[J].成人教育,2022,42(4):39-50.

薛晨.国家开放大学终身教育平台正式上线[EB/OL].(2022-05-23)[2023-11-29]. http://www.news.cn/politics/2022-05/23/c_1128675906.htm.

闫寒冰.我国信息化促进教育公平的演进特征与路径研究[J].中国教育学刊,2019(9): 22-26.

扬,穆勒.课程与知识的专门化:教育社会学研究[M].许甜,译.上海:华东师范大学出 版社,2021:52-54.

扬.知识与控制:教育社会学新探[M].谢维和,朱旭东,译.上海:华东师范大学出版 社,2002:61.

杨钋.谁参与?谁受益?谁支付?——MOOC的经济学分析综述[J].工业和信息化教 育,2014(9):13-22.

杨现民,余胜泉.生成性学习资源进化评价指标设计[J].开放教育研究,2013,19(4): 96-103.

杨晓宏，李运福．我国网络课程研究热点与趋势分析［J］．现代远距离教育，2018(3)：3-11.

杨晓宏，梁丽．全面解读教育信息化［J］．电化教育研究，2005(1)：27-33.

杨晓平．教育学［M］．上海：华东师范大学出版社，2016.

杨晓哲，任友群．教育人工智能的下一步——应用场景与推进策略［J］．中国电化教育，2021(1)：89-95.

杨志军，李群．欠发达地区教育管理信息化建设机制与实施策略研究［J］．中国电化教育，2014(11)：30-34.

姚树伟，谷峪．职业教育的功能分析与目标实现［J］．河北师范大学学报(教育科学版)，2014(1)：86-89.

姚远峰．弱势群体与现代远程教育的支持［J］．现代远距离教育，2008(4)：18-20.

叶澜．教育概论［M］．北京：人民教育出版社，1991：10-22.

叶荣荣，等．活动导向的多种教学模式的混合式教学研究［J］．电化教育研究，2012,33(9)：104-112.

余胜泉，王阿习．"互联网＋教育"的变革路径［J］．中国电化教育，2016(10)：1-9.

余胜泉．人工智能教师的未来角色［J］．开放教育研究，2018,24(1)：16-28.

余淑珍，等．学习共同体对学习效果的影响——基于35项实验和准实验研究的元分析［J］．开放教育研究，2021,27(5)：81-90.

袁凡，等．场景赋能:场景化设计及其教育应用展望——兼论元宇宙时代全场景学习的实现机制［J］．远程教育杂志，2022,40(1)：15-25.

袁莉，等．MOOC对高等教育的影响:破坏性创新理论视角［J］．现代远程教育研究，2014(2)：3-9.

詹海宝，张立国．理解大学生对网络教学平台的采纳——基于TAM的实证研究［J］．现代远距离教育，2015(3)：53-59.

詹泽慧，等．ChatGPT嵌入教育生态的内在机理、表征形态及风险化解［J］．现代远距离教育，2023(4)：3-13.

张国霖．重构"教育要素"及其实践意义［J］．当代教育科学，2007(9)：9-11.

张虹波，申军霞．中小学数字校园内涵探究［J］．中国电化教育，2009(7)：56-59.

张欢瑞，等．基于MOOC的混合式教学设计与实践——以"基础英语听说"课程为例［J］．现代教育技术，2018,28(12)：62-67.

张济洲，黄书光．隐蔽的再生产:教育公平的影响机制——基于城乡不同阶层学生互联网使用偏好的实证研究［J］．中国电化教育，2018(11)：18-23.

张捷，王海燕．社区主导型市场化生态补偿机制研究——基于"制度拼凑"与"资源拼凑"的视角［J］．公共管理学报，2020,17(3)：126-138.

张婧婧，等．弹幕视频中的学习交互分析［J］．中国远程教育，2017(11)：22-30.

张磊．谈学校组织变革的价值取向［J］．宁波教育学院学报，2013,15(2)：75-77.

张茂聪，鲁婷．国内外智慧教育研究现状及其发展趋势——基于近10年文献计量分析

[J]. 中国教育信息化, 2020(1):15-22.

张倩苇, 等. 高校教师混合式教学准备度现状、挑战与建议[J]. 电化教育研究, 2022,43 (1):46-53.

张人杰. 大教育学[M]. 广州:广东高等教育出版社, 2003:4-5.

张双志, 张龙鹏. 教育治理结构创新:区块链赋能视角[J]. 中国电化教育, 2020(7): 64-72.

张文娟, 张伶俐. 云教研共同体情感连接形成的叙事研究[J]. 外语教育研究前沿, 2022,5(1):21-28.

张文兰, 等. 弹幕交互为大学生在线学习带来了什么?——基于扎根理论的质性分析 [J]. 现代远距离教育, 2022(5):1-13.

张晓航. 庆云:3000万元构建智慧课堂, 打造全市首个数字教育示范县 | 教育信息化赋能 高质量发展[EB/OL]. (2021-11-16)[2023-11-29]. http://dz24hour.cms.dezhou daily.com/shouye/p/51001.html.

张晓蕾, 王英豪. 从"合而不作"到"合作共赢":对我国校际教研共同体中教师合作现状 的探索性分析[J]. 教育发展研究, 2017,37(24):14-20.

张一兵. 波兰尼与他的《个人知识》[J]. 哲学动态, 1990(4):25-28.

张屹, 等. 智慧教室环境下小学数学课堂教学互动行为特征研究[J]. 中国电化教育, 2016(6):43-48.

张元俊, 等. "信息协同"视角下嵌入数字校园的高校图书馆数字教参服务——以北京大 学数字教参资料系统为例[J]. 大学图书馆学报, 2022,40(2):27-35.

赵广平. 似曾相识:内隐结构的熟悉性再认[M]. 北京:社会科学文献出版社, 2019.

赵宏, 等. 在线教育:数字鸿沟还是数字机遇?——基于疫情期间在线学习城乡差异分 析[J]. 开放教育研究, 2021,27(2):62-68.

赵健, 郭绍青. 网络环境下教师学习共同体运行效果的调查分析[J]. 中国电化教育, 2013(9):78-81.

赵磊磊, 等. 教育人工智能场域下教师角色与行动取向[J]. 中国远程教育, 2021(7):58- 66.

赵丽梅. 年轻人卧底"网课爆破群"[N]. 中国青年报, 2022-11-08.

赵儒彬. 学习要素与教育要素——教育的四要素[J]. 太原教育学院学报, 2005(2): 6-10.

赵伟. 智能时代教育数据风险不容忽视[EB/OL]. (2022-05-24)[2023-11-29]. http:// edu.people.com.cn/n1/2022/0524/c1006-32428787.html.

赵兴龙, 黄天元. 中小学数字校园建设全覆盖实现路径:基于数字校园2.0的视角[J]. 电化教育研究, 2021,42(2):78-84.

赵兴龙, 李奕. 教师走网:移动互联时代教师流动的新取向[J]. 教育研究, 2016,37(4): 89-96.

郑鸿根. 后排现象值得关注——关于学生座位问题的调查研究[J]. 上海教育科研, 2005

(1):42-44.

郑金洲. 教育通论[M]. 上海：华东师范大学出版社，2001：9-16.

郑鑫. 从数据到证据:数据运用如何影响教师专业学习[J]. 全球教育展望，2021,50(3)：75-90.

郑旭东，等. "三个课堂"促进义务教育优质均衡发展:演进历史、战略价值、关系解析与概念框架[J]. 现代教育技术，2021,31(6):14-22.

中国互联网络信息中心. 第 47 次中国互联网络发展状况统计报告[R/OL]. (2021-02-03)[2023-04-01]. http://www.gov.cn/xinwen/2021-02-03/5584518/files/bd16adb558714132a829f43915bc1c9e.pdf.

中国互联网络信息中心. 第 50 次中国互联网络发展状况统计报告[R/OL]. (2022-08-31)[2023-12-07]. http://www.cnnic.net.cn/NMediaFile/2022/0926/MAIN1664183425619U2MS433V3V.pdf.

中国建银投资有限责任公司投资研究院，等. 中国老年文娱产业发展报告(2020)[J]. 金融评论，2020,12(4):2.

中国网信网. 国家互联网信息办公室发布《数字中国发展报告(2021 年)》[EB/OL]. (2022-08-02)[2023-12-09]. http://www.cac.gov.cn/2022-08/02/c_1661066515613920.htm.

周举坤. 价值融合:现代学校组织管理新取向[J]. 当代教育科学，2011(21):48-50.

周涛，李圆洁. 在线教育平台用户知识付费行为研究[J]. 杭州电子科技大学学报(社会科学版)，2022,18(1):19-25.

周宗伟. 高贵与卑贱的距离——学校文化的社会学研究[M]. 南京：南京师范大学出版社，2006：10-11.

朱德全，易连云. 教育学概论[M]. 重庆：西南师范大学出版社，2017：20-21.

朱耿男. 农村成人在线教育供给研究——基于供给侧结构性改革的视角[J]. 成人教育，2021,41(4):40-45.

朱剑瑛，李昭婷. 信息技术课堂调控的策略研究[J]. 中国电化教育，2013(10):112-115.

朱连才，等. 大学生在线学习满意度及其影响因素与提升策略研究[J]. 国家教育行政学院学报，2020(5):82-88.

朱莎，杨浩，冯琳. 国际"数字鸿沟"研究的现状、热点及前沿分析——兼论对教育信息化及教育均衡发展的启示[J]. 远程教育杂志，2017,35(1):82-93.

朱莎，余丽芹，石映辉. 智能导学系统:应用现状与发展趋势——访美国智能导学专家罗纳德·科尔教授、亚瑟·格雷泽教授和胡祥恩教授[J]. 开放教育研究，2017,23(5):4-10.

朱永新. 未来学校:重新定义教育[M]. 北京：中信出版社，2019.

祝智庭，等. 教育数字化转型的政策导向与生态化发展方略[J]. 现代教育技术，2022,32(9):5-18.

祝智庭，贺斌. 智慧教育:教育信息化的新境界[J]. 电化教育研究，2012,33(12):5-13.

祝智庭,胡姣. 教育数字化转型的本质探析与研究展望[J]. 中国电化教育,2022a(4):1-8.

祝智庭,胡姣. 教育数字化转型的实践逻辑与发展机遇[J]. 电化教育研究,2022b,43(1):5-15.

祝智庭,刘名卓."后 MOOC"时期的在线学习新样式[J]. 开放教育研究,2014,20(3):36-43.

祝智庭. 教育数字化转型的内在逻辑与实践方略[J]. 中国教育信息化,2022,28(6):3-4.

祝智庭. 教育信息化与教育改革[EB/OL].(2001-12-21)[2021-07-25]. http://www.edu.cn/edu/yuan_cheng/jiao_yu_xin_xi_hua/zong_he/200603/t20060323_21602.shtml.

Addo A. Orchestrating a digital platform ecosystem to address societal challenges: a robust action perspective[J]. Journal of Information Technology,2022,37(4):359-386.

Adejo O,Connolly T. Learning analytics in a shared-network educational environment:ethical issues and countermeasures[J]. International Journal of Advanced Computer Science and Applications,2017,8(4):22-29.

Adnan W H,Bahar N. The use of using social networking sites in teaching and learning among educators and learners[J]. International Journal of Learning Technology,2019,14(3):236-250.

Allmer T. Academic labour,digital media and capitalism[J]. Critical Sociology,2017,45(4-5):599-615.

Al-Shihi H,et al. Neural network approach to predict mobile learning acceptance[J]. Education and Information Technologies,2018,23(5):1805-1824.

Amatari V. The instructional process:a review of flanders' interaction analysis in a classroom setting[J]. International Journal of Secondary Education,2015,3(5):43.

American Academy of Pediatrics. Children, adolescents, and television [J]. Pediatrics,2001,107(2):423-426.

Andersen R,et al. Participatory pedagogy in an open educational course:challenges and opportunities[J]. Distance Education,2014,35(2):234-249.

Anderson D M,Haddad C J. Gender, voice, and learning in online course environments[J]. Journal of Asynchronous Learning Network,2005,9(1):3-14.

Arnold K E,Sclater N. Student perceptions of their privacy in leaning analytics applications[C]. Proceedings of the Seventh International Learning Analytics and Knowledge Conference,2017:66-69.

Baepler P,Walker J D. Active learning classrooms and educational alliances: changing relationships to improve learning[J]. New Directions for Teaching and

Learning, 2014(137):27-40.

Baggaley J. MOOCS: digesting the facts[J]. Distance Education, 2014, 35（2）: 159-163.

Bales R F. Interaction Process Analysis: A Method for the Study of Small Groups [M]. Cambridge, Mass: Addison-Wesley Press, 1951: 1-29.

Ball C, et al. The emotional costs of computers: an expectancy-value theory analysis of predominantly low-socioeconomic status minority students' STEM attitudes[J]. Information, Communication & Society, 2017,22(1):105-128.

Barthel M L. President for a day[J]. Information, Communication & Society, 2013, 16(1):28-42.

Bergviken-Rensfeldt A, et al. Teachers'liking' their work? Exploring the realities of teacher Facebook groups[J]. British Educational Research Journal, 2018,44(2): 230-250.

Bhatt B. Ethical complexity of social change: negotiated actions of a social enterprise [J]. Journal of Business Ethics, 2022,177(4):743-762.

BMBF. Bekanntmachung[EB/OL]. (2017-02-26)[2021-10-04]. https://www. bmbf. de/bmbf/shareddocs/bekanntmachungen/de/2017/02/1317_bekanntmachung.

Boyer E L. The Basic School: A Community for Learning[M]. San Francisco, CA: Jossey-Bass, 1995.

Bromwich D. Trapped in the virtual classroom[J]. The New York Review, 2015,62: 14-16.

Bulger M, et al. The real component of virtual learning: motivations for face-to-face MOOC meetings in developing and industrialised countries[J]. Information, Communication & Society, 2015,18(10):1200-1216.

Bunce L, et al. The student-as-consumer approach in higher education and its effects on academic performance[J]. Studies in Higher Education (Dorchester-On-Thames), 2017,42(11):1958-1978.

Carpenter J P, et al. Transformative instruction or old wine in new skins? Exploring how and why educators use HyperDocs[J]. Computers & Education, 2020, 157: 103979.

Carroll J B. The Carroll Model: a 25-year retrospective and prospective [J]. Educational Researcher, 1989,18(1):26-31.

Castañeda L, Selwyn N. More than tools? Making sense of the ongoing digitizations of higher education[J]. International Journal of Educational Technology in Higher Education, 2018,15(1):1-10.

Catone M C, Diana P. Expansion and reconfiguration of the action of the university teacher in relation to ICT: a qualitative analysis[J]. Italian Journal of Sociology

of Education，2019，11(1)：20-45.

Christensen G，et al．The MOOC phenomenon：who takes massive open online courses and why[J]．SSRN Electronic Journal，2013.

Clarke R A. Information technology and dataveillance[J]．Communications of the ACM，1988，31(5)：498-512.

Clifton R A，Roberts L W. The authority of teachers：a sociological perspective [M]//Miranda E O Y，Magsino R F. Teaching，Schools，and Society．Brighton：The Falmer Press，1990：381-403.

Clinton V，Wilson N. More than chalkboards：classroom spaces and collaborative learning attitudes[J]．Learning Environments Research，2019，22(3)：325-344.

Cotton D R E，et al．Chatting and cheating：ensuring academic integrity in the era of ChatGPT[J]．Innovations in Education and Teaching International，2024，61(2)：228-239.

Dang M Y，et al．Examining student satisfaction and gender differences in technology-supported，blended learning[J]．Journal of Information Systems Education，2016，27：119-130.

Danilov A V，et al．Digitalization trends in education and blended learning[J]．International Journal of Criminology and Sociology，2020，9：1062-1066.

Davies H C，et al．Neoliberal gremlins？ How a scheme to help disadvantaged young people thrive online fell short of its ambitions[J]．Information，Communication & Society，2017，20(6)：860-875.

Davies H C，et al．The mobilisation of AI in education：a Bourdieusean field analysis [J]．Sociology，2021，55(3)：539-560.

Davies H C，Eynon R. Is digital upskilling the next generation our 'pipeline to prosperity'？ [J]．New Media & Society，2018，20(11)：3961-3979.

Decuypere M，Simons M. Pasts and futures that keep the possible alive：reflections on time，space，education and governing[J]．Educational Philosophy and Theory，2020，52(6)：640-652.

Delamont S，Galton M. Inside the secondary classroom[M]．London：Routledge & Kegan Paul，1986.①

Diaz-Infante N，et al．Demand for online education is growing. Are providers ready？ [EB/OL]．(2022-07-20)[2023-03-15]．https：//www. mckinsey. com/industries/education/our-insights/demand-for-online-education-is-growing-are-providers-ready.

Dinsmore B. Contested affordances：teachers and students negotiating the classroom

① 整本书具体讲的就是ORACLE项目的实施过程和研究的结果，因此没有写页码。后面外文文献部分未标注具体页码的也是类似情况。

integration of mobile technology[J]. Information, Communication & Society, 2019,22(5):664-677.

Dwivedi Y K, et al. "So what if ChatGPT wrote it?" Multidisciplinary perspectives on opportunities, challenges and implications of generative conversational AI for research, practice and policy[J]. International Journal of Information Management, 2023,71:102642.

Emanuel E J. MOOCs taken by educated few[J]. Nature, 2013,503:342.

European Commission. Digital education action plan (2021-2027)[EB/OL]. (2021-04-15)[2023-03-15]. https://ec. europa. eu/education/sites/default/files/document-library-docs/deap-communication-sept2020_en. pdf.

Fletcher A C, Blair B L. Maternal authority regarding early adolescents' social technology use[J]. Journal of Family Issues, 2014,35(1):54-74.

Fu L, et al. Psychological factors of college students' learning pressure under the online education mode during the epidemic [J]. Frontiers in Psychology, 2022,13.

Gallagher M, Knox J. Global technologies, local practices[J]. Learning, Media and Technology, 2019,44(3):225-234.

Galton M. Strategies and tactics in junior school classrooms[J]. British Educational Research Journal, 1979,5(2):197-210.

Galton M, et al. Inside the Primary Classroom 20 Years On[M]. London: Routledge, 1999.

Green H, Hannon C. Their Space: Education for a Digital Generation[M]. London: Demos, 2007:22-24, 38.

Greenhow C, Askari E. Learning and teaching with social network sites: a decade of research in K-12 related education[J]. Education and Information Technologies, 2017,22(2):623-645.

Greenhow C, et al. Methods for evaluating online, resource-based learning environments for teachers [J]. Journal of Computing in Teacher Education, 2006,23(1):21-28.

Guggemos J, et al. Humanoid robots in higher education: evaluating the acceptance of Pepper in the context of an academic writing course using the UTAUT[J]. British Journal of Educational Technology, 2020,51(5):1864-1883.

Haas P M. Introduction: epistemic communities and international policy coordination [J]. International Organization, 1992,46(1):1-35.

Haber J R. Sorting schools: a computational analysis of charter school identities and stratification[J]. Sociology of Education, 2021,94(1):43-64.

Halkic B, Arnold P. Refugees and online education: student perspectives on need and support in the context of (online) higher education[J]. Learning, Media and Technology, 2019,44(3):345-364.

Hargittai E, et al. Trust online: young adults' evaluation of web content[J]. International Journal of Communication, 2010,4: 468-494.

Hassan R. The worldly space: the digital university in network time[J]. British Journal of Sociology of Education, 2017,38(1):72-82.

Heilporn G, et al. An examination of teachers' strategies to foster student engagement in blended learning in higher education[J]. International Journal of Educational Technology in Higher Education, 2021,18(1):1-25.

Hilbert M. Digital gender divide or technologically empowered women in developing countries? A typical case of lies, damned lies, and statistics[J]. Women's Studies International Forum, 2011,34(6):479-489.

Howard S K, et al. Educational data journeys: where are we going, what are we taking and making for AI? [J]. Computers and Education: Artificial Intelligence, 2022,3:100073.

Jackson L A, et al. Race, gender, and information technology use: the new digital divide[J]. Cyberpsychology & Behavior, 2008,11(4):437-442.

Johnson R D. Gender differences in e-learning[J]. Journal of Organizational and End User Computing, 2011,23(1):79-94.

Kahne J, Bowyer B. Educating for democracy in a partisan age[J]. American Educational Research Journal, 2017,54(1):3-34.

Katz V S, et al. Contextualizing connectivity: how internet connection type and parental factors influence technology use among lower-income children[J]. Information, Communication & Society, 2017,22(3):313-335.

Kaufman J H, et al. Use of open educational resources in an era of common standards: a case study on the use of Engage NY[R]. California: RAND, 2017.

Kindelan K. High school students build replica of their school in Minecraft to host prom, graduation virtually[EB/OL]. (2020-03-20)[2021-08-25]. https://www.goodmorningamerica. com/living/story/high-school-students-build-replica-school-minecraft-host-69684622.

Knight W. The dark secret at the heart of AI[EB/OL]. (2017-04-11)[2022-01-27]. https://www. technologyreview. com/2017/04/11/5113/the-dark-secret-at-the-heart-of-ai/.

Knox J. Posthumanism and the MOOC: opening the subject of digital education[J]. Studies in Philosophy and Education, 2016,35(3):305-320.

Kolluru S, Varughese J T. Structured academic discussions through an online education-specific platform to improve Pharm. D. students learning outcomes[J].

Currents in Pharmacy Teaching and Learning, 2017,9(2):230-236.

Komljenovic J. The rise of education rentiers: digital platforms, digital data and rents [J]. Learning, Media and Technology, 2021,46(3):320-332.

Korat O. Reading electronic books as a support for vocabulary, story comprehension and word reading in kindergarten and first grade[J]. Computers & Education, 2010,55(1):24-31.

Kurita S, et al. Computer use and cognitive decline among Japanese older adults: a prospective cohort study [J]. Archives of Gerontology and Geriatrics, 2021, 97:104488.

Lamberti G, et al. The social process of internet appropriation: living in a digitally advanced country benefits less well-educated Europeans[J]. Telecommunications Policy, 2021,45(1):102055.

Lauricella A R, et al. Toddlers' learning from socially meaningful video characters [J]. Media Psychology, 2011,14(2):216-232.

Leaton Gray S. The social construction of time in contemporary education: implications for technology, equality and Bernstein's 'conditions for democracy' [J]. British Journal of Sociology of Education, 2017,38(1):60-71.

Lewis S. 'Becoming European'? Respatialising the European schools system through PISA for schools[J]. International Studies in Sociology of Education, 2020,29(1-2):85-106.

Linebarger D L, Walker D. Infants' and toddlers' television viewing and language outcomes[J]. American Behavioral Scientist, 2005,48(5):624-645.

Livingstone S, et al. Global perspectives on children's digital opportunities: an emerging research and policy agenda[J]. Pediatrics, 2017,140(Supplement 2): S137-S141.

Livingstone S, Helsper E J. Parental mediation of children's internet use[J]. Journal of Broadcasting & Electronic Media, 2008,52(4):581-599.

Loewus L. Creators of EngageNY start new archive of free common-core materials [EB/OL]. (2016-05-18) [2023-11-30]. https://www. edweek. org/leadership/ creators-of-engageny-start-new-archive-of-free-common-core-materials/2016/05? qs=heitin%20%20inmeta%3A Cover_year&percnt%3B3D2016.

López López L, et al. 'I don't think you're going to have any aborigines in your world':Minecrafting terra nullius[J]. British Journal of Sociology of Education, 2019,40(8):1037-1054.

Lubkov A, et al. A humanitarian approach to the digitization of education [J]. Education & Self Development, 2020,15(3):89-96.

Lupton D, Williamson B. The datafied child: the dataveillance of children and

implications for their rights[J]. New Media & Society, 2017,19(5):780-794.

Ma G M, et al. Learning from home: widening rural-urban educational inequality and high school students' self-control in China during the COVID-19 pandemic and school closure[J]. Youth & Society, 2022,55(7): 1348-1366.

Malakhov A. Data mining and predictive analytics in digital education: lessons we can learn from big data that are often discarded[M]//Jules T D, Salajan F D. The Educational Intelligent Economy: Big Data, Artificial Intelligence, Machine Learning and the Internet of Things in Education. Leeds: Emerald Group Publishing Ltd., 2019:143-159.

Marx A, et al. Effects of classroom seating arrangements on children's question-asking[J]. Learning Environments Research, 1999,2(3):249-263.

McGrew S, et al. Can students evaluate online sources? Learning from assessments of civic online reasoning[J]. Theory and Research in Social Education, 2018,46(2): 165-193.

McPake J, et al. Pre-school children creating and communicating with digital technologies in the home[J]. British Journal of Educational Technology, 2013,44 (3):421-431.

McShane I. Public libraries, digital literacy and participatory culture[J]. Discourse: Studies in the Cultural Politics of Education, 2011,32(3):383-397.

McSporran M, Young S. Does gender matter in online learning? [J]. Research in Learning Technology, 2011,9(2):3-15.

Miao F, et al. AI and Education: Guidance for Policy-Makers[M]. Paris: United Nations Educational, Scientific and Cultural Organization, 2021: 13, 17, 18, 21,27.

Moreno-Morilla C, et al. Digital and information literacy inside and outside Spanish primary education schools[J]. Learning, Culture and Social Interaction, 2021, 28:100455.

Ng D T K, et al. Empowering student self-regulated learning and science education through ChatGPT: a pioneering pilot study[J/OL]. British Journal of Educational Technology, 2024. https://doi.org/10.1111/bjet.13454.

Nielsen W, et al. Science teachers' response to the digital education revolution[J]. Journal of Science Education and Technology, 2015,24(4):417-431.

Ong C, Lai J. Gender differences in perceptions and relationships among dominants of e-learning acceptance [J]. Computers in Human Behavior, 2006, 22 (5): 816-829.

Pangrazio L, et al. A patchwork of platforms: mapping data infrastructures in schools[J]. Learning, Media and Technology, 2023,48(1):65-80.

Park E L, Choi B K. Transformation of classroom spaces: traditional versus active learning classroom in colleges[J]. Higher Education, 2014,68(5):749-771.

Parthiban R, et al. Leveraging ICT to overcome complementary institutional voids: insights from institutional work by a social enterprise to help marginalized[J]. Information Systems Frontiers, 2020,22(3):633-653.

Perna L W, et al. Moving Through MOOCs[J]. Educational Researcher, 2014,43(9):421-432.

Perrotta C, et al. The rise of the video-recorder teacher: the sociomaterial construction of an educational actor [J]. British Journal of Sociology of Education, 2015,37(8):1251-1267.

Perrotta C, Selwyn N. Deep learning goes to school: toward a relational understanding of AI in education[J]. Learning, Media and Technology, 2019,45(3):1-19.

Perrotta C, et al. Automation, APIs and the distributed labour of platform pedagogies in Google Classroom[J]. Critical Studies in Education, 2021,62(1):97-113.

Pitzalis M, De Feo A. Micropolitics of school innovation: recruiting, mobilizing and converting teachers[J]. Italian Journal of Sociology of Education, 2019,11(1):69-90.

Price L. Gender differences and similarities in online courses: challenging stereotypical views of women[J]. Journal of Computer Assisted Learning, 2006,22(5):349-359.

Prillaman M. Is ChatGPT making scientists hyper-productive? The highs and lows of using AI[J]. Nature, 2024, 627(8002):16-17.

Qureshi I, et al. Digital social innovation: An overview and research framework[J]. Information Systems Journal, 2021,31: 647-674.

Ravi P, et al. The pandemic shift to remote learning under resource constraints[J]. Proceedings of the ACM on Human-Computer Interaction, 2021,5(CSCW2):1-28.

Rawas S. ChatGPT: empowering lifelong learning in the digital age of higher education[J]. Education and Information Technologies, 2024, 29:6895-6908.

Robinson L. A Taste for the Necessary[J]. Information, Communication & Society, 2009,12(4):488-507.

Rovai A P, Jordan H. Blended learning and sense of community: a comparative analysis with traditional and fully online graduate courses [J]. International Review of Research in Open and Distance Learning, 2004,5(2):1-13.

Sal Khan. Harnessing GPT-4 so that all students benefit. A nonprofit approach for

equal access [EB/OL]. (2023-03-14)[2024-03-29]. https://blog. khanacademy. org/harnessing-ai-so-that-all-students-benefit-a-nonprofit-approach-for-equal-access.

Sallam M. ChatGPT utility in healthcare education, research, and practice: systematic review on the promising perspectives and valid concerns[J]. Healthcare, 2023,11 (6):887.

Schank R C, Edelson D J. A role for AI in education: using technology to reshape education[J]. International Journal of Artificial Intelligence in Education, 1989, 1(2):3-20.

Selwyn N, et al. The 'obvious' stuff: exploring the mundane realities of students' digital technology use in school[J]. Digital Education Review, 2020(37):1-14.

Shaifuddin N, et al. Exploring barriers and possible actions suggested in rural libraries for information society: perspectives from library practitioners in Malaysia[J]. Journal of Librarianship and Information Science, 2022,54(4):652-664.

Shernoff D J, et al. Separate worlds: the influence of seating location on student engagement, classroom experience, and performance in the large university lecture hall[J]. Journal of Environmental Psychology, 2017,49:55-64.

Small G W, et al. Your brain on Google: patterns of cerebral activation during internet searching[J]. The American Journal of Geriatric Psychiatry, 2009,17 (2):116-126.

Staiano A E, Calvert S L. Exergames for physical education courses: physical, social, and cognitive benefits[J]. Child Development Perspectives, 2011,5(2):93-98.

Stenalt M H, Lassesen B. Does student agency benefit student learning? A systematic review of higher education research[J]. Assessment and Evaluation in Higher Education, 2022,47(5):653-669.

Stenalt M H. Researching student agency in digital education as if the social aspects matter: students' experience of participatory dimensions of online peer assessment[J]. Assessment & Evaluation in Higher Education, 2021, 46 (4): 644-658.

Surameery N M S, Shakor M Y. Use Chat GPT to solve programming bugs[J]. International Journal of Information Technology and Computer Engineering, 2023,3(1):17-22.

Susnjak T. ChatGPT: the end of online exam integrity? [DB/OL]. (2022-12-19) [2024-04-03]. https://arxiv. org/pdf/2212. 09292. pdf.

Tamburri R. An interview with Canadian MOOC pioneer George Siemens[EB/OL]. (2014-02-12)[2023-12-10]. https://www. universityaffairs. ca/features/feature-article/an-interview-with-canadian-mooc-pioneer-george-siemens/.

Tatebe J, et al. Locating inequality in the New Zealand curriculum[J]. Curriculum Matters, 2019,15: 8.

Taylor C A, Dunne M. Virtualization and new geographies of knowledge in higher education: possibilities for the transformation of knowledge, pedagogic relations and learner identities[J]. British Journal of Sociology of Education, 2011,32(4): 623-641.

Taylor E. Surveillance Schools: Security, Discipline and Control in Contemporary Education[M]. Houndmills: Palgrave Macmillan, 2013:2, 17.

Thomas M. Digital Education Opportunities for Social Collaboration[M]. New York: Palgrave Macmillan, 2011:20.

Tseng T H, et al. Investigating teachers' adoption of MOOCs: the perspective of UTAUT2[J]. Interactive Learning Environments, 2019,30(4):635-650.

van Dis E A M, et al. ChatGPT: five priorities for research[J]. Nature, 2023,614 (7947):224-226.

Vander Schee B A. Marketing classroom spaces: is it really better at the front? [J]. Marketing Education Review, 2011,21(3):201-210.

Vekiri I. Socioeconomic differences in elementary students' ICT beliefs and out-of-school experiences[J]. Computers & Education, 2010,54(4):941-950.

Volchok E. Differences in the performance of male and female students in partially online courses at a community college [J]. Community College Journal of Research and Practice, 2018,43(12):904-920.

Walker J. Time as the fourth dimension in the globalization of higher education[J]. The Journal of Higher Education, 2016,80(5):483-509.

Wang Q Y, et al. Using the Facebook group as a learning management system: an exploratory study[J]. British Journal of Educational Technology, 2012,43(3): 428-438.

Wang Z J, et al. Interaction pattern analysis in cMOOCs based on the connectivist interaction and engagement framework [J]. British Journal of Educational Technology, 2017,48(2):683-699.

Williamson B, Eynon R. Historical threads, missing links, and future directions in AI in education[J]. Learning, Media and Technology, 2020,45(3):223-235.

Williamson B. Digital education governance: data visualization, predictive analytics, and 'real-time' policy instruments[J]. Journal of Education Policy, 2015,31(2): 123-141.

Williamson B. Learning machines[EB/OL]. (2017-11-09)[2022-07-29]. https://codeactsineducation.wordpress.com/2017/11/09/learning-machines/.

Williamson B. Political computational thinking: policy networks, digital governance

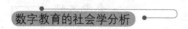

and 'learning to code'[J]. Critical Policy Studies, 2016,10(1):39-58.

Wu J G, Miller L. Raising native cultural awareness through WeChat: a case study with Chinese EFL students[J]. Computer Assisted Language Learning, 2021,34 (4):552-582.

Xu D, Xu Y. The ambivalence about distance learning in higher education [M]// Perna L W. Higher education: handbook of theory and research. Switzerland: Springer, Cham, 2020:1-52.

Yoo Y, et al. The New Organizing Logic of Digital Innovation: An Agenda for Information Systems Research[J]. Information Systems Research, 2010,21(4): 724-735.

Young A G. Using ICT for social good: Cultural identity restoration through emancipatory pedagogy[J]. Information Systems Journal, 2018,28(2):340-358.

Yu J, Couldry N. Education as a domain of natural data extraction: analysing corporate discourse about educational tracking[J]. Information, Communication & Society, 2020,25(3):1-18.

Zhang S, et al. Interactive networks and social knowledge construction behavioral patterns in primary school teachers' online collaborative learning activities[J]. Computers & Education, 2017,104:1-17.

Zhou J, et al. ChatGPT: potential, prospects, and limitations [J]. Frontiers of Information Technology & Electronic Engineering, 2024,25(1):6-11.

后　记

经过三年努力,这本拙作终于要与读者见面了。

随着数字技术的迅速发展和教育信息化的不断深入,作为一名高等教育工作者和一位两个孩子的妈妈,在教学和养育孩子的过程中,我深刻地感受到教育在数字浪潮中发生的变革。这也促使我开始尝试将工作和生活中观察到的一些现象转化为科学研究。2020年,我成功申请到了教育部人文社会科学研究青年项目"基于网络大数据的高等教育信任状况与影响因素调查研究"(项目号:20YJC840033)。随后暴发的新冠疫情,推动了数字教育的迅速发展。这促使我在原有研究内容的基础上,对整个数字教育所引发的社会学问题进行了系统梳理。因此,本书是这一努力的成果。

在本书撰写的过程中,ChatGPT的横空出世,给教育带来了新一轮的冲击,于是我在原有框架的基础上又补充了相关内容。数字化、智能化给教育带来的变革还在发生,许多新的问题有待挖掘、探索与解决。我希望本书能给关心教育的教育工作者、研究者和家长带来一些思考和启发,也勉励自己在未来对本书进行扩充和更新。

本书的写作从确定框架到形成初稿,到最终定稿,都离不开徐旭初老师的指导和帮助。我的同事们也给了很多支持和鼓励,特别是徐燕杭老师和吴彬老师,在我的写作过程中给出了很多宝贵的意见和建议,并帮我一起修改了初稿。他们的支持,使本书增色不少。再次向他们表示感谢。

感谢杭州电子科技大学数字社会研究中心的大力支持,数字社会与文化研究系列丛书计划也是促成本书完成的一个重要契机。

感谢我调研过的数字教育相关领域的从业者、使用数字教育产品的学习者和学生家长。特别是数据鲸学习社区,让我特别深切地感受到了新型数字教育平台所带来的活力和对高等教育的潜在冲击。

感谢浙江大学出版社给予的指导、帮助和支持,特别是陈丽霞老师和闻晓虹老师以及其他设计、校对等工作人员为本书的出版所付出的辛苦劳动。

特别感谢我的家人对我写作本书的支持和帮助。

徐　琳

2024年5月30日于杭州